상고중국어
음운체계와
한국어 어휘의
어원

이 저서는 2014년도 정부(교육부)의 재원으로 한국연구재단의 지원을 받아 연구되었음(NRF-2014S1A6A4A02025918)

김태경 저

상고중국어
음운체계와
한국어 어휘의
어원

學古房

서 문

 중고 중국어와 달리 상고 중국어 음운체계를 전문적으로 다룬 한국어로 쓰인 책이 아직 출간되지 않았다. 따라서 연구자들은 항상 상고 중국어에 관한 학설이나 기본지식을 외국인 학자들, 특히 중국인 학자들이 쓴 저서를 보고 얻을 수밖에 없었다. 외국어로 쓰인 서적을 읽는 데는 비교적 많은 시간이 소비되며, 설령 그 외국어에 능통하다 해도 사전 지식이 없으면 이해하기 어렵다. 필자는 쉬운 모국어로 풀이하여 보다 많은 독자들이 읽고 이해할 수 있는 이 분야의 한국어 서적이 출간된다면, 이 분야를 처음 공부하는 국내 연구자들의 시간과 노력을 줄여줄 수 있을 것이라는 기대를 갖고 이 책을 쓰게 되었다.

 본서는 크게 두 부분으로 나뉜다. 앞부분인 제1장은 상고 중국어 음운체계에 관한 내용이고, 뒷부분인 제2장은 상고 중국어음을 반영하고 있는 한국한자음 자료에 관한 내용이다. 먼저 제1장에서는 상고 중국어 음운체계에 관해 상고 중국어란 어느 시기까지의 중국어를 가리키는 것인지, 상고 중국어 연구를 위한 음운자료에는 어떤 것들이 있는지 소개한 후, 상고 중국어의 성모체계, 운모체계, 성조체계에 관해 기술하였다. 제2장에서는 상고 중국어음을 반영하는 고대 우리말 자료들에는 어떤 것들이 있는지 살펴보았다. 대부분의 한자들이 6~8세기의 중고 중국어음을 반영하는 것과는 달리 일부 한자들은 상고 중국어음을 반영하고 있는데, 구체적으로 어떤 한자들, 어떤 어휘들이 상고 중국어음을 반영한 것인지 살펴보았다. 또한 고대 한국어 자료에 두 가지 이상의 서로 다른 한자로 표기된 지명과 인명에 대해서도 상고 중국어음에 입각해 살펴보았다. 마지막으로 상고 중국어음에 근거해 일부 한국어 어휘의 어원을 추정하였다.

본서는 중국어음운학 분야에 관한 어떤 서적보다도 고대 한국어 자료를 많이 활용하였다. 따라서 이 분야를 전공하는 연구자들뿐만 아니라 일반 독자들도 이 책을 통해 고대 중국어 및 우리말과 우리말의 역사에 대해 귀중한 정보를 얻을 수 있다. 전문적인 중국어 음운학 용어는 가급적 쉽게 설명하여 이 분야의 전문가가 아닌 일반 독자들도 본서를 읽고 이해할 수 있도록 했다. 중국어 인명과 지명은 엄익상 표기법(2002 수정안)에 따라 한글로 표기했고 한글로 옮길 수 있는 어휘는 처음에 한글과 한자를 병기하고 그 다음부터는 되도록 한글로 표기했다.

끝으로 이 책의 출판을 허락해 주신 학고방 출판사 사장님과 임직원 여러분, 출판을 위해 애써 주신 김현철 선생님, 책을 위해 귀중한 조언을 해 주신 익명의 심사위원 선생님께 감사드린다. 또한 재작년 작고하신 아버지, 병마와 싸우고 계시는 어머니께도 감사드린다.

차 례

제1편 상고 중국어 음운체계

제1장 시기, 연구자료, 연구방법

제2장 상고 중국어 음운체계

제2편 고대 한국한자음 자료 및 한국어 어휘의 어원

제1장 고대 한국한자음 자료

제2장 한국어 어휘의 어원

상고 중국어 음운체계

제1절 시기

중국어 음운의 역사는 상고上古 중국어, 중고中古 중국어, 근대 중국어, 현대 중국어로 크게 나눌 수 있다.[1] 상고 중국어는 대체로 2세기까지의 중국어음을 가리키고 중고 중국어는 수당대隋唐代의 중국어음, 근대 중국어는 원대元代 이후의 중국어음을 가리킨다. 이 가운데 중고 중국어의 경우 『절운切韻』계 운서에 반영된 음운체계와 송대宋代 운도에 반영된 음운체계가 확연히 다르기 때문에 풀리블랭크(Pulleyblank, 1984)는 전자를 전기 중고 중국어(Early Middle Chinese), 후자를 후기 중고 중국어(Late Middle Chinese)로 세분하였다.

상고 중국어에는 원칙적으로는 문자가 쓰이기 시작한 3300년 전인 BC 1300년 이전까지의 음도 포함되지만,[2] 문자 이전 시기의 음

----

1) 중국어 음운의 역사를 가장 먼저 시대 순으로 나눈 학자는 스웨덴의 칼그렌(Karlgren)이다. 칼그렌(1985:14-15)은 중고 중국어음을 Ancient Chinese로, 상고 중국어음을 Archaic Chinese라고 지칭했다.
2) 갑골문이 사용된 시기를 보통 B.C. 1300년에서 B.C. 1100년으로 보는 것을

은 현재로서는 추측하기 어렵다. 상고 중국어 음운체계에 대한 연구는 명대明代 말기에 이르러서야 추진되기 시작했다. 옛사람들은 글자의 음은 고정 불변의 것이라고 여겼기 때문에 한대漢代 이전의 운문韻文을 읽으면서 그 당시의 음과 맞지 않으면, 상고 중국어의 음운체계가 당시의 음과 다르다고는 생각하지 못하고 상고 시기에는 압운押韻할 수 있는 글자의 범위가 넓었다고 생각했다.[3] 명대 천 띠(陳第 1541~1617)가『모시고음고毛詩古音考』라는 저서에서 "무릇 문자와 말소리는 시대와 지역에 따라 달라진다"[4]라고 밝힌 것이 이후 상고 중국어의 음운체계에 대한 연구를 이끌어낸 계기가 되었다.

청대淸代에는 시대적인 배경으로 인해 고증학이 발달하였고, 상고 중국어 음운 및 고문자에 대한 연구도 추진되었다. 청대 학자들은 상고음을 고음古音이라 부르고,『절운』계 운서韻書에 반영된 음은 고음과 상대되는 개념인 금음今音이라 불렀으며,『절운』계 운서를 연구하는 학문은 금음학今音學이라고 불렀다.

제2절 연구자료

상고 중국어의 음운체계는 주로『시경詩經』,『초사楚辭』등 문학

....

감안하면 중국에서 문자가 쓰이기 시작한 것은 아무리 늦어도 지금으로부터 3300년 전까지 거슬러 올라갈 수 있다.
3) 주 시朱熹는『시경詩經』을 읽을 때 송대의 음으로 읽으면서 압운된 글자들의 운이 맞지 않으면 당시, 즉 송대의 음으로 고쳐 읽고, 이를 협음協音이라 했다.
4) 時有古今, 地有南北, 字有更革, 音有轉移, 亦勢所必至. 때에는 예와 지금이 있고 땅에는 남과 북이 있으며, 글자에는 변혁이 있고 말소리에는 변화가 있는 것이 필연적인 추세이다.

작품에서 압운된 글자나 형성자의 성부聲符, 중국어 방언, 중국내의 소수민족 언어, 한국한자음, 일본한자음, 베트남한자음 등 주변 국가의 한자음 자료 등을 통해 추정할 수 있다. 이밖에도 가차假借, 독약讀若, 이문異文, 성훈聲訓 등의 자료도 상고 중국어 음운체계를 검토하는 데 활용될 수 있다. 선진先秦시기의 운문에 보이는 이음절어聯綿詞, 중국어 방언 등도 상고 중국어의 음운 연구에 있어 누락해서는 안 될 매우 귀중한 자료이다. 이 연구 자료들의 특성과 활용방법에 대해 살펴본다.

1. 고대 시가

고대 시가, 특히 『시경』의 시는 상고 중국어 연구에 있어 가장 중요한 자료이다. 『시경』은 주周나라 초기부터 춘추春秋시대 중기인 기원전 6세기까지 황허강黃河 유역을 중심으로 생겨난 시가詩歌 305편을 가리킨다.5) 형식상 주로 4언시이다. "갈대蒹葭"라는 제목이 붙은 시의 첫 번째 연을 아래에 옮겨 본다.

蒹葭蒼蒼	白露爲霜	갈대 우거지고 이슬은 서리되네
所謂伊人	在水一方	듣건대 그대가 물 저편에 있어
逆回從之	道阻且長	거슬러 좇으려니 길 험하고 멀고
遡遊從之	宛在水中央	흐르며 좇으려니 강안에 있는 듯

....

5) 孔子가 수집했다고 전해지며 크게 풍風, 아雅, 송頌으로 분류된다. 풍은 민간에서 수집한 노래로 160편이며 대부분 남녀 간의 사랑을 노래한 서정시이다. 아는 주로 서주西周시대의 작품으로 궁중의 연회 등에 쓰이던 105편의 작품이다. 송은 제사를 지낼 때 쓰이던 작품이다.

蒼, 霜, 方, 長, 央이 압운押韻되고 있는 것을 한눈에 알 수 있다. 운운韻은 중국어 음절에서 성모聲母와 개음介音 부분을 제외한 주요모음과 운미韻尾를 가리키며,[6] 운문을 지을 때 운이 같은 글자를 규칙에 따라 사용하는 것을 압운이라고 한다. 蒼, 霜, 方, 長, 央은 모두 주요모음과 운미 부분이 aŋ이다.

『시경』보다 조금 늦은 시기인 전국시대 양쯔강揚子江 중부를 중심으로 발생한 것으로 알려진 초사楚辭도 상고 중국어음을 연구하는 데 없어서는 안 될 귀중한 자료이다.[7] 초사의 창시자로 알려진 취 위앤屈原이 쓴 것으로 전해오는 "이소離騷"의 한 구절을 아래에 옮겨 본다.

理弱而媒拙兮	이치에 약하고 중매 서툴러
恐導言之不固	전하는 말 미덥지 못하고
世溷濁而嫉賢兮	세상은 어지러워 어진 이를 미워하며
好蔽美而稱惡	고운 것 덮고 악한 것을 드러내네
閨中旣以邃遠兮	구중궁궐
哲王又不悟	어진 임금은 깨닫지 못하고
懷朕情而不發兮	충성 품었으나 아뢸 수 없으니
余焉能忍而與此終古	내 어찌 견딜 수 있으리오

....

6) 중국어에서는 한 음절이 성모와 운모韻母로 크게 나뉘고, 운모는 다시 운두韻頭, 운복韻腹, 운미韻尾의 세 부분으로 세분되는데 운은 운두를 제외한 운복과 운미 부분을 가리킨다. 운두는 개음介音, 운복은 주요모음이라고도 한다. 최근에는 운두보다는 개음이, 운복보다는 주요모음이라는 표현이 더 많이 사용된다.

7) 『초사楚辭』는 전국戰國시대 초楚나라 사람들과 한나라 사람들의 모방작을 모아 전한前漢시기 리우 시앙劉向이 편집한 작품집이며, 초사는 문학작품을 지칭한다.

역시 固, 惡, 悟, 古가 압운되고 있다. 『시경』과 초사에서 시작된 시가의 전통은 한漢나라로 이어졌고, 한대에는 부賦와 5언시 및 7언시가 등장했다. 한나라의 시부는 매우 늦은 시기의 상고 중국어음을 반영한다. "맥상상陌上桑"의 한 구절을 소개하면 다음과 같다.

日出東南隅	동남에 해가 떠
照我秦氏樓	우리 진씨 집을 비추네
秦氏有好女	진씨네 고운 딸은
自名爲羅敷	이름이 '나부'라네
羅敷善蠶桑	나부는 누에를 잘 쳐
採桑城南隅	성 남쪽 언덕에서 뽕을 따는데
青絲爲籠系	푸른 실로 광주리 끈 매고
桂枝爲籠鉤	계수나무 가지는 광주리 고리로
頭上倭墮髻	짧게 단장한 머리에
耳中明月珠	귀에는 명월주 빛나고
緗綺爲下裙	연노랑 비단 치마에
紫綺爲上襦	자주색 비단 저고리

樓, 敷, 隅, 鉤, 珠, 襦가 압운되고 있다. 『시경』의 시로부터 한대의 시부에 이르기까지 모든 시가는 상고 중국어음을 재구하는 데 없어서는 안 될 귀중한 자료이다. 다만 압운의 원칙이 운을 맞추는 데 있으므로 시가의 압운 자료로는 운부韻部를 분류할 수 있을 뿐 성모를 분류할 수는 없다.

고대 시가 자료는 상고 중국어의 성모 재구에는 도움이 되지 않는다. 상고 중국어의 성모 연구를 위해서는 형성자의 성부나 가차, 독약, 이문, 성훈 등 다른 여러 가지 자료를 참고해야 한다. 다음에서

이 자료들에 대해 살펴본다.

2. 가차假借

　『설문해자說文解字』에 실린 가차의 정의는 "本無其字, 依聲託事"로, 가차는 본래 쓰려고 하는 글자가 없어서 소리가 같거나 비슷한 글자를 빌려 쓰는 것을 가리킨다. 自는 원래 '코'를 그린 상형자象形字였으나 후에 '자기'를 의미하는 글자로 사용되자, 본래의 뜻인 '코'를 나타내기 위해 고대 중국인들은 성부를 붙인 새로운 글자 '鼻'를 사용하였다. 來 역시 밀이나 보리를 뜻하는 상형자였다. 그런데 '오다'라는 단어가 소리만 있지 글자가 없었으므로, 고대인들은 '오다'라는 의미를 나타내기 위해 來를 사용하였다. 그러자 본래의 뜻인 밀, 보리는 역시 형부가 붙은 새로운 글자 麥으로 갈라져 나갔다. 自와 來는 가차자이다.

　來에서 형부가 붙은 글자 麥이 갈라져 나왔으므로 두 글자의 상고 시기 음은 비슷했을 것이다. 따라서 리 팡꾸이(李方桂 1982:37)는 來와 麥을 모두 상고 중국어 之운부에 넣고 두 글자의 성모와 운모를 조음위치가 같거나 근접한 음인 *ləg(*rəg), *mrək로 재구했다.[8] 自에서 분화된 鼻도 같은 이유에서 상고 중국어 시기 음이 비슷했다고 볼 수 있다. 自, 鼻 모두 『한자고음수책漢字古音手冊』에서 상고 시기 -t운미(質운부) 글자로 분류되었다.

....

8) 來는 음성운자陰聲韻字, 麥은 입성운자入聲韻字로 학자들에 따라서 來는 운미가 없는 음성운부, 麥은 입성운부에 넣기도 한다. 來모母의 상고음 음가도 *r-로 재구하는 학자들이 늘고 있다. 제2장 제1절 성모체계 참조.

또 옛 중국인들은 여자를 의미하는 女가 이인칭대명사와 음이 같아서 女를 '너'의 의미로 가차해 썼다. 그러나 女 하나로 '여자'와 '너'의 뜻을 함께 쓰자니 혼동되는 경우가 많아 나중에 강 이름인 汝水의 汝를 이인칭대명사로 다시 가차해 썼다.[9] 현재 女는 n-성모로 읽히고, 汝는 r-성모로 읽히지만, 이 가차 용례는 汝의 상고 시기 성모가 女와 같았음을 보여 준다.

3. 이문異文

'이문'이란 '다른 문자'라는 뜻이다. 원래 써야 하는 글자 대신 사용한, 음이 같거나 비슷한 다른 글자를 가리킨다. 옛날 학자들은 경전을 인용하거나 외워서 쓸 때 쓰려는 글자가 생각나지 않으면, 음이 같거나 비슷한 다른 글자, 즉 '이문'으로 표기하였다. 이문은 이체자異體字와 통가자通假字를 모두 포함한다. 여기서의 이문은 주로 통가자를 가리킨다.

통가와 가차의 차이점은 가차는 나타내고자 하는 뜻을 가진 글자가 없어서 음이 같거나 비슷한 다른 글자를 빌려다 쓰는 것이고, 통가는 나타내고자 하는 뜻을 가진 글자가 있지만 잠시 다른 글자를 빌려 쓴 것이다. 가차는 한 번 빌려 쓰면 오랫동안 썼거나 새로운 뜻이나 글자를 파생해 썼다는 점에서 통가와 다르다. 예를 들면 女는 이인칭대명사로 가차되어 꽤 오랫동안 '너'의 의미로 쓰였다. 또 來는 밀, 보리라는 의미로 쓰이다가 '오다'라는 새로운 뜻으로 쓰이

----

9) 선진先秦 문헌에 나오는 이인칭대명사 汝는 모두 후인들이 女를 고쳐 쓴 것이다(최영애 2011:127).

게 되었고, 麥이라는 새로운 글자를 파생시켰다. 그러나 통가는 새로운 뜻을 파생시키지 못하고 임시로 빌려 썼기 때문에 오랜 기간 사용되지도 않았다.

친숙한 『논어論語』의 구절 "친구가 먼 곳에서 찾아오면, 또한 기쁘지 아니한가(有朋自遠方來, 不亦說乎)"에서 說은 悅의 통가자이다. "모르는 것을 모른다 하는 것이 지혜로운 것이다(不知爲不知, 是知也)"에서 마지막 知는 智의 통가자이다. 또 흔히 인용되는 烏乎痛哉의 烏乎는 嗚呼의 통가자이다. 知와 智, 烏와 嗚는 운모뿐 아니라 성모도 같다. 乎와 呼는 상고 시기에 운모가 같았다. 그런데 위의 통가 용례에 따르면 상고 시기 성모도 같았을 가능성이 높다.[10] 통가자들은 상고 중국어의 운모뿐 아니라 성모의 재구에도 도움이 되는 것을 알 수 있다.

4. 성훈聲訓

성훈은 훈고학 용어로, '음훈音訓'이라고도 한다. 어떤 글자의 뜻을 풀이할 때 음이 같거나 비슷한 다른 글자를 사용해 설명하는 것이다. 글자의 뜻을 풀이할 때는 뜻이 같은 글자로 풀이하면 되는데, 성훈은 음까지도 같거나 비슷한 글자를 사용해 풀이하는 방법이므

....

10) 현대 표준 중국어에서 乎와 呼의 성모는 같다. 그러나 중고 중국어에서는 呼는 曉모, 乎는 같은 조음위치의 유성음 성모인 匣모 글자였다. 상고 중국어에서는 曉모와 匣모의 음이 달랐다고 보는 학자들도 있고, 曉모와 匣모가 모두 설근파열음 見계 성모를 가졌다가 위진魏晉이후 見계에서 갈라져 나왔다고 보는 학자들도 있다. 그런데 위의 통가 용례는 曉모와 匣모가 상고 중국어에서 모두 설근파열음 見계에 속했었다는 학설을 뒷받침한다.

로, 상고 시기 중국어 음운체계에 대해 귀중한 정보를 제공해 준다. 왕 리(王力 1984:2)는 성훈을, "음이 같은 글자나 또는 성모가 같거나雙聲 운이 같은疊韻 글자로 풀이 대상이 되는 글자를 설명하는 것"이라고 정리했다.[11]

리우 시劉熙의『석명釋名』은 성훈으로 낱말을 풀이한 대표적인 저서이다. 風과 錦에 대한 설명을 아래에 옮겨 본다.

바람(風)은 兗, 豫, 司, 冀 지역에서는 입을 옆으로 하고 입술을 합해 읽는다. 風은 氾이다. 그 숨이 넓게 뜨면서 사물을 움직인다.
風, 兗豫司冀橫口合脣言之, 風, 氾也, 其氣博氾而動物也.

바람은 靑, 徐 지역에서는 입을 작게 하고 입술을 벌려 기류를 내보내며 읽는다. 風은 放이다. 숨이 나가며 퍼진다.
靑徐言風, 跋口開脣推氣言之, 風, 放也, 氣放散也.

비단(錦)은 金이다. 만드는 데 힘이 들어 그 가치가 금과 같다. 그러므로 그 글자를 만들 때 帛과 金을 따랐다.
錦, 金也, 作之用功重, 其價如金, 故其制字從帛與金也

중국의 일부 지역에서는 風을 氾으로 풀이하고, 일부 지역에서는 風을 放으로 풀이했는데, 이로써 상고 시기에는 風이 지역에 따라 -m 운미로, 또 -ŋ운미로도 읽혔음을 알 수 있다. 『석명』에 나오는 "지금 山西 지역 사람들은 風을 方暗切로 읽는다(今山西人讀風猶作

---

11) 두 글자의 성모가 같은 것을 쌍성雙聲, 운이 같은 것을 첩운疊韻이라고 한다. 쌍성의 예로는『시경』"관저關雎"편에 나오는 參差를 들 수 있고, 첩운의 예로는 荒唐, 螳螂 등을 들 수 있다.

方暗反)"란 설명도 風이 상고 시기 여러 지역에서 분명히 -m 음절로 읽혔음을 방증한다.

錦을 성훈으로 풀이한 것을 보면 金과 錦은 상고 중국어에서도 같은 음으로 읽혔음을 알 수 있다. 비단 錦과 쇠 金의 음은 현대 중국어에서도 성조를 제외하면 같다.

5. 독약讀若

독약은 독여讀如라고도 하며 '~처럼 읽는다'로 풀이된다. 예를 들면 『설문해자』에서는 글자의 음을 밝혀야 하는 경우, "虔은 矜처럼 읽는다虔讀若矜"의 형식으로 음이 같거나 비슷한 글자를 써서 각 글자의 음을 표기해 놓았는데, 이를 통해 각 글자의 당시 운모뿐 아니라 성모에 대한 정보도 얻을 수 있다. 虔과 矜은 초성을 제외한 중성, 종성의 한국한자음은 모두 다르지만 상고 중국어에서는 같은 성모 *g-를 가졌으며 운미도 같았다. 虔과 矜은 모두 -n운미 운부韻部에 속했다.[12]

6. 중국어 방언

중국어 방언을 크게 나누면, 북방 방언, 남방 방언, 중부 방언으로 분류된다. 북방 방언 지역은 관리 사회에서 일반적으로 사용되어 온 언어를 뜻하는 관화官話 방언 지역과 대체로 일치한다. 한족漢族의

----

12) 상고 중국어 자료에서 운이 같은 글자끼리 모아 놓은 각 글자군群을 운부라 한다.

중국인들 가운데 약 70%가 관화 방언을 사용한다. 관화 방언은 다시 네 개의 차방언次方言으로 나뉜다.[13] 중부 방언에는 우吳 방언, 깐贛 방언, 시앙湘 방언이 있고, 위에粤 방언, 커지아客家 방언, 민閩 방언이 남방 방언에 속한다.

위의 방언들 가운데 아무래도 지리적으로 중원中原과 멀었던 남부 방언이 고어를 많이 보존하고 있다. 예를 들면, 민 방언에는 중고 중국어에서 권설 파열음으로 읽히던 설상음舌上音 글자들이 치조음으로 보존되어 있고, 상고 중국어에서 *k-성모를 가졌던 것으로 보이는 枝, 指 등이 여전히 k-성모로 보존되어 있다. 이밖에도 커지아 방언에는 상고 중국어에서 공명음 성모가 유성음과 무성음의 두 갈래로 나뉘어졌을 가능성을 뒷받침하는 증거가 성조체계에 남아 있다.[14]

7. 주변 국가의 한자음

한국한자음, 일본한자음, 베트남한자음 등 주변 국가의 한자음 자료 등을 통해서도 상고 중국어 음운체계에 대한 정보를 얻을 수 있다.

(1) 한국한자음

한사군漢四郡이 한반도에 B.C. 108년에 설치되었으니 상고 중국

---

13) 관화 방언은 북방北方 관화 방언, 서북西北 관화 방언, 서남西南 관화 방언, 남방南方 관화 방언의 네 개의 차방언으로 분류된다. 수도인 베이징北京어는 북방 관화 방언에 속한다.
14) 커지아 방언의 성조 특징에 대해서는 제2장 제1절 6. 무성의 비음과 유음 성모 참조.

어 시기부터 한자가 도입되어 사용되기 시작했다고 보아야 한다. 최근 전라도 광주의 무덤에서 중국 신新나라(8-23년) 화폐인 화천貨泉이 50여점의 꾸러미로 대량 발굴되었다.[15] 화천은 영산강 유역과 남해안 지역, 제주 등 한정된 지역에서 출토되고 있어서 당시 중국과 직접 교역을 하였던 정치집단이 한반도의 서남부 지역에 형성됐던 것으로 보이는데, 당시 이미 한반도 전 지역에서 한자가 사용된지 오래 되었음을 알 수 있다. 그러나 한국한자음은 일본한자음처럼 도입된 시기에 따라 여러 층으로 뚜렷이 구분되지 않으며, 대체로 6~8세기의 중국어음을 반영한다. 그렇지만 굳이 시기에 따라 분류한다면 한자로 표기된 고대 한국한자음 자료는 상고 중국어음을 반영하고, 한글로 표기된 조선시대 한자음 자료는 6~8세기 중고음을 반영한다. 또 일부 한자음은 송대 이후의 중국어음을 반영한다. 예를 들면 茶가 '다'로도 읽히고 '차'로도 읽히는데, '차'는 茶가 파찰음이 된 이후의 중국어음이므로 송대 이후의 음을 반영한다고 할 수 있다. 그러나 송대 이후의 근대 중국어음은 한국한자음이 완전히 확립된 뒤의 음으로 '차'처럼 극소수 어휘에만 영향을 미쳤다.

상고 중국어음을 반영하는 고대 한국한자음 자료는 주로 향찰로 쓰였다. 『삼국사기三國史記』, 『삼국유사三國遺事』 등에 실린 한자로 쓰인 지명과 인명 등의 고대 자료를 통해 상고 중국어음 체계를 엿

....

15) 기원후 14년에 처음으로 주조된 화천은 후한 광무제가 '오수전五銖錢'으로 화폐를 통합한 기원후 40년까지 통용된 화폐로 정확한 주조연대를 알 수 있고 통용 시기가 한정되어 유적의 연대를 추정할 수 있는 중요한 자료이다. 기존까지 우리나라에서 발견된 화천은 총 19점으로, 주로 조개더미 등 생활 관련 유적에서 소량으로만 확인됐다. 출처: 2016년 1월 18일 KBS뉴스.

볼 수 있다. 특히 『삼국사기』 지리지 제34권에서 제37권에는 고구려, 백제, 신라 세 나라의 지명이 실려 있는데, 원래의 지명과 함께 신라 경덕왕景德王 16년(757)에 바뀐 지명이 함께 수록되어 있다. 지명은 세 나라의 건국과 동시에 생겨난 것이 아니라, 원래 존재하다가 한자가 쓰이기 시작하면서 한자로 표기되었던 것으로 보인다. 경덕왕 때 개정된 지명이 21세기인 지금도 쓰이고 있다는 사실을 상기한다면 경덕왕 이전의 지명은 삼국의 건국 이전에 존재하던 지명이라고 보는 것이 합당하다. 따라서 경덕왕 이전 원래 쓰이던 지명은 상고 중국어음을 반영한다고 볼 수 있다. 지명은 향찰, 즉 한자의 뜻을 빌려 표기한 훈차訓借 표기와 음을 빌려 표기한 음차音借 표기 방법으로 기록되어 있는데, 상고 중국어음 연구에 필요한 것은 음차 표기 지명이다.16) 『삼국사기』 제37권에 실린 다음의 지명을 예로 들어 본다.

至留   知留   (백제 지명)
比斯伐   比自火   (백제 지명)

첫 번째 지명은 음차 표기로만 되어 있고, 두 번째 지명에서 伐은 '불'의 음차 표기이고, 火는 훈차 표기임을 알 수 있다. 그런데 모든

----

16) 이두, 향찰, 구결 등의 명칭으로 분류되는 한자차용 표기법 가운데 이두는 한자를 한국어의 어순에 맞게 배열하고 여기에 조사(토)를 붙인 것을 가리키고, 구결은 중국어 어순의 문장에 한국어로 조사를 붙인 것을 가리킨다. 향찰은 뜻을 빌린 한자와 음을 빌린 한자를 함께 써서 한국어 문장을 표기하는 데 사용한 표기법으로 『삼국유사』와 『균여전均如傳』에 실린 향가 25수가 향찰로 쓰여 있다. 『삼국사기』와 『삼국유사』 등에 실린 지명이나 인명역시 향찰로 표기되어 있다.

지명이 위의 지명처럼 한자의 음을 빌린 표기인지 뜻을 빌린 표기인지 쉽게 알 수 있는 것은 아니다. 다음에 제시되는 지명처럼 일부는 훈차 표기인지 음차 표기인지 학자들 간에 의견이 일치하지 않아서 지금까지 제대로 해독이 되지 못한 것들도 많다.

於支呑   翼谷   翊谿縣

『삼국사기』 제37권에 "어지탄於支呑은 익곡翼谷이라 한다(於支呑 一云翼谷)"고 실려 있고, 제35권에 "익계현翊谿縣은 본래 고구려 익곡현翼谷縣인데 경덕왕 때 고친 이름이다(翊谿縣本高句麗翼谷縣, 景德王改名)"라고 실려 있어 세 지명이 대응되고 있음을 알 수 있다.

"於支呑 翼谷"에서 呑은 谷에 대응되는 글자이다.[17] 따라서 於支는 翼에 대응된다. 최남희(2005:305-308)는 於는 뜻을 빌린 글자, 支는 음을 빌린 글자로 보고 於支를 '늘기'로 재구했다. 於는 『천자문』에 '늘 어'로 수록되어 있다. 한편 벡위드(2006:182)는 於支가 비록 겉으로 보기에는 '날개'로 그럴 듯하게 풀이되었지만 於支는 음차 표기로 翊谿와 같은 음을 나타낸다고 보았다. 於는 상고 중국어에서 魚운부에 속한 글자로 리 팡꾸이(1982)는 魚운부 음성운자의 운미를 *-g로 재구했는데, -g는 翊의 운미 *-k와는 유무성의 차이만 있는 같은 조음 위치의 파열음이다. 또 谿는 支와 같은 운부에 속했고,

---

17) 위의 지명에서 呑이 谷과 대응되는 것은 다른 고구려 지명을 살펴보면 쉽게 알 수 있다. "水谷城縣一云買旦忽"과 "十谷城縣一云德頓忽"에서 谷과 旦, 頓이 대응되는 것을 알 수 있다. 頓, 旦은 呑과 음이 비슷하다. 따라서 谷을 의미하는 고구려어는 *단'이었던 것으로 보인다.

支는 章계 글자로 일부 章계자의 상고 중국어 성모는 谿처럼 파열음 *k-였다. 따라서 於支의 상고음은 翊谿의 상고음과 매우 비슷하다는 것을 알 수 있다. 그렇다면 경덕왕 때에 이르러 於와 支의 음이 상고음과 많이 달라져서 원래 지명과 같은 소리를 내는 한자 翊谿로 바뀌었을 가능성도 있다. 두 학자의 학설 가운데 어느 것이 맞는지는 더 연구되어야 하겠지만, 위의 지명은 우리에게 章계자 支가 상고 중국어에서 *k-성모를 지니고 있었다는 귀중한 정보를 제공해 준다.

(2) 일본한자음

한국한자음과는 달리 일본한자음은 유입된 시기에 따라 한자음이 뚜렷이 구분되는 특징을 갖는다. 일본한자음은 고음古音, 오음吳音, 한음漢音, 당송음唐宋音 등으로 나뉜다. 이경철(2006:18-21)에 의하면, 고음은 중고 중국어음으로는 해석할 수 없는 음으로 한반도인을 통해 일본에 전래된 것으로 추정되는 상고음 계통의 한자음이고, 오음은 5세기 경 오吳나라가 위치했던 지방의 중국어음이다. 한음은 8세기 당나라 창안長安의 음이며, 당송음은 중국의 송대 말기에 전해진 송나라 음과 명대에 전해진 당나라 음을 가리킨다. 당송음은 이미 오음과 한음이 완전히 정착한 후에 들어와서 일부 어휘에만 영향을 미쳤다. 누모토 가쯔아끼(沼本克明 2008:11-13)는 오음은 시기적으로『절운』(601년)을 하한선으로 해서 그보다 약간 이전 시기의 중국어음을 반영하는 것으로 보이며, 공간적으로도『절운』에 의거한 북방 표준음과는 거리가 있는 것으로 보았다. 또한 한음은 당대 중기 창안 방언을 반영한 후이린慧琳의『일체경음의一切經音義』(788-810)의 음운체계에 가깝다고 보았다.

일본의 한자음 가운데 가장 많이 사용되는 한자음은 한음과 오음이다. 오음은 현재 일본에서 사용되고 있는 한자음의 약 20~25%를 차지하고, 한음은 현재 일본에서 사용하는 한자음의 70%이상을 차지한다(이경철 2006:19-20). 고대 일본의 노래집인 만요슈萬葉集[18], 신화 전설을 중심으로 쓴 일본의 가장 오래된 역사서인 고지키古事記(712년) 등이 오음으로 읽혔다. 오음은 불교계에서 지속적으로 써 왔는데, 풀리블랭크(Pulleyblank 1984:154)는 표준 오음은 현대 사전에서 인위적으로 만든 것으로 한음보다 제대로 보존되지 못했다고 평가했다. 한음 연구의 주요자료로는 편년체 역사책인 니혼쇼키日本書紀(720년)가 있다.

(3) 베트남한자음

베트남은 BC 111년 한漢에 의해 무너진 후, AD 938년에 이르러서야 독립국가가 되었기 때문에[19] 상고 중국어 시기부터 한자를 도입해 사용하였다. 오랜 기간 중국의 영향을 받았기 때문에 현재 베트

---

18) 만요슈萬葉集는 7세기 후반에서 8세기 후반에 걸쳐서 만들어진 책으로, 고대 일본의 노래집이다. 일본의 왕, 귀족부터 잘 알려지지 않은 신분의 사람까지, 여러 신분의 사람들의 이야기를 읊은 노래가 4500곡 이상 실려 있다. 한자를 이용해 만든 만요가나로 쓰였다. 나라 시대 예술작품으로 중국 문화 사상의 영향을 받았음을 알 수 있다.

19) 천 년이 넘는 중국의 식민통치 기간 동안 베트남 사람들은 중국의 지배에서 벗어나기 위해 끊임없이 노력했다. AD 40년에 쯩 짝(Trung Trac 徵側), 쯩 니(Trung Nhi, 徵貳) 자매가 군사를 일으키자, 베트남에 파견된 중국인 태수太守 쑤 띵蘇定이 중국으로 달아났다. 자매는 3년 정도 베트남을 통치했으나, 광무제光武帝가 파견한 군대에 패함으로써 베트남은 다시 중국의 통치하에 들어갔다.

남어 어휘의 60% 정도가 한자에서 유래되었고, 베트남한자음은 8-9세기 당대의 한자음을 나타낸다(팜티옥 2010:35-37). 14세기에 한자를 베트남어 음운에 맞게 고쳐 만든 쯔놈子喃이 사용되기 전에는 한자를 그대로 사용하였다. 쯔놈은 한자로 나타낼 수 없는 베트남 고유어를 표기하기 위해 한국의 이두, 향찰처럼 한자의 음과 뜻을 빌려 만들어졌으나 복잡한 체계였으므로 역시 주로 지식층에서 사용되었다.[20]

베트남한자음은 일본한자음처럼 도입된 시기에 따라 여러 층으로 뚜렷이 구분되지 않고 대체로 당대의 한자음을 나타내지만, 일부 차용어들의 한자음은 전기 중고음, 즉 『절운』계 운서의 음과 일치하고, 또 일부는 한대까지 거슬러 올라간다.

예를 들면 상고 중국어에서 설근음으로 읽혔지만 중고 중국어에서는 파찰음이었던 章계系 글자들이 설근음으로 기록되어 있다. 針 kim, 正 gieng, 紙 giəy, 種 giog 등이 모두 여기에 해당한다. 또한 유음인 來모母 글자는 상고음을 반영하는 고대베트남한자음 층에서는 r-로, 『절운』 시기 중국어음을 반영하는 베트남한자음 층에서는 l-로 실현되었다. 상고 중국어 시기 또 다른 유음이었던 以모 글자들은 『절운』 시기 베트남한자음으로는 d-로, 고대베트남한자음으로는 l-로 실현되었다.[21]

최근에는 베트남한자음 가운데 가장 많은 비중을 차지하는 중국

----

20) 현대 베트남어는 로마자에 성조를 표시하여 기록한다. 이 표기법은 17세기에 프랑스 선교사 알렉상드르 드 로드가 정리한, 로마자를 기초로 한 표기법에서 유래했다. 출처: 한국어 위키백과사전.
21) 章계, 來모, 以모 등의 자모에 대해서는 성모체계 참조.

어음 층은 근대음이라는 연구결과도 나왔다. 지앙 지아루(江佳璐 2011)는 베트남한자음을 상고음, 전기 중고음, 후기 중고음, 근대음으로 분류하고 베트남한자음에서 가장 많은 비중을 차지하는 층은 근대음이라고 밝혔다.[22]

베트남어와 중국어의 유사성은 성조체계에 잘 나타난다. 현대 베트남 표준어에는 6개의 성조가 있지만, 노먼(1996:81-85)에 의하면 베트남어의 성조는 원래 8가지였으며, 베트남어의 성조체계는 중국어의 평상거입平上去入 네 성조가 두 가지 음역에 따라 구분되고 있는 것과 매우 비슷한 양상을 보였다.

제3절 연구방법

아주 먼 옛날의 언어를 재구성하려면 현재의 언어에 근거하여 가까운 과거의 언어를 재구성하고, 다시 이 과거의 언어에 근거하여 더 먼 과거의 언어를 재구성해야 한다. 상고 시대의 언어는 대개 자료가 빈약하므로 비교적 자료가 풍부한 가까운 과거의 언어를 재구성하고 이에 근거하여 먼 상고 시대의 언어 상태를 재구성하는 것이 쉽고도 오류를 줄일 수 있는 방법이기 때문이다. 과거 어느 한 시기의 언어 상태를 재구성하는 것을 줄여서 재구(再構, reconstruction)라고 한다. 재구된 음운체계는 가설적인 형태이므로, 재구된 형태 앞에는 *를 붙인다.

....

22) 江佳璐 2011. 『越南漢字音的歷史層次研究』國立臺灣師範大學 國文學系博士論文. 이상이(2015:7)에서 재인용.

학자들마다 재구된 음운체계가 조금씩 다른 것에서도 알 수 있듯이 중고 중국어든 상고 중국어든 재구된 음운체계는 당시 음운체계를 백퍼센트 정확하게 반영한다고는 할 수 없다. 중고 중국어도 재구된 형태이니 만큼 원칙적으로 *를 붙여야 하고, 재구된 중고음에 기초한 2차적인 음운체계인 상고음에는 **를 붙여야 한다. 그러나 일반적으로 재구된 중고음은 *표 없이 그대로 쓰고, 상고음에만 *를 붙인다.

상고 중국어 성모체계는 먼저 상고 중국어와 가장 가까운 시기의 언어자료인 『절운』계 운서에 존재했던 36개의 자모에서 출발하여 상고 중국어의 성모체계가 중고음 자료인 『절운』계 운서의 성모체계와 어떻게 같고 어떻게 다른지를 기술하는 것에서부터 시작해야 한다. 현재 학계에서는 『절운』계 운서에 36개의 성모가 있었던 것으로 보고 있다. 물론 이 36개의 성모는 운도韻圖의 36자모와는 종류가 조금 다르다. 이 가운데 일부 성모는 상고 중국어 시기에도 같은 형태로 존재했을 것이고 일부는 상고 시기에는 없다가 중고 시기 생겨났을 수도 있으며, 상고 시기 존재했던 일부 성모는 중고 중국어 이전에 소실되었을 수 있다. 어떤 성모가 중고 시기와 같았고, 어떤 성모가 상고 시기에는 없다가 생겨났으며, 어떤 성모가 상고 시기에만 존재했는지는 형성자의 성부와 위에서 살펴본 이문, 성훈, 가차 자료, 주변 국가의 한자음 자료, 중국내 소수민족 언어, 현대 중국어 방언 등을 통해 판단한다.

예를 들면 현재 r-성모로 읽히는 글자들은 중고 중국어 이후 n-성모 글자들에서 갈라져 나온 것으로 보는 학자들이 다수인데, 성부가 같은 n-성모와 r-성모 글자들, 즉 奴, 如와 乃, 仍이 고대 한국한자음 자료를 포함한 상고 시기 음운자료에서 각각 같은 음을 표기하기 위해 사용되었다. 이 같은 사실에 근거하여 상고 시기에는 '如, 仍 등 日모의 글자들이' r-성모가 아니었다고 판단할 수 있다.

상고 중국어 운모체계는 운을 맞추어 시가를 짓는 중국의 전통 덕분에 성모체계를 연구할 때보다는 훨씬 많은 자료를 이용할 수 있다. 학자들은 먼저 상고 시대 시가인 『시경』에서 압운된 글자들끼리 모아 운부韻部를 나누었다. 이 경우 『시경』 같은 운문에 사용되지 않은 글자들은 어떤 운부에 넣을 것인지의 문제가 생기는데, 형성자의 성부는 운모체계를 재구성하는 데도 열쇠가 된다. 청대 학자인 뚜안 위차이段玉裁는 형성자들 가운데 성부가 같은 글자들이 『시경』에서 같이 압운된 사실을 발견했는데, 이 같은 발견으로 학자들은 성부가 같은 글자들을 같은 운부에 넣게 되었다. 뚜안 위차이의 이 같은 발견은 성부가 같으면 운모뿐 아니라 성모도 같거나 상당히 비슷했음을 의미한다.

위와 같은 방법으로 상고음을 재구할 때 부딪칠 수 있는 문제는 한 글자의 음이 두 가지 이상으로 재구될 수 있다는 사실이다. 상고 중국어 시기는 매우 길기 때문에 한 글자의 음이 두 가지 이상으로 재구되면 이는 서로 다른 시기의 음을 나타낸다고 보아야 한다. 즉 상고 중국어 기간 내에서도 음운변화가 발생하여 음운체계에 변동이 생겼음을 의미한다. 예를 들면 성부가 內인 글자들은 訥과 같은 -t운미 글자들 및 納과 같은 -p운미 글자들로 분류되는데, 리 팡꾸이(1982:44)는 이에 근거하여 중고 중국어에서 음성운陰聲韻에 속하는 內가 상고 중국어 시기에 *-b운미를 지녔다가 *-d운미 글자로 변화된 것으로 보았다. 內는 『시경』에서 -t운미 글자와 압운하고 한국한자음자료에서도 -t운미 글자인 訥과 같은 음을 표기하기 위해 사용되었으나, -p 글자와는 성부만 같고『시경』에서도 압운되지 않았기 때문에, 유성 폐쇄음 운미를 인정하는 학자들은 이 같은 사실에 근거하여 *-b를 *-d보다 오래된 형태로 본다.23) 또 루오 창페이·조우쭈모(羅常培·周祖謨 2007:13)에 의하면 魚운부와 侯운부의 글자들은 선진先秦 시기에는 압운하지 않다가 한대에는 압운하게 되었는데,24) 이 역시 전기 상고 중국어에서는 魚·侯 두 운부의 운이 달랐으나 후기 상고 중국어에서는 두 운부의 운이 같아졌음을 의미한다.

....

23) 王力(1980:108)는 內가 상고음에서 *-t운미를 지닌 것으로 재구하면서도, 동시에 納과 성부가 같다는 사실에 근거하여 더 오래된 시기에는 *-p였을 가능성도 언급했다. 한국한자음 자료에는 內가 -t운미 글자인 訥과 같은 음을 표기하기 위해 사용되었다. 신라의 눌지왕이『삼국사기』에는 訥祗로 표기되어 있고『삼국유사』에는 內只로 표기되어 있다.

24) 선진先秦 시기는 주로 진秦의 통일 이전인 춘추전국시대를 가리킨다.

2 상고 중국어 음운체계

제1절 성모체계

상고 중국어에 얼마나 많은 어떤 성모들이 있었는지 알기 위해서는 상고 중국어와 가장 가까운 시기의 성모체계를 살펴보아야 한다. 12~14세기에 간행된 등운도等韻圖에는 12세기 이전 중국어에 존재했던 36개의 성모가 확실하게 정리되어 있다. 순음脣音에는 중순음重脣音인 幇, 滂, 並, 明모와 경순음輕脣音인 非, 敷, 奉, 微모의 8개 성모가 있었고, 설음舌音에는 설두음舌頭音 端, 透, 定, 泥모와 설상음舌上音 知, 徹, 澄, 娘모, 반설음半舌音인 來모가 존재했다. 치음齒音에는 치두음齒頭音인 精, 淸, 從, 心, 邪모와 정치음正齒音인 照, 穿, 床, 審, 禪모, 반치음半齒音인 日모가 존재했다. 또 아음牙音에 見, 溪, 羣, 疑모, 후음喉音에 影, 曉, 匣, 喩모가 각각 존재했다.

운도에는 36개의 자모字母가 명확하게 표기되어 있어 12세기 이전에 존재했던 성모가 36개임을 알려 주지만, 운서는 그렇지 않다. 운서에는 수록된 각 글자들마다 반절反切로 음이 표기되어 있다. 반절은 두 개의 글자로 한 글자의 음을 나타내는 방법이다. 표음 대상이 되는 글자를 성모와 운모로 나누고, 표음 대상이 되는 글자와 같은 성모를 가진 글자를 먼저 배열하고 표음 대상이 되는 글자와 같은 운모를 가진 글자를 뒤에 배열한 후, 절切자를 붙여 표기했다.[1] 예를 들면 『광운廣韻』에 수록된 첫 번째 글자 東에는 덕홍절德紅切이라고 음이 표기되어 있는데, 德은 東과 성모가 같고, 紅은 東과 운모가 같다. 성모를 나타내는 첫 번째 글자를 반절상자反切上字, 운모를 나타내는 두 번째 글자를 반절하자反切下字라고 한다. 즉 德이 東의 반절상자이고 紅이 東의 반절하자이다.

『절운』에는 모두 11,500자가 수록된 것으로 알려져 있고(최영애 2000:31), 『광운』에는 모두 26,194자가 수록되어 있는데, 이 글자들이 서로 다른 반절들로 음이 표기되어 있어 이 운서들이 반영하는 음운체계를 재구하는 것은 쉬운 일이 아니다. 『광운』에는 3,000여 개의 반절이 있고, 470개가량의 글자가 성모를 표음하는 데 쓰였고, 1,200개가량의 글자가 운모를 표음하는 데 쓰였다. 이것은 같은 성모, 같은 운모를 표기하는 데 많으면 수십 개의 글자가 쓰였음을 의미한다. 어떤 글자들이 같은 성모를 나타내고 어떤 글자들이 같은 운모를 나타내는지 분석하는 일은 쉽지 않다. 그러나 많은 학자들의 노력으로 『절운』을 계승한 『광운』에 36개가량의 성모와 156개가량의 운모가 있었던 것으로 밝혀졌다.[2]

『광운』은 『절운』을 계승한 운서이다. 그러므로 6~7세기경에도 36개의 성모가 존재했다는 의미이다. 그러나 당시 존재한 36개의 성

----

1) 초기에는 ○○切보다 ○○反이 많이 쓰였는데, '반란을 일으키다'라는 의미의 어휘가 '造反'이어서 反자의 사용을 꺼려 주로 切로 표기했다고 한다.
2) 『광운』에 존재한 운모의 수에 대해서는 김태경(2005:137-144) 참조.

모는 운도의 36개 성모와는 다르다. 운도에는 순음이 중순음과 경순음으로 나뉘어 있지만 『절운』에는 경순음이 없다. 또 운도의 娘모도 『절운』시기에는 泥모와 분리되지 않았다. 대신 정치음이 운도 시기에는 다섯 자모인데 반해 『절운』 시기에는 10개의 자모였다. 이 열 개의 자모가 운도 시기에는 병합된 것으로 보아야 한다. 『절운』이 반영하는 음운체계에 존재했던 36개의 성모를 나열하면 다음과 같다. 표기된 재구음은 최영애(2000)를 참조했다.

표 1-1 『절운』계 운서에 존재한 36자모

청탁 조음위치	전청	차청	전탁	차탁	전청	전탁
중순음	幫p	滂pʰ	並b	明m		
설두음	端t	透tʰ	定d	泥n		
설상음	知ʈ	徹ʈʰ	澄ɖ			
치두음	精ts	清tsʰ	從dz		心s	邪z
정치음	莊tʂ	初tʂʰ	崇dʐ		生ʂ	俟ʐ
	章tɕ	昌tɕʰ	船dʑ		書ɕ	禪ʑ
아 음	見k	溪kʰ	羣g	疑ŋ		
후 음	影ʔ	曉x	匣ɣ	喩ø		
반설음				來l		
반치음				日ɲ		

위의 표에 실린 전통 음운학 용어들을 알기 쉽게 일반 언어학 용어들로 풀이해 본다. 먼저 중순음은 두 입술이 맞닿아 내는 소리인 양순음(bilabial)을 가리키고, 설두음은 혀끝을 윗니 뒤의 치조에 붙이거나 접근시켜 내는 소리인 치조음(alveolar)을 가리킨다. 반설음 l도 치조음에 해당한다. 『절운』 시기 설상음의 음가에 대해서는 이

견이 있지만,[3] 표에 수록된 설상음 t, tʰ, ɖ는 권설 파열음이다. 권설음(retroflex)은 혀를 들어 올리고 혀끝을 치조 돌기 뒷부분에 접근시켜 내는 소리이다. 치두음의 조음 위치는 치음(dental)과 치조음의 중간 정도에 해당하는데, 혀끝을 윗니 뒤에 접근시켜 내는 소리이다. 전청全淸의 글자를 대표로 삼아 설두음은 端계系, 설상음은 知계, 치두음은 精계로 부르기도 한다.

위의 정치음 莊, 初, 崇, 生, 俟모를 통틀어 莊계라고 칭하고, 章, 昌, 船, 書, 禪모를 통틀어 章계라고 칭한다. 운도에서는 照, 穿, 床, 審, 禪모로 병합되었는데, 莊계 글자는 주로 운도의 2등 칸에 배열되어 照2계라고도 불린다. 章계 글자는 운도의 3등 칸에 배열되어 照3계라고도 불린다. 위에 재구된 莊계 성모는 권설 파찰음이고, 章계 성모는 치조경구개(palato-alveolar) 파찰음이다. 章계는 중국어 음운학에서 설면음舌面音으로도 불린다.

아음 見계는 연구개(velar) 파열음이고, 후음에서 ʔ는 성문(glottal) 파열음, x와 ɣ는 연구개 마찰음이다. 반치음 ɲ는 경구개(palatal) 비음鼻音이다. 비음(nasal)은 기류가 구강뿐 아니라 비강을 통해서도 빠져 나가는 음을 가리키는데, 대표적으로 m, n, ŋ이 비음에 해당한다.

파열음(plosive, stop)은 어느 한 발음 기관이 완전히 붙었다가 파

---

3) 설상음의 음가에 대해 칼그렌, 루 즈웨이陸志韋 등은 설면舌面 파열음, 즉 치조경구개 파열음으로 보았다. 반면 루오 창페이羅常培는 산스크리트의 권설 파열음을 설상음 知계 글자들로 음역한 것에 근거하여 권설 파열음이라는 주장을 내놓았고, 조우 파까오周法高 등이 이에 동의하였다. 최영애(2000: 218-222)도 미네야 토오루(三根谷徹 1972)가 제시한 知계와 莊계 글자들은 베트남한자음 tr-에 대응하는데, 章계 글자들은 ch-에 대응하는 사실에 근거하여 설상음을 권설 파열음으로 재구했다.

열되면서 나는 소리이고, 마찰음(fricative)은 조음 기관의 사이가 아주 좁혀진 상태에서 마찰되어 나는 소리이다. 파찰음(affricate)은 조음 기관이 폐쇄되었다가 파열될 때 파열음보다 상대적으로 속도가 느려져서 마찰이 일어나면서 발생하는 소리이다.

발음할 때 성대의 진동이 수반되지 않는 무성음(unvoiced)은 청음淸音, 성대가 진동해서 나는 소리인 유성음(voiced)은 탁음濁音이라고 한다. 청음 가운데 무성의 무기음無氣音은 전청全淸, 무성의 유기음有氣音은 차청次淸이라고 한다. 무기음은 발음할 때 기류가 약하게 빠져 나가는 소리이고, 유기음은 기류가 강하게 빠져 나가는 소리이다. 유기음은 발음 기호 오른쪽에 [ʰ]를 붙여 표기한다. 전탁全濁은 유성의 파열음, 마찰음, 파찰음을 가리키고 차탁次濁은 공명음, 즉 유음流音 l이나 비음 성모를 가리킨다. 유음은 물 흐르는 소리 같다고 하여 붙여진 명칭이고 [l]을 발음할 때 기류가 양 옆으로 빠져 나가는 것 같다고 해서 설측음(lateral)이라고도 한다.

위의 36개의 성모 가운데 상고 중국어에는 존재하지 않았던 성모들이 있다. 어떤 성모들이 상고 중국어에는 존재하지 않았는지 먼저 위의 표에 실린 순서대로 상고 중국어 성모체계를 살펴본다.

1. 순음

운도에서 순음은 양순음인 중순음과 순치음(labiodental)인 경순음으로 나뉜다. 그런데 표 1-1에서 볼 수 있듯이 순치음은 『절운』 시기까지 형성되지 않았고, 상고 중국어에도 물론 존재하지 않았다. 현대 중국어 방언 가운데에는 민 방언에 순치음 성모가 없다. 상고 중국어 순음의 음가가 『절운』 시기와 다르다고 볼 특별한 이유가 없으므로 상고 중국어에 『절운』 시기 네 개의 중순음 성모 *p, *pʰ, *b, *m가 모두 존재했다고 본다.

이밖에 리 팡꾸이(1982)는 明모 글자인 每와 曉모 글자인 悔가 성부聲符가 같은 해성諧聲 현상을 보이는 등 공명음인 비음 m-, n-, ŋ-과 유음 l- 성모 글자들이 무성음 성모 글자들과 성부가 같다는 사실을 고려하여 상고 중국어에 무성의 비음 성모와 유음 성모를 재구했다. 즉, 리 팡꾸이는 상고 중국어에 네 개의 순음 성모 외에 *hm의 무성의 순음 성모를 재구했다. 이 문제는 뒤에서 자세히 논의하기로 한다.

2. 설음

청대 학자 치앤 따신錢大昕은 상고 시기 순치음 성모가 없었고 설음도 설두음과 설상음으로 분리되지 않았음을 발견했다(王力 1984: 154). 설상음은 『절운』보다 18년 먼저 간행된 『경전석문經典釋文』(583)에서도 설두음과 구분되지 않았는데(김현정 2001:164), 18년이라는 짧은 기간에 음이 변화했다고 보기는 어렵고, 아마도 반영하는 언어가 다른 지역의 언어이거나 아니면 『경전석문』의 저자가 옛 음운체계가 옳다고 여겨 변화를 있는 그대로 기록하지 않았을 수도 있다. 그렇지만 상고 중국어 시기에는 확실히 없었던 것으로 보인다. 설두음과 설상음 글자들 가운데에는 서로 성부가 같은 글자들이 많다. 아래에 해성 현상을 보이는 설두음과 설상음 글자를 옮겨 본다.

표 1-2 端계와 知계 글자들의 해성 현상

성부	端계	知계
者	都屠堵睹賭	箸著猪蹖儲諸
蜀	獨	躅蠋
兆	桃咷跳挑逃眺窕誂洮	兆晁垗旐鮡挑
卓	掉悼	罩卓踔倬逴
乇	託托	宅
周	彫雕凋調倜	婤綢啁惆
登	登燈嶝鐙磴璒鄧	澄橙憕
竹	篤	竹竺筑築
召	貂蛁苕迢	召超怊
占	店坫跕帖點沾	覘沾霑
亶	亶壇檀禮	鱣邅
眞	顚滇傎蹎瘨癲巓	鎭瑱
多	多	爹

설두음 端계는 1등과 4등에, 설상음 知계는 2등과 3등운에 출현하여 상보적 분포(complementary distribution)를 보인다. 리 팡꾸이 (1982)는 知계 2등의 개음은 -r-, 3등 개음은 -rj-로 재구하고 설상음은 端계 성모에 이 개음들이 작용하여 생겨난 것으로 보았다.

현대 중국어 방언 가운데 민閩 방언에 설상음이 없으며, 설상음 글자들은 모두 설두음 성모를 보존하고 있다. 설두음은 『절운』시기와 같은 음인 치조음 *t, *tʰ, *d, *n로 본다.

그런데 설음 성모 글자 가운데에는 다른 성모에서 기원한 것으로 보이는 글자들이 포함되어 있다.

표 1-3 설음과 후·아음 글자들의 해성 현상[4]

성부	端계	知계	喉牙音
多	多	爹哆	黟
出	咄	黜絀沺灿	屈詘窟堀掘倔崛朏越榾涃
合	答		合蛤盒閤哈峆佮峉部頜鴿
隹	堆推萑	椎雅稚	確推榷淮匯維惟唯帷濉
豆	豆頭短逗桓脰		欨
台		治齝答胎	冶怡貽飴詒
止		祉	企
今	貪	.	今
氐	低底抵氐柢		祇芪軝蚳

위의 표에서 볼 수 있듯이 端계와 知계 글자 일부는 見계자 및 후음 성모 글자들과 성부가 같다. 양 지앤챠오(楊劍橋 1998:163)는 이 글자들이 見계자에서 유래하였으며 상고 중국어에서 *kr->*t- 같은 음운 변화를 거친 것으로 보았다. 설음 성모 글자들은 중국의 소수민족 언어에서 gl-, kl-등의 어두자음군으로 읽히는 예가 많다. 일부를 옮겨 보면 踏이 티베트어로 glebs, 讀이 티베트어로 glog, 梯는 仡佬語로 klai, 侗語로 kwe이고, 雉가 普沃語, 斯戈語로 kʰli?, 肘가 티베트어로 gru, 佤語로 krauɯŋ, 長이 佤語로 glaŋ이다(楊劍橋 1996: 171)[5]

한편 透모와 定모 글자 일부는 喻모 4등, 즉 以모의 글자들과 성부가 같은데 이 글자들 역시 以모에서 유래한 것으로 보인다. 예를

---

4) 표 1-3은 김태경(2010:73)에서 轉載.
5) 설음 성모 글자가 소수민족 언어에서 어두자음군으로 읽히는 더 많은 예에 대해서는 제2편 제1장 2.3 신라의 지명, 인명, 관직명 (11) 繼烏부인, 知烏부인 참조.

들면 透모자 湯과 定모자 腸은 以모자 陽과 성부가 같다. 즉 설음 성모를 가진 글자 일부는 見계와 以모 글자들에서 유래한 것으로 보이는데, 이 문제에 대해서는 以모의 상고 시기 음가와 함께 뒤에서 자세히 논의하기로 한다.

반설음인 來모는 중고 중국어 이래로 유음인 l-이었는데, 베트남 한자음과 티베트어에 의하면 상고 중국어에서는 *r-이었던 것으로 추정된다. 來모의 음가에 대해서도 뒤에서 以모의 음가와 함께 자세히 논의하기로 한다.

日모의 기원

상고 중국어에서 日모는 치조음 泥모에 속했던 것으로 보인다. 청대 학자들 가운데 장 삥린章炳麟이 가장 먼저 日모가 泥모에 속했다는 학설을 제기했다(王力 1984:154). 장 삥린은 그 근거로 泥모 글자의 성부가 日모 글자이고 日모 글자의 성부는 泥모 글자라는 사실과 『석명釋名』의 "男, 任也", "泥, 邇也"라는 풀이를 들었다(竺家寧 2008: 562). 쩡 윈치앤(曾運乾 2004:441)도 상고 중국어에 泥모를 포함한 19개의 성류聲類를 재구했는데, 日모는 따로 세우지 않았다.

반면 똥 통허(董同龢 1968:291-292)와 왕 리(王力 1980:91)는 상고 중국어에 日모가 없었다고는 볼 수 없다며, 日모를 따로 세우고 경구개 비음 ɲ-로 재구했다. 왕 리는 그 증거로 현대 중국어 방언 가운데 상하이上海어의 구어음과 메이시앤梅縣어, 꾸앙시廣西 남부 지역 언어에서 人, 日, 熱, 肉이 ɲ-성모로 읽히는 것을 예로 들었다. 현재 민 방언의 푸조우福州어에서 일부 日모 글자는 n-성모로 읽히고 있다.[6] 왕 리도 푸조우 방언에서 日, 肉이 n-성모로 읽히는 것을 언급했지만, 그래도 日모를 여전히 경구개 비음 ɲ-으로 재구했다.

리 룽(李榮 1973:125-126)은 당대에 산스크리트 음절 [ña]를 표기하는 데 사용한 한자들을 살펴보고, 724년 이전에는 壤, 若 등의 日모 글자로 [ña]를 음역했지만 771년부터 孃자로 [ña]를 표기한 것을 발견했다. 이것은 724년까지 日모는 泥모와 음의 차이가 거의 없었지만, 그 이후에는 두 성모의 음이 차이가 커졌음을 의미한다.

리 팡꾸이(1982:19)는 상고 중국어의 日모를 *nj-로 재구했는데, *nj-에서 j는 개음이며 이 개음의 작용으로 중고 중국어의 日모 ɲ-가 생겨났다고 보았다. 日모 글자는 별로 많지 않으면서도 다음의 표에서 볼 수 있듯이 泥모의 글자들과 성부가 같은 글자들이 상당히 많다.

표 1-4 日모와 泥모 글자들의 해성 현상[7]

성부	日모	泥모
乃	仍扔芿朸訒	乃
女	汝如	女奴
內	芮柄蜹汭笍	內訥肭㕯
仁	仁茫	佞
壬	壬任妊餁袵絍	抵
冄	髥蚺冄蒛	柟
而	而栭輀鮞胹洏耏	耐恧
忍	忍荵認	涊

....

6) 민난閩南 방언에서 日모는 l-성모로 읽는다. 민난 방언에는 n-성모가 없고 비음화된 운모 앞에서 l-은 n-으로 변한다. 출처: 李珍華 · 周長楫(1999) 前言 13쪽.
7) 김태경(2009:113)에 정리된 것을 轉載. 日모에 관한 일부 내용은 같은 논문을 참조하였다.

성부	日모	泥모
妥	桜	餒
若	若郡箬楉渃	諾匿搭蠚暗
柔	柔蹂揉蛼輮鍒鞣腬瞈㮃	猱
弱	弱蒻篛	溺惄搦糐嫋
然	然燃繎	撚
堯	饒橈蕘嬈繞嬈	譊撓鐃
貳	貳樲	膩
需	儒濡襦繻孺嬬㨎醹臑	懦
爾	而邇	檷禰鬞薾
襄	穰禳攘瀼孃壤讓膿	孃囊曩釀蠰
聶	讘囁	聶躡

日모의 글자들은 현대 한국한자음에서 영성모로 읽힌다. 그렇지만 고대 한국한자음 자료에서 日모와 泥모의 음이 같았음을 보여주는 예를 찾을 수 있다. 아래의 고구려 지명에서 왼쪽은 『삼국사기』제35권에 실린 지명이고, 오른쪽은 제37권에 실린 같은 곳을 나타낸 지명이다. 백제 지명은 『삼국사기』제37권에 실린 지명과 별칭이다. 경덕왕 때 進禮郡으로 개명되었다.

仍買縣 　　　　乃買縣 　　　　(고구려 지명)
進乃郡 　一云 　進仍乙 　　　　(백제 지명)

위의 지명에서 日모 글자인 仍과 泥모 글자인 乃가 대응하고 있음을 알 수 있다. 仍은 『광운』반절이 如乘切, 평성의 蒸운자이고, 乃는 『광운』반절이 奴亥切, 상성의 海운자이다. 중고 중국어에서 두 글자의 성모는 크게 차이가 나지 않지만, 운모의 차이는 크다.

그러나 두 글자의 성부가 같다는 사실에 주목한다면, 이 지명은 해성 편방偏旁으로만 묶일 수 있는, 상고 중국어 중에서도 더 오래된 시기의 음을 기록한 것으로 볼 수 있다. 리 팡꾸이도 이 같은 해성 현상을 고려하여 乃의 상고음은 *nəg, 仍의 상고음은 *njəŋ으로 재구했는데, 운미의 조음 위치가 같음을 알 수 있다.8)

다음은 역시 『삼국사기』 제37권에 수록된 고구려 지명과 별칭이다.

述尒忽　　一云　　　首泥忽

尒와 泥가 대응되는데, 日모인 尒와 泥는 상고 중국어에서 모두 脂운부에 속했다. 리 팡꾸이의 재구음에 따르면 尒의 상고음은 *njid, 泥의 상고음은 *nid이다. 두 글자가 거의 동음으로 인식되었을 것이다.

다음은 고구려 國內城을 일컫는 지명이다.

不耐　　　不而

『삼국사기』 제17권에는 不耐가, 제37권에는 不而가 쓰였다. 류렬(1983:322)은 而는 耐를 잘못 표기한 것으로 보았지만, 상고 중국어 음을 고려하면 而가 잘못 표기된 것으로만 볼 수는 없다. 두 글자 모두 상고 중국어에서 之운부로 분류된다. 따라서 성모와 주요모음 사이에는 개음의 유무 차이만 있었다. 리 팡꾸이의 상고음 체계에

----

8) 리 팡꾸이가 재구한 상고음의 특징 가운데 하나는 상성자에는 x, 거성자에는 h를 재구음 뒤에 덧붙인 것이다. 예를 들면 乃의 재구음은 *nəgx인데, 혼동을 피하기 위해 성조 표기는 붙이지 않았다.

의하면 一等인 耐는 *nəg, 三等인 而는 *njəg으로 재구된다. 그러므로 위의 두 지명은 상고 중국어음에 근거한 지명으로 잘못 표기된 지명이 아니다.

다음은 『삼국사기』 제34권에 실린 신라의 지명이다.

奴同覓　　　一云　　　　如豆覓

奴와 如가 대응되고 있다. 奴와 如 모두 상고 중국어에서 魚운부에 속한 글자들이며, 성부도 女로 같다. 리 팡꾸이(1982:59)의 상고음 재구음은 奴가 *nag, 如가 *njag으로 개음의 차이만 있다.[9] 지금까지 살펴본 고대 한국어 자료에 실린 예에서 日모의 음가는 n-이었음을 알 수 있다.

이밖에 고음을 가장 잘 보존하고 있는 일부 민 방언에서 日모는 현재 n-성모로 읽힌다. 예를 들면 하이난海南 방언에서는 乳, 二, 軟, 人이 n-으로 읽히고(劉新中 2006:122), 앞에서 언급한 대로 푸조우 방언에서는 일부 日모자가 n-으로 읽힌다. 또한 二, 貳, 餌가 nei, 日은 nih, 兒는 구어음으로 nie이다(李珍華·周長楫 1999). 일본 한자음 오음吳音에서도 日모는 n-성모로 보존되어 있다(沼本克明 2008: 22). 또 살펴본 것처럼 고대 한국어 자료에서도 日모는 n-으로 읽혔다. 본서에서도 상고 중국어에서 日모는 泥모에 속했던 것으로 본다.

다음의 표에서 볼 수 있듯이 日모는 疑모와도 해성 현상을 보인

---

9) 이밖에도 『삼국사기』 제2권에는 儒理王으로 표기된 인명이 『삼국유사』 「왕력王曆」에는 弩禮王으로 표기되어 있어 日모자인 儒가 泥모자 弩와 대응되고 있다. 또한 『삼국사기』 34권에 실린 신라 지명 중에 熱兮縣은 泥兮로도 표기되어 있는데, 역시 日모자인 熱이 泥에 대응되고 있다.

다. 따라서 소수이지만 일부 日모는 疑모에서 기원한 것으로 추정된다. 리 팡꾸이(1982:93)는 이 글자들의 성모가 *ŋrj-〉ɲj-으로의 변화 과정을 거친 것으로 보았다.

표 1-5 日모와 疑모 글자들의 해성 현상

성부	日모	疑모
垚	橈繞蟯嬈蕘繞	堯垚僥嶢
兒	兒	睨倪霓猊蜺婗輗郳鯢麑鶂

3. 치음

치두음 성모는 유성음 성모가 무성음이 된 것을 제외하면 상고 중국어에서 지금까지 큰 변화 없이 안정적으로 전해져 온 성모이다. 리 팡꾸이도 치두음 精, 淸, 從, 心모의 상고음을 중고음과 같은 ts, tsʰ, dz, s로 재구했다. 반면, 중고 중국어의 邪모는 세우지 않았다. 리 팡꾸이는 『절운』계 운서의 邪모는 以모에서 갈라져 나온 것으로 보았다. 邪모에 대해서는 뒤에서 자세히 논의할 것이다.

치두음과는 반대로 『절운』계 운서에 존재한 정치음 10개 성모, 즉 莊계 성모와 章계 성모는 상고 중국어에는 없었던 것으로 보인다. 그렇다면 상고 중국어에 없었던 莊계 성모와 章계 성모가 어떻게 『절운』계 운서에 존재하게 되었는지 살펴본다.

(1) 莊계 성모의 기원
『절운』계 운서의 정치음正齒音 莊계 글자들은 치두음齒頭音 精계 글자들과 성부가 같은 글자들이 많아서 학자들은 이 성모들이 상고 중국어에는 존재하지 않다가 『절운』 시기에 생겨난 성모로 보고 있다. 이 같은 학설을 뒷받침하는 증거는 역시 형성자의 해성 현상에서 찾을 수 있다.

표 1-6 精계와 莊계 글자들의 해성 현상

성부	精계	莊계
祭	祭際穄蔡	瘵察
且	且粗組祖租疽菹	助詛俎阻菹
參	摻參	參慘
倉	倉滄蒼滄鶬槍	創瘡愴
乍	作昨祚	詐乍窄
親	親	櫬儭

이 같은 해성 현상 때문에 후앙 칸黃侃은 상고음 성모를 19개의 성뉴聲紐로 나누면서, 莊계를 精계에 병합시켰다(王力 1984:154). 그러나 중고 중국어 자료에서 精계 성모와 莊계 성모는 똑같이 3등 운모 앞에 출현한다. 이 때문에 일부 학자들은 상고 중국어에 莊계 성모를 재구하기도 한다.

칼그렌도 처음에는 莊계가 精계에서 갈라져 나왔다고 보았으나 莊계는 2등, 3등에 출현하고 精계는 1, 3, 4등에 출현하여 3등운 앞에서 두 성모가 대립하는 것을 발견하고 상고 중국어에 莊계 성모를 따로 세웠다(楊劍橋 1998:41).

이에 대해 똥 통허(1968:293-294)는 莊계 성모는 2등이 있는 운섭에서는 2등에만 출현하고 2등운이 없는 내전에서만 비로소 3등에 놓인다는 점, 莊계 2등운자는 다른 성모 글자의 반절하자로 쓰이지만 3등운자는 그렇지 못하다는 점, 상고 운부를 자세히 들여다보면 3등 莊계자가 있는 운부에는 대체로 그와 대립하는 2등 莊계자가 없는 등 莊계 2등과 3등 글자들이 상보적으로 분포한다는 점 등을 지적하고, 『절운』 이전에 精계와 莊계는 절대 대립하지 않았다고 밝혔다. 이 같은 사실을 토대로 그는 莊계 성모는 精계에서 갈라져 나왔고, 莊계 3등자는 원래 모두 2등운이었으나 일부가 비교적 늦은 시기에 3등운이 되었다고 밝혔다.

리 팡꾸이(1982:15)는 莊계는 精계에 -r- 개음이 결합하여 생겨난 성모들로 상고 중국어에서는 없었던 것으로 보았다. 그는 간단하게 -r- 개음은 개음 -j- 앞에도 출현할 수 있다고 언급함으로써 상고 중국어에서 精계와 莊계 글자가 동시에 3등 운모 앞에 출현하는 문제를 명쾌하게 해결하였다. 즉 莊계 2등자의 성모와 개음은 *tsr-, 莊계 3등자는 *tsrj-이며, 精계 3등자는 *tsj-가 된다. 이렇게 하면 중고 중국어 자료에서 莊계와 精계 성모 글자가 동시에 3등 운모 앞에 출현하는 것에 대해 길게 설명하지 않아도 되며, 莊계는 상고 중국어에서 精계에 속했으나 개음 -r- 또는 -rj-의 영향으로 생겨나 『절운』계 운서에 존재하게 되었다고 설명할 수 있다.

본서에서도 莊계는 상고 중국어에 없었던 것으로 본다.

(2) 章계 성모의 기원

『절운』계 운서에 존재한 章계 성모는 상고 중국어에는 존재하지 않았던 성모로 보는 학자들이 많다. 상고 중국어에서는 端계(*t-)와 見계(*k-)에 속했던 글자들이 음운 변화를 거쳐서 『절운』 시기에 章계 성모를 갖게 된 것으로 보는 견해가 지배적이다. 이러한 학설이 대두된 것은 章계 글자들 가운데 端계 및 見계 글자들과 성부가 같은 글자들이 있기 때문이다. 먼저 端계 글자와 章계 글자들의 해성 현상을 살펴본다.

표 1-7 端계와 章계 글자들의 해성 현상

성부	端계	章계
周	彫調雕淍琱鵰	周週輖賙
召	貂蛁苕迢	招昭沼炤照詔弨超䩞
店	店坫玷帖點坫	占佔
亶	亶壇檀禮僤	饘氈顫鸇
眞	顚滇傎瑱瘨癲巓塡	眞嗔瞋縝稹稹瞋䐜賮
單	單彈揮僤憚驒殫嘽簞	闡戰幝
多	多	侈眵哆

일부 章계 글자들이 端계 글자들과 성부가 같기는 하지만, 앞에서 살펴본 것처럼 端계 글자들 일부는 설상음 知계 글자들과 성부가 같다. 또 端계는 1등과 4등에, 知계는 2등과 3등운에 출현하여 상보적 관계에 있지만, 知계와 章계는 3등운에서 대립하기 때문에 칼그렌은 章계를 독립된 성모로 세웠다(楊劍橋 1998:42). 여러 학자들이 知계와 章계 글자들이 端계 글자들과 성부가 같은 것을 알면서도 知계는 2등운 및 3등운과 결합하여 3등운과 결합하는 章계 성모 글자들과 3등운에서 대립하기 때문에 상고 중국어에서 章계와 知계가 성모가 같았다고 선뜻 주장하지 못했다. 리 팡꾸이(1982)는 知계 2등자의 개음은 -r-, 知계 3등자의 개음은 -rj-로, 章계 글자의 개음은 -j-로 설정하고, 知계와 章계 모두 상고 중국어에서는 설두음 端계에 속했는데, 개음의 작용으로 『절운』에서는 대립하게 되었다고 풀이

했다.

민 방언 가운데 민난閩南 방언의 대표 방언인 시아먼廈門 방언에서 注, 振, 斥 등의 章계 글자들이 t- 성모로 읽히고 있어 章계 글자들이 설두음에서 유래했다는 설을 방증하고 있다.

『삼국사기』 제37권에는 백제 지명 至留의 원래 지명이 知留로 수록되어 있는데, 章모인 至가 설상음 知에 대응되고 있어 두 성모가 상고 중국어에서 동음이었을 가능성을 보여 준다.

章계 글자들은 端, 知계 글자들과 해성 현상을 보일 뿐 아니라, 설근음 見계 글자들과도 해성 현상을 보인다.

표 1-8 章계와 見계 글자들의 해성 현상

성부	章계	見계
支	支枝肢汥枝吱	技岐伎妓忮歧蚑荍庋
旨	旨恉脂指揩	耆嗜愭鰭稽
出	出	屈詘窟堀掘倔崛朏趉榾淈
只	只枳軹咫	伣10)
區	樞	區毆驅軀嘔歐謳摳嫗褔
止	止趾址沚芷阯	企
咸	鍼葳箴	感減
氏	紙泜祇	祇芪秪蚳軝
臣	臣	堅樫臤

....

10) 伣는 우리나라에서 만들어져 쓰이는 한자이다. 네이버사전에 "산 이름 기"로 뜻과 음이 수록되어 있고, 금강산을 이르는 한자로도 뜻풀이가 되어 있다. 자세한 것은 제2편 제1장 제1절 개별 한자에 반영된 상고 중국어음 참조.

이밖에 昌모 글자인 赤은 후음인 曉모 글자 赫, 嚇 등과도 성부가 같다. 칼그렌은 위의 표에서 볼 수 있듯이 소수 章계 글자들과 見계 글자들의 성부가 같다는 사실을 발견했으나, 그저 章계 글자와 구개 음화된 설근음 글자들이 성부를 공유하는 것으로 간단히 해석했다 (楊劍橋 1998:42). 그러나 똥 통허(1968:292)는 일부 章계 글자들이 설근음 성모에서 유래했을 가능성을 제기하였다.

두 개 이상의 음을 갖는 章계 글자들 가운데 한 음이 설근음 성모로 이루어진 글자들도 상당수 있다.

표 1-9 반절이 두 개 이상인 章계 글자[11]

	章계 성모 반절	見계 성모 반절
枝	章移切	渠羈切
祇	章移切	巨支切
汥	章移切	巨支切, 奇寄切
駃	章移切, 施智切	巨支切, 居企切
車	尺遮切	九魚切
臭	尺救切	許救切
郝	施只切	呵各切

枝는 『광운』에 章移절 외에 渠羈절로도 음이 표기되어 있다. 현재 우리나라 한자음으로도 '지'와 '기' 두 음으로 읽히는데, '기'음은 거의 쓰이지 않는다. 육손이의 덧붙은 손가락을 기지枝指라고 한다. 昌모 글자인 車는 『광운』에 尺遮절, 九魚절 두 음으로 표기되어 있고, 한국한자음으로도 '차' 또는 '거'로 읽힌다. 현대 중국어에서도

....
11) 표 1-9는 김태경(2008:42)에서 轉載. 章계자의 설근음설에 관한 내용은 같은 논문을 참조하였다.

두 개의 독음 [tʂʰɤ], [tɕy]로 읽힌다.

고대 한국어 자료에도 章계 글자가 설근음 성모 글자와 대응되게 쓰인 예를 찾을 수 있다. 『삼국사기』 지리지 제36권에 나오는 백제의 지명을 살펴보면, 성城에 대응되는 글자로 己와 只가 함께 쓰였다. 왼편이 백제의 원래 지명이고, 오른편이 신라 경덕왕(757) 때 바뀐 지명이다.

悦己	悦城
奴斯只	儒城
豆仍只	燕岐
多只	多岐

己와 只의 뜻이 다르므로 두 글자 모두 음차 표기임을 알 수 있다. 백제어에서 성城을 의미하는 어휘는 '*기'였던 것으로 추정된다. 위의 두 지명은 순수 백제어 대신에 '城'이라는 한자를 써서 지명을 바꾼 것이다. 밑의 두 지명에서 경덕왕 때 章모 글자인 只를 岐로 바꾼 것은 只가 백제 지명에 쓰일 당시에는 그 음이 분명 '*k-'였으나, 신라인들이 개명할 당시에 只는 이미 더 이상 설근음 성모로 읽히지 않았으므로, 당시 설근음 성모로 읽히던 岐로 바꾼 것으로 추정된다. 只, 岐 모두 상고 중국어에서 支운부에 속했으므로 只가 설근음 성모로 읽히던 때에는 두 글자의 음이 거의 같았다. 岐가 유성음인 羣모 글자이므로 只와 岐사이에는 성모의 유·무성 차이만 있었다.

『삼국유사』 제1권에 실린 또 다른 백제 지명에서는 只가 또 다른 見계 글자인 伎에 대응되고 있어, 당시 只의 음이 己와 같았음을 분명히 알 수 있다.

　　伎伐浦　　　　只火浦

　伐은 火의 뜻인 '불'의 음에 대응되므로, 伎와 只가 대응되고 있음
을 알 수 있다.
　只의 음이 신라에서도 '기'였음을 보여 주는 지명도 보인다. 아래
의 신라 지명에서는 只가 髻, 畿와 대응되게 쓰였다. 오른쪽이 경덕
왕 때 바뀐 지명이다.

　　只沓縣　　　髻立縣　　『삼국사기』 제34권
　　毛只停　　　東畿停　　『삼국사기』 제34권

　只가 경덕왕 때 지명에서 見계 글자로 바뀐 것은 더 이상 '기'음으
로 읽히지 않았기 때문인 것으로 보인다.
　백제 지명에서는 城에 대응되는 글자로 己, 只가 쓰였지만, 신라
지명에서는 城에 대응되는 글자로 支가 쓰였다.[12]

　　闕支郡　　　闕城郡　　『삼국사기』 제34권
　　三支縣　　　三岐縣　　『삼국사기』 제34권

　첫 번째 지명에서 支의 음가를 '기'로 볼 수밖에 없는 결정적인

----

[12] 북한 학자 김수경(1995:89)은 삼국의 지명에서 支 등 章계자가 설근음으로
　　읽힌 것에 대해 구개음화인 '기 → 지' 현상의 반대 현상인 '지 → 기' 현상은
　　고구려, 백제, 신라 세 나라의 자료가 공통적으로 보여 준다고 언급했는데,
　　그가 이렇게 말한 것은 이들 글자가 상고 중국어에서 *k- 성모를 가졌을 가
　　능성을 고려하지 못했기 때문인 것으로 보인다.

증거는 두 번째 지명에서 찾을 수 있다. 두 번째 지명에서 支가 岐에 대응되고 있다. 오른쪽이 경덕왕 때 바뀐 지명이다. 백제어와 마찬가지로 신라어에서도 성을 뜻하는 어휘가 '*기'였음을 알 수 있다.

이밖에 이두에 쓰인 只도 대부분 '기'음을 나타내는 데 쓰였고, 阿之의 之도 '기'음을 나타내는 데 쓰였다. 출처는 배대온(2003)의 『역대이두사전』이다.

教是只爲 [(ᄒ)이시기삼] 하시기 위하여
斗落只 [마지기] 한 말의 씨앗을 뿌릴 만한 논의 넓이
令只者 [시긴] 시킨
無只爲 [업기삼] 없애기 위하여, 없도록
阿之 [아기] 아기, 아이

『오대진언』에 실린 章계 글자 枳는 諸氏절과 居紙절 두 개의 반절을 갖고 있는데, 그 주문음이 한결같이 'ㆍ기'로 전사되어 있다. 성모가 설근음인 居紙절의 음이 더 오래된 음이므로 '기'는 枳의 상고 중국어음에 기원한 것임을 알 수 있다.

唵引	枳	哩	欏	囉	謨	捺	囉	吽	泮	吒
:옴	ㆍ기	ㆍ리	라	ㆍ라	ㆍ모	:ᄂ	ㆍ라	:훔	바	ㆍ탁

1445년 간행된, 한글이 사용된 가장 오래된 문헌인 『용비어천가』의 주해 부분에는 한자와 훈민정음 표기가 병기된 어휘가 174개 수록되어 있다. 이 가운데 92개 어휘가 우리말을 표기하는 데 사용되었다. 여기에 실린 지명에도 只가 '기'음으로 실려 있다. 지명인 '厚叱只'의 한글 표기가 '훗ㆍ기'이다.

한국한자음 자료에 실린 章계자 가운데 k-음을 나타내는 글자들은 只, 支, 之, 枳, 枝 등 소수이지만 그래도 이 글자들은 일부 章계 글자들이 상고음에서 '기'로 읽혔음을 보여 주는 확실한 증거 자료이다.

章계 글자 일부가 상고 중국어에서 설근음 성모를 가지고 있었다는 증거는 민閩 방언과 중국·티베트어족의 언어 및 고대 중국어에서 차용된 베트남어 어휘에서도 찾아볼 수 있다. 민 방언은 다른 어떤 방언보다도 고음古音을 많이 보존하고 있는 방언인데, 민 방언 가운데 민난閩南 방언의 대표 방언인 시아먼厦門 방언에서 支·枝·肢·指와 齒 등의 章계 글자들이 각각 k-, kʰ로 읽히며, 설근음 성모 k-를 보존하고 있다.

앞장에서도 언급했듯이 베트남어의 쯔놈에서도 설근음으로 읽히는 章계 글자들, 針 kim, 正 gieng, 紙 giəy, 種 giog 등을 찾을 수 있다(楊劍橋 1998:171).

리 팡꾸이(1982:91-93)는 見계 글자와 성부가 같은 章계 글자의 성모를 *k-로 보고, 이 글자들에 개음 -rj-를 재구하였다. 그에 따르면, 章계 글자들은 이 개음 -rj-의 작용으로 설근음이 구개음화되어 생겨났다.

*krj-, *kʰrj-, *grj-, *hrj-, *ŋrj- 〉 tɕ-, tɕʰ-, dʐ-/ʐ-, ɕ-, ɲ-

일부 학자들은 이 글자들의 성모를 어두자음군, 즉 복성모로 재구한다. 이 같은 재구는 중국내 소수민족 언어나 티베트어 등을 참고한 것이다. 양 지앤챠오(1998:171)에 의하면 章계 글자 가운데 整이 티베트어로 gliŋ이고, 正은 중국 소수민족의 언어인 佤語로 greŋ이다. 또 티베트어로 舟는 gru, 赤은 kʰrag로 읽힌다. 뿐만 아니라 앞에서 살펴본 바와 같이 상고 중국어에서 章계와 같은 성모를 가졌다고 보는 知계, 端계 글자들도 貪과 今, 똠과 合처럼 비록 적지만 설근음 성모를 지닌 글자들과 성부가 같은 사례들이 있고, 端계, 知계 글자들도 티베트어 등 주변 국가의 언어나 소수민족 언어에서 kl-, gl- 등의 초성으로 읽히기 때문에 풀리블랭크(1962-3)는 상고 중국어에서 *gl-)*d-의 변화가 있었다고 보았고, 보드만(Bodman)은 *k-l-)t-, *kʰ-l-)tʰ-, *g-l-)d-로 변화되었다고 언급했다.[13] 다만 리 팡꾸이와 달리, 풀리블랭크(1962-3)는 설근음 성모 글자들과 성부가 같은 章계 글자들의 개음은 *-rj-가 아닌 *-j-로 보았다(潘悟雲 2000:287). 판우윈潘悟雲은 章계의 개음이 *-rj-도 되고 *-j-도 된다고 보았는데 章계 글자가 티베트어 동원어同源語 및 위에서 언급한 소수민족언어에서 -r-개음을 갖고 있기 때문인 것으로 보인다.

베트남한자음에서 章계자는 針은 kim, 正은 gieng, 紙는 giəy, 種은 giog으로 읽히는 등 -r-개음이 없는 설근음으로 실현되었다. 설근음은 -r- 없이 -j-만으로도 구개음화가 가능하다. 근대중국어에서 이른바 단음團音인 見계 3, 4등자들이 -r-개음 없이 구개음화된 '첨단불분尖團不分'현상을 고려하면[14] 설근음 성모를 가졌던 章계 글자들이

....

13) 풀리블랭크(E. G. Pulleyblank) 1962-1963. "The Consonantal System of Old Chinese", *Asia Major* 9. 包擬古(보드만) 1980. 『原始漢語與漢藏語』潘悟雲·馮蒸譯 1995. 中華書局. 潘悟雲(2000:282)에서 재인용.

14) 첨단불분尖團不分이란 첨음尖音인 精계 3, 4등자들과 단음團音인 見계 3, 4등자들이 구개음화하여 현대 표준중국어에서 똑같이 설면음 성모 ʨ, ʨʰ, ɕ가 됨으로써 두 계열의 성모가 더 이상 구분되지 않게 되었음을 이르는 용어이다. 1743년에 간행된 것으로 추정되는 『원음정고圓音正考』에 이 현상이 반영되어 있다.

구개음화한 것을 설명하기 위해 -r-개음을 설정할 필요는 없다. 따라서 설근음 성모를 가졌던 章계 글자들의 개음은 -j-로, 설근음 성모를 가졌던 知계 3등자들의 개음은 -rj-로 보아도 크게 어긋나지 않는다. 즉, 성부가 端계 글자와 해성현상을 보이든 見계 글자와 해성현상을 보이든 章계 글자는 모두 *-j-로, 知계 3등자는 모두 *-rj-로 재구할 수 있다.

(3) 船모와 禪모의 기원

대부분의 禪모와 船모는 소수의 예외를 제외하고 각 운에 출현하는 상황이 대개 상보적 분포를 이룬다(李方桂 1982:16). 따라서 리팡꾸이는 船모와 禪모는 실제로 서로 구분되지 않았고 『절운』계 운서에서 禪모와 船모가 나뉜 것은 지역 음이 섞여 들어간 것으로 보았다. 船모 글자들은 수가 매우 적은데, 禪모 글자들과 해성 현상을 보이는 글자를 찾을 수 있었다.

표 1-10 禪모와 船모 글자들의 해성 현상

성부	禪모	船모
辰	辰晨	脣漘
甚	甚	甚

칼그렌이 운도에서 船·禪모 글자들이 배열된 상황에 따라 船모를 파찰음 dz로, 禪모를 마찰음 z로 재구한 이후, 대부분의 학자들이 이를 따랐지만, 루 즈웨이(陸志韋 1947)가 처음으로 船모가 마찰음이고 禪모가 파찰음일 가능성을 제기하자 풀리블랭크도 이 견해를 따랐다(최영애 2000:230). 현대 중국어방언 가운데 쑤조우蘇州어

에서는 船모와 禪모의 글자들이 예외없이 마찰음 z로 실현되었고, 메이시앤梅縣어, 꾸앙조우廣州어, 푸조우福州어 등에서도 두 자모의 글자들이 대체로 마찰음 s나 ʃ로 실현되었다. 반면 베이징北京어에서는 船모 평성平聲자들의 경우 파찰음 tʂ와 마찰음 ʂ로 실현된 글자들의 비중이 각각 50%를 차지한다. 반면 측성仄聲의 글자들은 전부 마찰음 ʂ로 실현되었다. 禪모 글자들의 경우 평성자들은 약 79%가 파찰음 tʂ로 실현되었고 측성자들은 96%가 마찰음 ʂ로 실현되었다.[15] 위의 해성 현상에 의하면 船모와 禪모는 상고 중국어에서 나뉘지 않았던 것으로 보이지만, 판 우원(2000:49)은 해성 체계에서 禪모는 중고 중국어의 폐쇄음인 定·澄모와 가깝고 船모는 중고 중국어의 以모나 마찰음인 心·邪모와 가깝다고 밝혔다. 또 船모 글자들은 以모의 음으로도 읽히는 글자들이 많지만 禪모 글자들은 以모의 우음又音을 가진 글자들이 훨씬 적다는 것도 차이라고 덧붙였다. 즉 禪모가 船모보다는 폐쇄음과의 관계가 더 가깝다는 것이다. 그렇지만 운도에서 禪모가 있는 운에서는 船모가 없고, 船모가 있는 운에서는 禪모가 없는 등 禪모와 船모가 상보적 분포를 보이므로 리 팡꾸이의 주장대로 禪모와 船모를 나눈 것은 지역 음이 섞여 들어간 것으로 볼 수 있다.

禪모 글자들과 定모 글자들의 해성 현상을 살펴보면 다음과 같다. 여기서 定모는 澄모를 포함한다.

---

15) 船모와 禪모 글자들의 독음讀音은 최영애(2000:229)에서 인용하였다.

표 1-11 禪모와 定모 글자들의 해성 현상

성부	禪모	定모
土	社	杜
蜀	蜀屬	獨
者	署曙	屠著瘏箸
垂	睡垂	錘
召	邵佋柖韶劭	召
甚	甚諶煁	湛黮
單	禪蟬嬋單	彈僤憚癉
詹	贍蟾	憺澹
亶	擅嬗澶	檀壇
眞	愼	塡闐賨

이밖에 舌(船)과 恬(定), 楯揗(船)과 盾遁(定)처럼 船모와 定모의 해성 현상도 적지만 찾을 수 있었다. 위와 같은 해성 현상에 근거하여 리 팡꾸이(1982:16)는 상고 중국어에 없던 船·禪모가 *dj-)ʥ-/z-의 변화 과정을 거쳐 생겨났다고 설명했다.

그런데 禪모 글자 일부는 羣모 글자와도 해성 현상을 보인다.

표 1-12 羣모와 禪모의 글자들은 해성 현상

성부	羣모	禪모
者	耆鰭	嗜
氏	芪祇	氏
臣	臤	臣
支	技妓伎	跂

리 팡꾸이(1982:87-88)는 羣모 글자들과 해성 현상을 보이는 소수 禪모 글자들은 *grj-)ʥ-/z-의 변화과정을 거쳐 『절운』계 운서에 존

재하게 된 것으로 보았다. 본서에서는 설근음 성모 글자들에서 유래한 章계 글자들의 개음을 -j-로 본다. 따라서 이 글자들도 *gj-〉ʥ-/ʑ-의 변화 과정을 거쳤다고 가정한다.

4. 아음

아음에는 見, 溪, 羣, 疑 네 성모가 모두 존재한 것으로 보이며, 네 성모의 음가도 중고음과 크게 다르지 않은 k, kʰ, g, ŋ였던 것으로 보인다. 모든 학자들이 상고 중국어의 아음을 중고 중국어와 동일하게 재구한다.

리 팡꾸이(1982:16-17)는 아음의 종류를 두 부류, 즉 k, kʰ, g, ŋ의 설근음과 원순 설근음 kʷ, kʰʷ, gʷ, ŋʷ으로 나누었다. 또 후음도 아음과 같이 두 부류로 나누었다. 그가 후아음 성모를 두 부류로 나눈 것은 다음과 같은 이유에서이다.

중고 중국어에서 합구 개음은 w나 u로 보고, 3등 개음은 j로 본다. 개음 j는 蔡(1등)와 祭(3등), 單(1등)과 禪(3등)처럼 해성 현상에 아무런 영향을 미치지 않지만, 합구 개음은 3등 개음 -j-와 달리 해성 현상에 영향을 미친다. 합구자合口字인 觀(*kʷan), 權(*gʷjian)은 개구자開口字인 幹(*kan), 乾(*gian)과 운이 같은데도 해성 현상을 보이지 않는다. 따라서 합구合口 개음은 3등 개음 -j-와 달라서 성모의 일부로 보아야 한다고 풀이했다. 즉 성모가 달라서 해성 현상을 보이지 않았다는 뜻이다.

또한『절운』에는 많은 합구 운모가 있는데, 설첨 운미를 가진 소수의 운을 제외하면 이 합구 운모들은 대부분 순음과 설근음 성모 뒤에서만 출현한다.[16] 예를 들면 旁 baŋ,[17] 廣 kwaŋ, gwan gwaŋ은 있지만, twaŋ, lwaŋ은 없다. 따라서 리 팡꾸이는 합구 개음 -u-는 순음과 원순 설근음 성모의 [labial] 자질의 영향을 받아서 생겨난 것으로 보았다. 합구 개음 -u-는 이후 설첨음 성모를 가진 개구운開口韻에 영향을 미쳐 度 *dag 〉 duo와 路 *glag(*grag)〉 luo 등의 개구자들을 합구자가 되게 했다.

그런데 『절운』에서 痕운 개구開口 운모는 설근음 성모 뒤에서만 출현하고, 상응하는 魂운 합구 운모는 모든 성모 뒤에서 출현한다. 이것은 얼핏 보기에 합구자는 순음, 설근음 성모 뒤에서만 출현한다는 말과 상반되는 것으로 보인다. 리 팡꾸이는 이에 대해 ən은 ɣən痕, ɣuən魂과 같이 설근음 뒤에서만 개합이 나뉘고 다른 성모 뒤에서는 uən만 있고 ən은 없었음을 의미하는 것이라고 밝히고, 순음과 원순설근음 성모의 영향으로 생겨난 합구 운모 uən이 설첨음 성모 뒤에 출현하는 ən에 영향을 미쳐 설첨음 성모 뒤의 ən이 일률적으로 uən으로 변화되었기 때문이라고 해석했다. 예로 呑이 개구운이었다가 나중에 합구운 tʰuən이 된 것처럼 ən이 설첨음 성모 뒤에서 uən으로 변화되었다는 것이다.

본서에서는 리 팡꾸이의 견해를 따라 아음에 k, kʰ, g, ŋ의 설근음과 kʷ, kʰʷ, gʷ, ŋʷ의 원순 설근음이 존재했으며, 합구 개음 -u-는

....

16) 예외가 되는 소수의 운은 歌(戈), 寒(桓), 哈(灰), 泰, 祭, 山, 刪, 仙, 痕(魂)운으로 상고 중국어에서 歌운부, 元운부, 月운부, 文운부에 속한 글자들로 설첨 운미를 가진 운들이다.
17) 순음은 자체에 원순 성분이 있어 개합을 나누지 않는다. 즉, 굳이 *bʷaŋ으로 표기하지 않아도 된다.

순음과 원순 설근음 성모의 영향을 받아서 생긴 것이라고 본다.

5. 후음

『절운』계 운서의 후음에는 影, 曉, 匣, 喩모 네 개의 성모가 존재했다. 그런데 한대漢代까지의 음운자료에 의하면, 이 가운데 曉모와 匣모가 見계 성모에 속했던 것으로 보인다. 또 喩모(以모)의 글자들이 중고음과는 확연히 다른 성모를 지니고 있었던 것으로 추정된다.

(1) 影모

칼그렌이 影모의 중고음과 상고음을 ʔ-로 재구한 이래, 대부분의 학자들이 별다른 이의 없이 影모의 글자들을 그대로 ʔ-로 재구한다. 왕 리(1980)는 影모의 상고음을 영성모로 보았다. 현대 중국어 방언에서 影모는 대체로 영성모로 읽히며,[18] 한국한자음으로도 영성모로 읽힌다. 그런데 상고 중국어 자료에서 影모를 연구개 파열음 글자를 빌려 나타낸 점과 티베트버마어에서 影모가 종종 q- 또는 k-에 대응된다는 점, q-는 k-나 ʔ-로 종종 변화된다는 점 등을 근거로 판우윈(2000:336)은 影모의 상고음을 목젖파열음인 q-로 재구했다. 일부 影모의 글자들은 연구개 파열음인 見계 글자들과 성부가 같다.

....

18) 『漢字古今音表』에 의하면 影모 글자 가운데 일부가 시앙 방언인 창사長沙어와 깐 방언인 난창南昌어에서 ŋ-성모로 실현되었다. 예를 들면 矮, 哀, 埃 등이 두 방언에서 ŋai로 실현되었고, 安, 鞍은 창사어에서 ŋan으로, 난창어에서 ŋon으로 실현되었다.

표 1-13 影모와 見계 글자들의 해성 현상

성부	影모	見계
可	啊婀疴	可坷柯軻珂筕
圭	蛙洼窪哇	圭卦掛罣詿奎桂刲闺邽窐跬佳
加	袈	加架嘉駕枷迦痂
曷	謁堨遏藹靄	葛渴碣竭揭楬
奇	倚椅猗漪陭	奇畸寄琦騎剞埼綺掎踦
區	歐毆嘔謳傴嫗慪	區驅軀嶇彄摳匯鹼
官	綰婠	官館棺涫管琯輨痯輨
肙	娟悁蜎	絹狷睊涓焆鞙
軍	惲	軍皸
景	影	景憬
今	龕	今衿紟琴芩

고대 한국한자음 자료를 살펴보면,『삼국사기』제36권에 실린 백제 지명에서 影모의 글자가 見모 글자와 대응되게 쓰인 예가 있다.

烏山   孤山

왼쪽이 원래 지명이고 오른쪽이 경덕왕 때 바꾼 이름이다. 류렬(1983:380)은 烏는 음차, 孤는 훈자로 보았다. 즉 孤의 뜻인 '외롭다'의 '외'의 옛 형태를 '오'로 보고 孤는 '오'를 옮긴 것으로 풀이했다. 그러나 필자는 두 지명 모두 음차일 가능성이 있다고 본다. 影모의 글자는 원래 많지 않은데, 표에서 볼 수 있듯이 적지 않은 影모 글자가 見계 글자와 성부가 같다. 아마 影모의 글자가 먼 상고 시기에는 見계 글자들에서 갈라져 나왔을 수 있다. 또 성문 파열음이든 연구개 파열음이든 모두 후설[+back]의 파열음이므로 듣기에 상당히 비슷하게 들렸을 것이다. 경덕왕 때 孤山으로 개명한 것은 影모인 烏

가 당시 한국인들의 귀에는 더 이상 파열음이 아닌 영성모로 들렸기 때문이었을 가능성도 있다.

影모의 글자가 한국한자음에서 'ㄱ'초성으로 실현된 예들도 있다. 暍은『광운』에 影모인 於歇절과 曉모인 許葛절 두 개의 반절로 음이 표기되어 있고, 현대 표준중국어로 영성모로 읽힌다. 그런데『전운옥편』에 "알俗갈"로 음이 표기되어 있다. 규범음은 '알'이지만 실제로는 '갈'로 읽혔다. 媰는『광운』반절이 衣遇절인데,『전운옥편』에 "우俗구"로 표기되어 있다. 嘔는 烏后절, 烏侯절인데,『전운옥편』에 "우俗구"로 수록되어 있고, 綰은 烏板절로『전운옥편』에 "완俗관"으로 수록되어 있다. 그렇지만 이 글자들은 모두 성부가 見계 글자들이다. 따라서 성부에 의한 유추로 'ㄱ'초성으로 읽혔을 가능성이 있어서, 이 글자들의 음에 근거하여 影모가 상고 중국어에서 見계 글자들과 음이 같았다고 말하기는 어렵다. 다만 影모 글자들과 見계 글자들의 해성 현상은 먼 상고 중국어에서는 影모와 見계 글자들의 음이 같거나 적어도 매우 비슷했을 가능성을 보여 준다.

중고음을 반영하는 한국한자음에서 影모의 글자들이 영성모로 읽히고, 현대 중국어 방언에서도 대체로 영성모로 읽힌다는 사실로 미루어 상고 중국어에서는 影모가 소실되기 쉬운 조음위치의 음이었다고 추측할 수 있다. 또 일부 글자들은 見계 글자들과 같은 성부를 갖고 있는 것으로 보아 상고 중국어에서 후설의 파열음으로 읽혔을 가능성이 크다. 본서에서는 이 같은 조건들을 충족시키는 음은 성문 파열음 *ʔ-이라고 본다. 또 앞에서 설근음과 후음에 원순음 성모가 존재했다고 보았으므로 *ʔ-외에 *ʔʷ-도 존재했다고 본다.

(2) 曉모의 기원

칼그렌은 曉모의 중고음과 상고음을 x-로 재구했다. 똥 통허, 왕리 등 대부분의 학자들도 x-로 재구했지만, 리 팡꾸이는 마찰음 h-로曉모를 나타냈다. 그의 상고음 재구음에서 h는 무성의 비음과 유음을 나타내는 접두음으로도 쓰인다. 그런데 다음에서 볼 수 있듯이曉모의 글자들 가운데 見계 글자들과 성부가 같은 글자들이 많고, 친족어에서도 曉모에서 기원한 글자들은 파열음 성모를 갖는 경우가 많다.[19)]

표 1-14 曉모와 見계 글자들의 해성 현상

성부	曉모	見모	溪모	羣모
干	罕罖	干肝竿忏玕秆稈旰骭	刊衎	
工	軒	工功攻玒釭貢杠矼扛肛		
乞	迄汔忔釳	訖砣	乞艺	
斤	欣忻炘昕訢焮	斤斦		近芹圻祈頎旂蘄
及	吸	級伋汲芨彶		及笈
可	訶呵	哿笴柯	可軻珂坷疴	
冋	詗	扃坰駉炯	絅	
句	煦昫詡酗	句鉤枸苟笱敂朐雊拘駒跔痀邭絇蒟		鴝朐姁斪軥
共	烘	恭供龔拱珙栱恭		共
光	恍	光洸桄觥	絖	
合	欱翕噏歙潝	鴿蛤頜閤鞈跲袷鞈	恰	
亥	咳	該垓佟晐荄胲陔胲		
灰	灰		恢詼	
后	詬詬	垢姤茩詬		
巠	硜	經涇巠頸剄勁徑陘牼	輕	痙

....

19) 曉모와 匣모에 관한 일부 내용은 김태경(2009)을 참조하였다.

성부	曉모	見모	溪모	羣모
冐	鼎	涓鞙睊絹		
果	夥	果婐蜾	窠髁顆課	
曷	喝歇蠍猲	葛羯	藒揭愒渴揭	碣楬竭偈
軍	揮輝煇暉翬葷	軍皸褌緷運		
高	蒿薧嗃熇歊	高膏篙縞稿藁槀	犒敲	
氣	鯠愾		氣愾	
敢	憨	敢		
堯	曉嘵膮嬈	澆驍	磽蹺	翹
虛	虛噓		墟	
蕿	歡懽驩雚讙讙讙		勸	權顴蠸

曉모는 무성음인데, 曉모와 성부가 같은 글자들에는 무성음인 見모, 溪모 글자들뿐 아니라 유성음인 羣모도 포함된다. 리 신쿠이(李新魁 1999:18-19)는 見모와 匣모의 관계가 긴밀하고 溪모와 曉모의 관계가 긴밀하다고 언급하고 후대의 曉모는 주로 상고 중국어의 溪모 3등과 見모 1, 2등에서 왔기 때문에 曉모의 글자들은 4등자가 특히 적다고 밝혔다. 리 신쿠이(1999:15)는 曉모 글자가 見계로부터 분리되어 나왔음을 증명하기 위해 민 방언 등 현대 중국어 방언에서 이 글자들이 여전히 k-성모로 읽히고 있음을 예로 들었다. 옮겨보면 다음과 같다.

표 1-15

한자	산토우(汕頭)어	시아먼(廈門)어	『광운』반절
許	k^hou	$k^h\mathfrak{o}$	虛呂切
吸	k^hip	k^hip	許及切
霍	k^hak	—	虛郭切

리 신쿠이(1999:11)는 溪모와 曉모와의 관계가 밀접함을 보여 주는 예로 위에粵 방언에서 고대 溪모의 글자들이 거의 대부분 [h]로 읽히고 있는 것을 언급했다. 예를 들면 위에 방언에서 可는 [hɔ], 開는 [hoi], 刊은 [hon], 墾은 [hɐn], 康은 [hoŋ], 孔은 [huŋ], 看은 [hon], 克은 [hɐk], 渴은 [hot], 刻은 [hɐk] 등으로 읽힌다. 커지아客家 방언을 영어로는 Hakka라고 하는데, 이 역시 위에 방언에서 유래한 것이다. 吸은 위에 방언으로 [kʰɐp], 커지아 방언으로는 [kʰip]으로 읽힌다. 위에 방언에서는 현재 소수의 溪모 글자들만이 kʰ나 f로 읽힌다. 리 신쿠이는 曉모 글자들이 상고 중국어에서 見계 글자와 같은 음이었음을 보여 주는 다음과 같은 자료도 제시했다.

"烘"『석문釋文』에서 쑨 얜孫炎은 이 글자의 음을 '恭'이라 했고, 뤼 천呂忱의 『자림字林』에는 甘凶과 具凶 두 개의 반절로 음이 표기되어 있다. 그런데 양梁 顧野王의 『옥편玉篇』에는 許公절로 음이 표기되어 있고 『당운唐韻』에도 呼東절로 음이 표기되어 있으며 見계 성모의 음은 찾아볼 수 없다. 見모에서 曉모로 음이 변화했다.

"掀" 뤼 천의 『자림』에는 丘近절로 표기되어 있는데, 『옥편』에는 許言절로 음이 표기되어 있다. 溪모에서 曉모로 음이 변화했다.

匈奴는 恭奴라고도 한다. 『사기史記』「흉노열전匈奴列傳」에는 匈奴라 했고 『한서漢書』「흉노전匈奴傳」에는 恭奴라 했다. 『석가방지釋迦方志』 상권에는 凶奴라 했고 『대당구법고승전大唐求法高僧傳』에는 兇奴라 했다. 이로써 옛날에는 匈, 凶, 兇(許容절)과 恭(九容절)의 음이 같았음을 알 수 있다.

고대 한국한자음 자료에서도 曉모는 ㄱ초성으로 실현되었다. 骨 正은『삼국사기』제2권에 실린 신라 조분왕助賁王의 아버지 이름이 다. 王儉城은『삼국사기』제17권에 수록된 고구려 지명인데, 王險 城이라고도 했다. 중국의 사서에는 王險城으로 표기되어 전한다.

骨正　　一作　　忽爭
王儉　　王險

骨과 忽이, 儉과 險이 대응하고 있다. 骨은 見모, 忽은 曉모이다. 또 儉은 羣모, 險은 曉모이다. 지명도 그렇지만 인명을 음이 다른 글자로 표기하지는 않았을 것이다. 이러한 대응은 상고 중국어에서 曉모가 見모, 羣모처럼 'ㄱ'으로 읽혔을 가능성을 보여 준다.

忽은 고구려 지명에서 城에 대응되게 쓰였다. '골'은 군청이 위치 한 지역 사회를 이르는 말로 지금도 쓰이고 있는 어휘인데, 고구려 지명 표기에 쓰인 忽이 이러한 지역사회를 기록하는 데 사용되었다. 동흘冬忽, 매소홀買召忽, 미추홀彌鄒忽 등을 예로 들 수 있다. 따라서 忽의 음은 분명 '골'을 나타낸다고 보아야 한다.

한국한자음에서도 曉모 글자들은 대부분 匣모 글자들처럼 ㅎ초 성으로 실현되었는데, 소수는 다음의 曉모 글자들에서 볼 수 있듯이 ㄱ초성으로 실현되었다.

표 1-16

한자	한자음	중국어음	『廣韻』반절
轟訇	굉	xūŋ	呼宏切
訶呵	가	xɣ	虎何切

한자	한자음	중국어음	『廣韻』반절
喝	갈	xɤ	呼合切, 許葛切
憨	감	xān	呼談切
夥	과	xuo	呼果切

見계 글자 가운데 曉모의 음도 가지고 있는 글자도 있다. 決은 『광운』에서 古穴절과 呼決절의 두 음을 갖는데 현대 중국어에서도 [tɕyé], [ɕyè]의 두 음으로 읽힌다. 한국한자음은 '결' 하나뿐이다. 肛은 『광운』에서 古雙절과 許江절 두 개의 반절로 음이 표기되어 있는데, 현대 중국어에서는 [kāŋ]으로 읽히고 한국한자음은 '항'이다.

지금까지 살펴본 바와 같이 중국의 자서字書와 위에 방언, 고대 한국한자음 자료에 의하면 상고 중국어에서 曉모와 見계 글자들은 성모가 같았던 것으로 보인다.[20] 이와 같은 사실로 미루어 볼 때 曉모는 상고 중국어 말기, 즉 동한東漢 말기 이후에야 見계에서 분화되면서 h-의 음을 갖게 된 것으로 추정된다.

(3) 匣모의 기원

匣모 글자들이 見계 글자들에서 갈라져 나왔다는 설은 여러 학자들이 제기하였다. 칼그렌(1985:105-107)은 匣모와 羣모가 상고 중국어에서 모두 *ɡʰ-였으나, 중고 중국어로 오면서 이 성모의 글자들이 1, 2, 4등은 앞에서 匣모가 되었다고 보았다. 리 팡꾸이(1982:18) 역

----

20) 일본 한자음에서 曉모의 글자들은 오음이든 한음이든 모두 무성 파열음 k-로 실현되었지만, 한자 유입 당시 일본어에는 h-라는 마찰음이 없었기 때문에(이경철 2006:69) 曉모가 見계로부터 갈라져 나온 시기에 대해 일본 한자음을 통해서는 정보를 얻을 수 없다.

시 匣모가 상고 중국어에서 羣모와 같은 성모 g를 가진 것으로 보았
다. 확실히 匣모 글자들은 見계 글자들과 성부가 같은 글자들이 많
다. 그러나 匣모 글자들은 羣모뿐 아니라 무성음인 見모, 溪모 글자
들과도 성부가 같다. 전술한 대로 리 신쿠이(1999:18-19)는 見모와
匣모의 관계가 긴밀하고 溪모와 曉모의 관계가 긴밀하다고 언급하
고 후대의 匣모는 상고 중국어의 羣모와 見모의 1, 2, 4등운과 溪모
의 2등운에서 왔기 때문에 匣모자는 1, 2, 4등운만 있다고 주장했다.

표 1-17 匣모와 見계 글자들의 해성 현상

성부	匣모	見모	溪모	羣모
干	汗扞旱悍捍豻邗釬虷骭閈	干肝竿忓玕秆稈旰䚦骭	刊衎	
工	紅虹矼訌項鴻澒	工功攻玒釭貢江杠矼扛肛		
玄	宏紘閎竑鈜	胘		
亢	沆航迒杭吭頏頏	亢秅	抗伉炕閌坑阬	
兮	兮	虧		
可	荷何河菏	哿筍柯	可軻珂坷疴	
加	賀	加嘉枷痂珈迦架駕		茄
甲	匣狎柙	甲		
同	洞逈	扃垌峒峒	絧	
古	祜怙岵楛胡	古罟詁故姑沽酤鴣蛄	枯㚀苦	
瓜	狐弧瓠	孤呱觚罛菰柧苽瓟		
艮	痕銀很恨狠限	艮根跟	墾懇狠	
共	洪閧	恭供龔拱珙栱烘		共
光	晃炵	光洸桄觥	絖	
交	效傚洨校	交郊鮫茭鮫姣絞狡佼姣狡筊佼鮫		
亘	恒姮	緪		
舌	活姡佸	括栝适聒刮鴰話	闊	
合	洽合盒郃迨詥袷袷	鴿蛤頜閤軲跲袷鉿	恰	
亥	亥骸駭孩核劾	該垓侅咳荄胲陔胲		
后	后逅郈	垢姤茩詬		

성부	匣모	見모	溪모	羣모
見	蜆莧峴晛俔覞哯現見垷	見		
巠	莖脛陘鋞	經涇巠頸剄勁徑逕桱	輕	痙
系	系	係		
告	浩皓鵠	梏告誥郜雓	酷靠	
均	筠荺	均		
昆	混	昆崑琨鯤緄輥鶤焜		
果	踝	果裹蜾	窠髁顆課	
叚	蝦鰕遐霞瑕騢葭椵鍜暇	葭假椵叚瘕		
曷	褐曷鶡餲	葛羯	渴揭藒堨愒	碣楬竭偈
咸	咸鹹諴械憾撼	感減瑊緘黬		
皆	諧瑎鍇騝	皆喈湝稭偕階	楷揩鍇	
咼	禍旤	過鍋濄檛緺蝸		
軍	渾鼲楎俥餫輝	軍皸褌緷惲		
巷	巷	港		
隺	隺鶴騅睢	榷	確推	
兼	嫌稴	兼縑鶼鰜蒹	謙嗛慊歉	
高	鎬縞滈鄗翯	高膏篙縞稿藁槀	犒敲	
骨	滑猾	骨縎		
奚	奚謑蹊傒鼷騱螇豯媄	溪谿		
貴	潰殨闠僓讃繢	憒	髖饋	匱饋蕢樻蘔簣
閒	嫺鷳瞯	閒		
絜	絜	潔絜		
解	解蟹澥邂嶰	解薢懈		
會	會繪襘	會儈澮檜膾獪旝襘鬠鄶劊	噲	

리 신쿠이(1999)는 曉모와 匣모가 생성된 시기를 위진魏晉 이후로 보았다. 그는 형성자의 성부뿐 아니라 상고 중국어에서 見계 글자의 성부와 曉계 글자의 성부를 서로 바꾸어 쓸 수 있었던 점, 고서에 사용된 가차 용례, 경서經書에 쓰인 이문, 운서 등에 실린 한 글자가 가진 또 다른 음又音, 경서에 달린 음 표기, 고서에 쓰인 성훈 등을

증거로 제시했다. 리 신쿠이(1999:15)는 匣모자가 見계로부터 분리되어 나왔음을 증명하기 위해 민 방언 등 현대 중국어 방언에서 이 글자들이 여전히 k-성모로 읽히고 있음을 예로 들었다. 그에 따르면, 咸, 汗, 滑, 猴, 厚, 衙, 縣, 行, 糊의 匣모 글자들이 산토우汕頭, 푸조우, 시아먼 등의 방언에서 모두 k- 성모로 읽힌다.

민 방언인 하이난海南 방언에서도 合, 寒, 厚, 縣, 行이 k-로 읽힌다(劉新中 2006:127). 環, 鬢은 우吳 방언으로 [guɛ]이다(李新魁 1999: 16). 또 그는 匣모 글자들이 상고 중국어에서 見계 글자와 같은 음이었음을 보여 주는 다음과 같은 자료도 제시했다.

> "完"『설문說文』에 의하면 寬의 고문이다. 고대에는 寬처럼 읽었다. 그런데 『옥편』에 完은 戶端절, 寬은 苦完절로 음이 표기되어 있다. 溪모에서 匣모로 변화했다.

> "鉉" 쉬 먀오徐邈가 『주역周易』에 음을 달면서 古冥反, 古螢反, 古玄反으로 음을 달았다. 그런데 『옥편』에는 胡犬절로 음이 표기되어 있고, 『광운』에도 胡畎절로 음이 표기되어 있으며 見모의 글자로는 음 표기가 되어 있지 않다. 見모에서 匣모로 변화했다.

리 신쿠이(1999:17)는 형성자들이 대부분 진秦나라 말기와 한나라 초기의 예변隸變 이후 대규모로 생겨났다는 점과 위에 인용한 자료처럼 한위漢魏 시기에 쓰인 자료에 曉계 글자와 見계 글자가 파열음으로 읽힌다는 사실을 들어 한나라 말기에서 서진西晉 말기, 즉 서기 200년에서 300년 사이에 曉계와 見계가 나뉘었다고 보았다.

한국한자음 자료에서도 두 계열의 성모들이 매우 밀접하게 연관되어 있다. 다음은 『삼국사기』 제37권과 제36권에 실린 백제 지명이다.

菓支　　　一云　　　菓兮
所非兮　　　　　　　森溪

　첫 번째 지명에서 支와 兮가 대응되고 있다. 支는 章계 글자이지만, 앞에서 살펴보았듯이 '城'을 의미하는 단어로 이 지명에서는 분명히 k- 성모로 읽혔다. 兮는 匣母의 글자이지만, 支운부에 속했으므로 상고 중국어에서 兮가 파열음으로 읽혔다고 가정하면 支와 동음이다. 고대 한국한자음에서 유성음 *g-는 무성음 *k-와 동일하게 ㄱ초성으로 실현되었다. 한국어에서는 유·무성이 변별자질이 아니기 때문이다. 그러므로 지명 菓支를 菓兮로 표기한 것으로 보인다. 두 번째 지명에서도 兮가 見계 글자인 溪와 대응하고 있다. 한국한자음에서 유기음 溪모는 見모와 동일하게 무기음으로 실현되었다. 溪 역시 상고 중국어에서 支운부에 속하므로 성모만 같다면 支, 兮, 溪가 완전히 동음으로 인식되었을 것이다.
　다음은 『삼국사기』 제34권에 실린 신라 지명이다. 오른쪽이 경덕왕 때 바뀐 지명이다.

熱兮(泥兮)　　日谿
눌兮(化鷄)　　杞溪
道品兮停　　南畿停
草八兮　　　八谿　　　　　　草谿(고려초)

　匣母자 兮가 경덕왕 때 바뀐 지명에서 見계 글자인 溪, 谿, 畿,

鷄와 대응되고 있다. 溪, 谿, 鷄는 상고 중국어에서 兮와 함께 支운부에 속하고, 羣모 글자인 畿는 微운부에 속한 글자이다. 溪, 谿는 성모가 같고, 鷄는 見모, 畿는 羣모의 글자이다. 支운부와 微운부의 상고음은 매우 유사하며 한국한자음으로는 동일하다. 匣모인 兮가 상고 중국어에서 見계에 속했지만 경덕왕 때는 이미 더 이상 파열음으로 읽히지 않았기 때문에 見계 글자 溪, 谿, 畿로 대체된 것으로 보인다.

다음은 『삼국사기』 제8권에 수록된 신라 효소왕孝昭王의 휘이다.

理洪   一作   理恭

恭은 見모, 洪은 匣모로, 洪, 恭 모두 상고 중국어에서 東운부에 속한 글자들이며, 성부도 같다. 두 성모가 상고 중국어에서 같은 음으로 읽혔을 가능성을 보여 준다. 지명도 그렇지만 특히 인명의 경우 동일인을 지칭했을 때는 같은 음을 가진 글자로 나타냈을 것이므로 이 예는 曉 · 匣모가 상고 중국어에서 파열음 'ㄱ'으로 읽혔을 가능성을 보여 준다.

匣모 글자의 한국한자음은 중고음을 반영한다. 중고 중국어에서 匣모는 마찰음이므로, 한국한자음으로 匣모자는 주로 'ㅎ'초성으로 읽힌다. 그런데 다음에서 볼 수 있듯이 'ㄱ'초성으로 읽히는 글자들도 상당수 있다. 다음은 우리말에서 ㄱ초성으로 읽히는 匣모 글자들이다.

표 1-18

한자	한자음	중국어음	『廣韻』반절
檄	격	ɕí	胡狄切
系	계	ɕì	胡計切
憾	감	xàn	胡紺切
虷	간	xán	胡安切
暇	가	ɕiá	胡駕切
匣	갑	ɕiá	胡甲切
佸	괄	xuó	戶括切
潰	궤	kʰuèi	胡對切
殨憒瞶	궤	xuèi	胡對切
莖	경	tɕǐŋ	戶耕切
脛	경	tɕìŋ	胡定切
宏紘閎竑	굉	xúŋ	戶萌切

이 글자들의 『광운』 반절은 모두 마찰음이고 현대 중국어음 역시 潰, 莖, 脛을 제외하고 모두 마찰음이다. 이 표에 실린 글자들을 제외한 대부분의 다른 匣모 글자들의 한국한자음 역시 마찰음이다. 그렇다면 위 글자들의 음은 見계 글자와 성부가 같아서 잘못 유추하여 생긴 결과일 수도 있고, 위에서 밝힌 대로 민 방언 등에서 曉·匣모자가 k-로 읽히는 것을 曉·匣모자의 見계 기원설의 증거로 보았듯이, 상고 중국어에서 이 두 계열의 성모가 같았음을 보여 주는 증거로도 풀이할 수 있다. 曉·匣모자가 見계 글자와 상고 중국어에서는 같은 음이었지만, 중고 중국어로 넘어오면서 見계 글자들로부터 분리되자 대부분의 曉·匣모자는 중고음대로 'ㅎ'초성으로 바뀌어 읽히게 되었지만, 일부 글자는 상고 중국어의 음을 그대로 보존하게 되었다고 볼 수 있다.

이렇게 가정할 때 문제가 되는 점은 위의 표에 실린 曉·匣모자보다 더 많은 見계 글자가 한국한자음으로 'ㄱ'이 아닌 'ㅎ'초성으로 읽힌다는 사실이다.『광운』반절이 古哀절인 該는 '해', 居之절인 姬는 '희', 古項절인 港은 '항', 苦駭절인 楷는 '해'로 읽히는 등 위의 예보다 많은 見계 글자가 'ㅎ'초성으로 읽힌다.21) 이 글자들의 현대 중국어 성모는 k-, ʨ-로 대부분 상고음 및『광운』의 반절음과 일치하므로, 한국한자음도 'ㄱ'이어야 한다. 이것은 이 글자들이 曉·匣모 글자와 성부가 같기 때문에 성부에 근거하여 음을 잘못 유추한 데서 비롯된 것으로 보인다. 그렇지 않다면 見계와 曉·匣모 글자들이 상고 중국어에서 마찰음 성모를 가졌다가 다수의 글자들이 중고 중국어 시기로 넘어오면서 k- 성모를 갖게 된 반면, 위의 글자들은 마찰음을 유지했다고 가정해야 하는데, 숫적으로 훨씬 적은 마찰음에서 파열음 성모가 분리되어 나왔다고 보기는 어려울 뿐만 아니라, 이 글자들의 현대 중국어음은 k-, ʨ- 성모를 갖고 있으므로, 한국한자음에서만 보이는 형성자의 성부에 근거한 잘못된 유추가 원인이라고 보아야한다. 어느 경우이든 모두 상고 중국어에서 曉·匣모가 見계 글자와 같은 성모였을 가능성을 보여 준다.

匣모는 1, 2, 4등에 출현하고 羣모는 3등에만 출현하는 상보적 분포를 보이는 것은 匣모와 羣모가 한 성류였다고 볼 수 있는 근거이다. 云모의 경우에도『절운』이전까지는 匣모와 같은 성류였으므로, 적어도 이른 상고 중국어 층에서는 曉·匣모, 云모 모두 見계 성모에 속했다고 볼 수 있다.

....

21) 김태경(2009:105) 참조.

다음의 見계 글자들은 『광운』에서 匣모의 음으로도 읽혔다.

표 1-19 匣모의 음으로도 읽히는 見계 글자

한자	『廣韻』반절	현대 중국어음	한국한자음
降	古巷切, 下江切	[tɕiàŋ], [ɕiáŋ]	강, 항
絜	古屑切, 胡結切	[tɕié], [ɕié]	혈
校	古孝切, 胡敎切	[tɕiàu], [ɕiàu]	교
會	黃外切, 古外切	[xuèi], [kʰuài]	회
亢	古郎切, 苦浪切	[kʰàŋ]	항
骭	古案切, 下晏切	[kán]	한, 간
緷	古本切, 王問切, 胡本切	[ku ə̆n], [ỳn]	혼, 곤
偘	下赧切, 古限切	[ɕiɛ̀n]	한
覵	古閑切, 古莧切, 方免切	[tɕiɛ̄n]	한, 간
睴	古困切, 胡本切	[kuə̀n]	곤
繋	古詣切, 口奚切, 胡計切	[ɕì]	계
鵠	胡沃切, 姑沃切(『集韻』반절)	[xú]	곡

이처럼 많은 曉·匣모 글자들과 見계 글자들의 성부가 같고, 曉·匣모자는 曉·匣모 성모의 반절 외에도 見계 성모의 우절又切, 즉 또 다른 반절을 갖고 있다. 마찬가지로 見계 글자들은 見계 성모의 반절 외에도 曉·匣모 성모의 우절을 갖고 있다. 그런데 리 신쿠이 (1999:20)가 지적한 대로 대다수의 학자들은 이 같은 사실을 조음 위치가 같기 때문인 것으로만 생각했을 뿐, 조음 방법이 같기 때문 일 수도 있다는 데까지는 생각하지 않았다. 曉·匣모 글자를 마찰음 으로만 풀이한다면 많은 曉·匣모 글자들이 見계 글자들과 성부가 같다는 사실과 중국어나 한국한자음 등에서 曉·匣모 글자가 파열 음으로 읽히는 현상 등을 해석하기 어렵다.

일본 오음에서 匣모자는 g-음으로 실현되었다. 예를 들면 何, 河 등이 ガ(ga)로 읽히고, 下, 夏는 ゲ(ge), 戸, 互는 ゴ(go), 候, 厚는 グ(gu)로 실현되었다. 그런데 일부 합구자는 영성모로 실현되었다. 話의 한음은 カイ(kai)지만 오음은 ワ(wa)이다. 다른 합구자들 回, 會, 繪의 한음은 カイ(kai)지만 오음은 エ(e)이다.

풀리블랭크(1962-3)는 산스크리트를 중국어로 번역한 것과 일본 오음을 근거로 匣모를 두 성류로 나누었다(潘悟雲 2000:342). 첫 번째는 산스크리트의 g를 번역하는 데 쓰인 匣모이고, 두 번째는 산스크리트의 마찰음을 번역하는 데 쓰인 匣모이다. 예를 들면 산스크리트의 āgama를 음역하는 데 쓰인 阿舍의 舍은 첫 번째 성류이고, va 와 vat, vad를 번역하는 데 쓰인 和와 越은 두 번째 성류에 속한다. 그런데 마찰음을 음역하는 데 쓰인 和와 越은 합구자이다. 이 같은 사실에 근거하여 판 우윈(2000:342)은 匣모는 원래 한 종류 *g-였다가 나중에 마찰음화가 일어났는데, 먼저 합구자에 이러한 변화가 발생한 것으로 보인다는 결론을 내렸다. 학자들은 이 합구자들을 云모로 여겼다. 그렇다면 리 신쿠이의 지적대로 匣모가 見계 글자와 해성하는 것은 같은 파열음 성모를 가지고 있었기 때문인 것으로 보면 된다. 나중에 羣모 합구 3등자가 먼저 마찰음 云모가 되고, 이 글자들이 나머지 1, 2, 4등의 *g-성모에 영향을 주어 모두 마찰음 匣모가 되었다고 볼 수 있다.

匣모 글자들은 한국한자음으로는 모두 ㅎ초성으로 실현되었는데, 한국어의 초성 ㅎ은 성문 마찰음이다. 퉁 퉁허와 리 팡꾸이는 匣모의 중고음을 ɣ로 보았는데, 판 우윈(2000:337)은 曉모와 匣모의 중고음은 엄격히 말해서 h, ɦ이지 x와 ɣ는 아니며 베이징어의 x는 중고음 이후의 변화를 반영한 것으로 보았다. 필자는 한국한자음을 고려하면 이 견해가 합당하다고 본다. h, ɦ는 성문 파열음인 ʔ와 조음 위치가 같은 마찰음이며, 한국어의 초성 ㅎ과도 일치하고, 연구개음으로도 변하기 쉽다. 물론 판 우윈의 지적대로 상고음에서든 중고음에서든 x와 h가 대립하지 않기 때문에 어느 것으로 나타내도 문제될 것은 없다. 결론적으로 匣모의 상고음은 *g-, 『절운』 시기의 음은 ɦ-로 본다.

(4) 云모의 기원

위에서 羣모 합구 3등자, 즉 云모가 먼저 마찰음이 되었고, 나머지 羣모 글자들 가운데 마찰음화의 영향을 받은 글자들이 匣모가 된 것으로 보았다.

리 팡꾸이(1982)는 상고 중국어에서 羣모는 *gj-로, 云모는 *gʷj-로 재구하고, 狂 등 羣모의 합구자이지만 마찰음이 되지 않은 글자들을 위해 *gʷji를 설정하고 이것이 중고 중국어의 羣모 gjw-가 되었다고 언급했다. 꽁 후앙청(龔煌城 1990)은 중고음 云모는 상고 *gwrj에서 변했다고 보았다(潘悟雲 2000:343). 그가 이 같이 재구한 것은 일부 云모자와 어원이 같은 티베트어 어휘가 r을 가지고 있기 때문이다. 胃 grod, 友 grogs, 于 ɦgro, 越 ɦgrod 등이 그 예이다. 판 우윈(2000:343-344)은 云모자에서 유래한 일부 티베트어 어휘는 r이 없고, 羣모 가운데 r개음을 가진 합구 3등자이면서 云모로 변하지 않은 글자도 있음을 지적했지만, 꽁 후앙청이 云모에 -r-을 재구한 것은 일리가 있다. 정 린샤오와 백종인(鄭林嘯·백종인 2011:340-341)은 『전예만상명의篆隷萬象名義』에 반절로 음이 표기된 글자들 가운데 중뉴 운에서 성모에 따라 중뉴 3등자를 반절하자로 쓰기도 하고 중뉴 4등자를 반절하자로 쓰기도 한다는 사실을 밝혀냈다.[22] 두 학자는 云모를 見계나 影계 글자들에서 분리하여 따로 조사하였는데, 云모의 글자들이 중뉴 3등의 반절하자로 표음된 횟수가 100차례인 반면 중뉴 4등의 반절하자로 표음된 횟수는 단지 두 차례였다. 이 같은 횟수는 상고 중국어에서 -r-개음을 지닌 것으로 간주되는 知莊계 글자들이 중뉴 3등의 반절하자로 표음된 횟수보다 더 많은 것이다.[23] 따라서 云모의 글자들은 중뉴 3등자로 분류되어야 하며, *-r-개음이 있었다고 추정할 수 있다. 또한 앞에서 중고 중국어의 합구 개음은 순음과 원순 설근음 성모에서 유래했다고 보았으므로 云모의 상고음은 *g^{w}rj-로 재구된다. 개음에 대해서는 제2절 운모체계 부분에서 살펴보고 여기서는 云모를 *g^{w}rj-로, 즉 파열음 *g-로 재구해도 되는지에 대해서만 살펴본다.

羣모와 云모는 3등운만 있고, 匣모는 1, 2, 4등운만 있다. 만일 羣모와 匣모가 상보적이라면 云모는 3등운만 있는 것이고 匣모와 云모가 상보적이라면 羣모는 3등운만 있게 된다. 그래서 학자들은 匣모에 두 성류가 있다고 보았다. 이렇게 가정하면 匣모의 한 성류는 羣모에, 다른 한 성류는 云모에 대응된다고 설명할 수 있을 뿐 아니라, 위에서 언급한 것처럼 같은 羣모 3등 합구자이면서 어떤 글자들은 云모로 변하고, 어떤 글자들은 羣모로 남아있는 상황을 설명할

---

22) 『전예만상명의』는 일본의 승려 空海가 9세기에 『옥편』을 근거로 편찬한 자서이다.
23) 정 린샤오와 백종인의 연구결과는 제2절 운모체계에서 중뉴 3등 개음 부분 참조.

수 있기 때문이다. 사오 룽펀(邵榮芬 1997:25)은 k와 해성하면 g, k와 해성하지 않으면 云모와 같은 마찰음이라고 주장했다. 그렇지만 다음에서 볼 수 있듯이 云모 글자 가운데에도 見계 글자와 성부가 같은 글자들이 있다.

표 1-20 云모와 見계 글자들의 해성 현상

성부	見계	云모
軍	軍皸	運暈鄆韗
均	均鈞	筠荺
或	國幗膕馘	域淢棫罭魊緎

판 우원(2000:344)에 의하면 고서에서 云모 글자가 見계 글자와 가차관계에 있는 예도 많고 『설문해자』에는 云모자 '霣이 見모 글자인 昆'으로 음이 표기되어 있다(讀若昆).

똥 통허(1968:296)는 상고 시기부터 『절운』 이전까지 匣모와 云모는 한 종류로 네 등이 모두 갖추어진 연구개 마찰음 성모 ɣ-였다가 云모 뒤의 구개음 개음으로 인해 云모가 ɣj-로 분리되었다고 보았다. 판 우원(2000:345)은 云모를 마찰음으로 재구하면 云모가 설근 파열음 글자들과 성부가 같은 이유를 설명할 수 없고, 羣모와 같은 g-로 재구하면 같은 조건에서 어떤 글자들은 g-성모를 그대로 가지고 있고, 어떤 글자들은 云모로 분리된 이유를 설명할 수 없다고 보고 云모를 g-와 비슷한 유성 파열음인 ɢ-로 재구했다. 그는 자신의 설을 뒷받침하기 위해 한국어에서 熊이 '곰'이고 일본어로는 クマ(쿠마)인 것 및 베트남한자음에서 云모는 일반적으로 마찰음이지만 고대 베트남한자음에서 파열음으로 읽히는 예도 찾을 수 있는

점, 云모에 대응되는 티베트어 어휘는 일반적으로 g-라는 사실을 증거로 들었다.

그렇지만 상보적 분포를 하는 두 성류마저도 다른 성모로 재구한다면 상고 중국어에 매우 많은 성모를 재구해야 한다. 판 우원은 影모의 상고음은 목젖 파열음인 *q-, 曉모는 *qʰ-, 云모는 *ɢ-, 匣모자의 일부는 *ɢ-로, 일부는 *g-로 재구했다. 여기에 見모 *k-, 溪모 *kʰ-까지 더한다면 조음 위치가 후설인 파열음이 매우 많아진다. 조음 위치가 후설인 여러 가지 파열음이 이렇게 서로 다른 음소로 존재한 언어가 있었다면 음의 변별성 면에서 대단히 비효율적이었을 것이다. 성부가 같은 글자들이 운도에서 상보적으로 출현한다면 상보적으로 분포하는 두 부류가 다른 성모였다는 확실한 증거가 없는 한 같은 성모로 보아야 한다. 같은 조건에서도 음운변화의 영향을 받지 않은 글자들이 있는 것은 비단 상고 중국어의 羣모만은 아니다. 예를 들면 당대唐代에 발생한 유성음 성모를 가진 상성의 글자들이 성모의 무성음화와 더불어 거성으로 변한 음운변화를 들 수 있다. 이른바 '탁상변거濁上變去'로 알려진 이 음운변화에서 소수 유성음 성모의 상성자들은 성모가 무성음이 되었는데도 거성으로 변하지 않았다. 예를 들면 羣모 상성자인 儉은 같은 조건의 다른 상성자들이 거성으로 변했는데도 지금까지 상성으로 읽히고 있다. 從모의 상성자 沮와 咀, 並모의 상성자 腐, 釜, 輔 등도 마찬가지이다.

『절운』에서 羣모와 匣모가 상보적으로 분포하고 匣모와 云모가 상보적으로 분포한다 해도 『절운』시기 匣모는 마찰음으로, 羣모는 파열음으로 보아도 문제될 것이 없다.

즉 『절운』에서 匣모는 1, 2, 4등에 출현하고 羣모는 3등에 출현하

므로, 상고 중국어에서 羣모와 匣모의 성모는 *g-로 같았다고 보아
도 된다. 羣모 3등 합구자의 음이 먼저 변하여 마찰음이 되고, 이
음이 1, 2, 4등 g-성모 글자에도 영향을 미쳐 이 글자들도 마찰음
성모를 갖게 되었는데, 이 글자들이 匣모자이다. 먼저 변한 羣모 3
등 합구자가 云모라고 추정할 수 있다. 나중에 云모는 匣모보다 먼
저 마찰음 성분을 잃고 영성모가 되었다.

리 신쿠이(1999:19)는 云모 글자들은 상고 중국어에서 見모(*k-)
에 속했다가 이후 匣모로 변했고 다시 喩모로 변화했다고 보았
다.24) 그 증거로 이른 시기의 자료, 예를 들면 『경전석문』에 인용된
見계 글자의 한·진대漢晉代의 음 표기에 또 다른 음又讀으로 云모
글자가 실려 있는 경우가 특히 많아서 위진 이전에 云모는 見모에
속했고 남북조 시기에는 匣모로 변했다가 이후 云모가 되었다고 보
았다. 云모자 가운데 見계 성모의 음도 갖고 있는 글자들을 찾아보
았다.

표 1-21 見계 반절도 가진 云모 글자

한자	『광운』 반절	현대 중국어음	한국한자음
盂	羽俱切, 古寒切	[ý]	우
萬	王矩切, 俱雨切	[ў]	우
潙	薳支切, 居爲切	[uéi]	위, 규
巂	榮美切, 古對切	[uěi]	유

----

24) 운도 시기에 云모는 영성모가 되어 喩모 3등에 배열되어 喩모 3등, 즉 喩三
  이라 불렸고, 당시 이미 영성모였던 以모자는 3등이지만 云모자가 喩모 밑
  에 배열되는 바람에 3등에 자리가 없어 4등에 배열됨으로써 喩四라 불리게
  되었다.

한자	『광운』반절	현대 중국어음	한국한자음
緷	王問切, 胡本切, 古本切	[ỳn], [kuə̌n]	혼, 곤
迋	于放切, 俱往切	[uàŋ], [kʰuàŋ]	왕, 광

云모의『절운』시기 음가에 대해서는 云모의 일본한자음과 한국한자음을 참고할 필요가 있다. 리 신쿠이(1999:19)는 云모의 음가를 j로 재구했는데, 앞에서 匣모자들 가운데 합구 글자들이 일본 오음에서 영성모로 실현되었고 다른 匣모 글자들은 모두 g음으로 실현되었다고 밝힌 바 있다. 匣모에서 갈라져 나온 云모 글자들이 일본오음에서 영성모로 읽히는 것과는 달리,『절운』에서 云모와 상보적 분포를 하는 匣모의 글자들은 오음에서 모두 g로 실현되었다. 일반적으로『절운』에서 匣모와 云모가 상보적 분포를 하기 때문에 당시 두 성류의 음이 같았다고 보는데, 일본 오음을 참고하면 云모는 당시 이미 마찰음을 잃고 영성모가 된 것으로 보인다. 한국한자음도 이 같은 사실을 뒷받침한다. 匣모의 글자들은 'ㅎ' 초성이지만 云모의 글자들은 대부분 'ㅇ' 초성으로 실현되었다. 云모 글자들의 한국한자음을 살펴본다.

표 1-22 云모 글자들의 한국한자음

한자	한자음	한자	한자음	한자	한자음
爗曄	엽	爲鄔	위	雲云耘	운
曰	왈	胃謂渭蝟	위	蒷	윤
越粤戉鉞	월	彙	휘	筠	균
矣	의	槥	위, 혜, 세	隕殞惲賱	운
熠	습	嘒	위, 세, 예	運暈韻鄆	운
于盂竽邘	우	鴞	효	王旺往	왕

한자	한자음	한자	한자음	한자	한자음
雨宇羽禹	우	尤疣郵	우	瑩	영
域減棫	역	炎	염	榮	영
帷	유	員圓	원	永詠泳	영
韋圍違	위	園遠袁媛援	원	雄熊	웅

위에서 중고 중국어에서 喩모 3등인 云모 글자 筠의 한국한자음이 '균'인 것에 주목할 필요가 있다. 18세기 간행된 『전운옥편』에는 筠의 음이 '윤俗균'으로 표기되어 있다. '윤'은 중국 운서의 반절을 고려한 소위 정음正音이고 '균'이 당시의 실제 음을 반영하는 통용음으로 상고음 층을 반영한 것으로 보인다. 또한 彙와 鴞의 한자음 '휘', '효'는 云모가 영성모가 되기 전의 마찰음이었던 시기의 음을 반영한다. 熠이 중국어로는 [i]로 읽히므로 한국한자음에서 '습'으로 읽히는 것은 성부에 의한 유추로 보인다.

匣모와 云모가 분리된 것은 『절운』 전이고, 云모는 3등에, 匣모는 1, 2, 4등에 분포하기 때문에 云모의 상고음은 匣모의 상고음처럼 $^*g$-($^*g^wrj$)였다가 위진 이후에는 匣모처럼 ɦ-로 읽혔을 것이다. 또한 『절운』에서 云모는 匣모와 상보적 분포를 하고 있지만, 한국한자음과 일본 오음에 의하면 당시 이미 영성모가 되었던 것으로 보인다. 羣모($^*g$-)에서 갈라져 나온 匣모와 云모의 변화과정을 요약하면 다음과 같다.

상고 중국어		위진(魏晉)		중고 중국어
$^*gj$- 3등	→	羣모($^*gj$-)	→	羣모(gj-)
$^*g$-, $^*g^w$- 1, 2, 4등	→	匣모(*ɦ-, ɦw)	→	匣모(ɦ-, ɦw-)
$^*g^wj$- 3등	→	羣모($^*gjw$-)	→	羣모(gjw-)

$$**g^{w}rj \text{ 3등} \quad \rightarrow \quad 云모(*ɦjw-) \quad \rightarrow \quad 云모(jw-)$$

　앞에서 리 신쿠이는 云모 글자들의 또 다른 음又音으로 見모 글자가, 見모 글자들의 또 다른 음으로 云모 글자가 사용된 것을 근거로 云모는 상고 중국어에서 見모에 속했다가 이후 匣모로 변했고 다시 喩모로 변화했다고 추정했는데, 이는 云모에만 국한된 현상은 아니다. 앞의 표에서 수많은 匣모의 글자들 역시 見모의 글자들과 성부가 같고, 曉·匣모 글자는 曉·匣모 성모의 반절 외에도 見계 성모의 반절을, 見계 글자들은 見계 성모의 반절 외에도 曉·匣모 성모의 반절을 더 갖고 있었음을 살펴보았다. 또 影모의 글자들도 見계 글자들과 해성 현상을 보인다. 이 같은 사실로 미루어 후대의 후음喉音은 모두 見계에서 분화된 것으로 추정된다. 다만 影모의 글자들은 다른 후음에 비해 훨씬 더 이른 시기에 見계에서 분화된 것으로 보인다. 극소수의 예외를 제외하고 曉·匣모 글자들과는 달리 중국어 방언이나 한국한자음에서 거의 모두 영성모로 읽히기 때문이다.

　(5) 以모, 來모의 상고음

　以모 글자들은 운도의 喩모 4등에 배열되어 있다. 以모, 즉 喩四로 알려진 이 성모는 중고 중국어에서 영성모였다. 원래 3등의 글자이지만 匣모에 속했던 云모가 마찰음 음가를 잃고 영성모가 되어 운도의 喩모 3등 칸에 배열되었기 때문에 3등에 자리가 없어 4등에 배열되었고 喩四라 불리게 되었다. 云모는 喩三이라 불렸다. 그런데 이 以모 글자들이 상고음에서는 영성모가 아닌 유음 성모를 지녔던 것으로 보는 학자들이 많다. 리 팡꾸이(1982)는 한대에 Alexandria를 烏弋山離로 음역한 것에 근거하여 以모의 상고음을 *r로 재구했다. lek을 음역하는 데 쓰인 弋이 以모자이기 때문이다. 以모의 음이 r 또는 l에 가깝고, 더욱이 以모자가 자주 定모자와 성부가 같기 때문에 ladder, latter의 중간음에 가까운 *r로 재구한 것이다. 以모 글자들과 定모 글자들은 성부가 같은 해성 현상을 보이기 때문에 학자들은 두 성류의 관계가 매우 밀접하다고 여겼고, 以모는 원래 定모에 속했다는 학설喩四歸定說을 내놓기도 했다.[25]

먼저 두 성모의 글자들의 해성 현상을 살펴보면 다음과 같다.

표 1-23 以모와 定모 글자들의 해성 현상[26]

성부	以모	定모
易	陽楊暘揚昜颺煬楊錫	腸場蕩盪瓁碭
也	也池拖貤酏	地池馳髢
台	怡冶飴眙詒台	殆苔怠迨紿駘臺蓒
枼	葉枼葈鐷揲	蝶蹀牒諜喋堞
失	佚軼泆	迭跌秩袟帙䏶詄胅䤧昳芺駃駃
兌	悅閱說銳	兌
睪	譯懌繹睪驛嶧圛	澤擇
多	移迻鉹栘誃簃簃	趍

25) 以모가 定모에 귀속된다는 설을 가장 먼저 제시한 학자는 쩡 윈치앤曾運乾이다. 양 수따楊樹達의 『古聲韻討論集』에 쩡 윈치앤의 상기 학설이 인용되어 있다. 본고에서는 왕 리의 『中國語言學史』(1984:154)에서 재인용하였다. 왕 리는 쩡 윈치앤의 설을 소개하고 喩모 4등이 定모에 귀속되는 것이 아니라 喩모 4등이 상고 중국어에서 定모에 가까웠을 뿐이라고 자신의 견해를 밝혔다.
26) 표 1-23은 김태경(2015)에서 轉載. 以모에 관한 이하 내용은 같은 논문에 실린 내용을 요약하였다.

성부	以모	定모
由	由油	笛宙胄軸舳妯紬迪柚
翟	躍耀燿曜	翟籊糴檋藋
予	予	杼芧
余	余	除鍙篨蒢途涂茶駼酴郐崳
隹	維惟唯濰薙萑	椎陮
兆	姚珧銚	兆晁佻鮡挑桃逃咷軺窕誂旐
舀	舀	蹈稻
匋	陶	匋陶蜪綯騊
殳	役疫	投
攸	悠攸浟浟	儵
延	延筵埏梴綖蜒鋋	誕
炎	琰棪燄燄焱	談啖錟淡惔餤痰郯
臽	焰	萏啗
彖	緣蝝	篆瑑隊
引	引蚓靷釚朄	紖
呈	郢	呈程醒裎
甬	甬涌勇踊俑蛹	筩

위의 해성 현상은 두 성모가 상고 중국어에서 같은 성모에서 갈라져 나왔을 가능성을 나타낸다. 그러나 판 우윈(2000:272)은 "유사귀정설喩四歸定說"과 같이 以모가 定모에서 갈라져 나온 것이 아니라 以모와 해성하는 定모 글자들이 원래 以모였다고 주장한다. 그 근거로 원래 定모와 透모 글자들은 端모 글자들과 해성 현상을 보이는데, 일부 定모와 透모 글자들은 以모 글자들과만 성부가 같고 端모자와는 해성 현상을 보이지 않는다는 점을 꼽았다. 以모 글자들과만 해성 현상을 보이는 定모 글자들이 *d-였다면 조음 위치가 같은 端모 *t-글자들과 해성 현상을 보이지 않는 이유를 설명하기 어렵다는 것

이다. 그러므로 그 같은 定모 글자들은 원래 以모 글자들과 성모가 같았으며, 이 글자들 가운데 1, 2, 4등의 글자들이 定모가 되어 원래부터 定모였던 글자들에 합류했고, 3등은 그대로 以모를 유지했다고 주장했다. 물론 2등의 定모 글자들은 중고 중국어에서 澄모가 되었다. 표1-23을 보면 以모와 성부가 같은 定모 글자들은 대체로 1, 2, 4등운에 속한다. 그러나 예외도 있다. 地, 池, 馳, 紖, 篆 등은 3등자이다.

그렇다면 리 팡꾸이의 재구음대로 以모는 *r-이었을까? 최근에는 주변 국가의 한자음, 중국어 방언 등을 근거로 以모가 *r-이 아닌 *l-였다고 보는 학자들이 많다. 이 같이 가정하면 상고 시기부터 줄곧 l-로 여겨져 왔던 來모와 음이 같아진다. 그러나 以모자는 來모자와 해성 현상을 거의 보이지 않고[27] 來모의 글자는 운도의 3등에도 배열되어 있어 以모자와 상보적으로 분포하지 않는다. 그렇다면 두 성모의 음은 달라야 한다.

풀리블랭크(1962-1963)[28], 정장 상팡(1984) 등의 여러 학자들은 상고 중국어에 존재한 2등 개음을 *-r로 보고 2등자와 관계가 있는 來모가 *r-이라고 주장했다. 리 팡꾸이(1982)도 2등자의 상고음 개음을 *-r로 재구하였는데, 리 팡꾸이의 경우는 상고음에 없던 知계와 莊계 성모가 중고음 시기에 생겨난 것을 설명하기 위해 개음 *-r-을 재구하였다는 점이 다른 학자들과는 다르다. 즉 리 팡꾸이의 상고음

....

27) 以모자와 來모자가 해성 현상을 보이는 예도 많지는 않지만 찾을 수 있다. 以모자 藥은 來모자 樂과 성부가 같고 來모자 律의 성부는 以모자인 聿이다.
28) 풀리블랭크(E.G.Pulleyblank) 1962-1963. "The Consonantal System of Old Chinese", *Asia Major*, 9. 楊劍橋(1996:64)에서 재인용.

체계에서 개음 *-r-은 성모를 권설음이 되게 하는 작용을 한다.

상고 중국어에서 2등자와 다른 등과의 차이가 개음에 있는 것을 가장 먼저 제시한 왕 리(1980)는 以모를 *ʎ-로 재구했다.[29] ʎ는 경구개 설측 접근음이고 l은 치조 설측 접근음이다.[30] 판 우윈은 주변 국가의 한자음 등을 근거로 以모를 *l-로 재구했다. 판 우윈(2000: 268)에 以모의 *l-성모설을 뒷받침하는 여러 학자들의 연구 결과가 정리되어 있는데, 옮겨 보면 다음과 같다.

먼저 중국어와 어원이 같은 티베트어 어휘를 살펴보면, 다음에서 볼 수 있듯이 중국어의 來모에 대응되는 음은 r-이다.

중국어	티베트어	중국어	티베트어
量	graŋs	龍	ɦbrug
藍	ram	零	reŋ (외롭다)
螻	grog (개미)	略	rags
裂	rad	爛	ral
連	ɦbrel	凉	graŋ
六	drug (미얀마어 khrɔk)		

以모에 대응되는 음은 다음에서 볼 수 있듯이 l-이다.

喩	lo (설명하다)	涌	long-long
淫	lum (축축하다)	茉	leb (납작하다)

....

29) 王力(1980)의 『漢語史稿』에는 以모(餘모)가 *d-로 재구되어 있지만, 郭錫良 (1986)의 『漢字古音手冊』 例言 4쪽에 왕 리의 최근 견해에 따라 以모를 *ʎ- 로 바꾼다는 설명이 달려 있다.

30) 설측 접근음에는 l, ɭ, ʎ, ʟ이 있는데, l은 치조음, ɭ은 권설음, ʎ은 경구개음, ʟ은 연구개음이다.

| 用 | longs | 揚 | lang (景頗어 kǎ lang) |

정장 상팡(1984:46-47)에는 위의 어휘들 외에도 타이어, 베트남어 등의 친족어에서 來모는 r-로, 以모는 l-로 읽히는 어휘들이 많이 소개되어 있다. 예를 들면 타이어로 來모인 藍은 grām, 林은 grim, 懶는 grān, 漏는 rua, 厲는 rāi이고, 以모인 養은 lieŋ, 易(바꾸다)은 lek, 酉(술)는 hlau, 餘(남다)는 hlɯa, 杙은 hlǎk, 異는 plēk이다. 베트남어로 來모인 煉은 rèn, 亂은 rộn, rôồ'i이고, 以모인 悠(오래다)는 lâu, 踰(지나가다)는 lồi이다.[31]

중국어에서 차용된 베트남어 어휘들은 대체로 전기 중고음, 즉『절운』계 운서의 음과 일치한다. 그러나 베트남은 BC 111년 한나라에 의해 무너진 후, AD 938년에 이르러서야 독립국가가 되었기 때문에 일부 차용어들의 한자음은 확실히 한대까지 거슬러 올라간다. 한대 음을 나타내는 한자음을 고대 베트남한자음이라고 하고, 전기 중고음을 나타내는 한자음은 베트남한자음으로 지칭하면 來모는 베트남한자음에서 l-성모를 갖고 있지만 고대 베트남한자음으로는 종종 r-성모를 갖는다. 판 우원(2000:269)에 정리된 來모 글자의 베트남한자음을 옮겨 보면 다음과 같다. 고대베트남한자음은 고대음,『절운』시기의 베트남한자음은『절운』음으로 줄여서 표기했다.[32]

....

31) 정장 상팡은 '이해하다'라는 뜻의 喩가 타이어로 ru, 壯語로는 ro, 베트남어로는 rõ로 읽히고, 티베트어로 羊이 ra로 읽히는 등 以모가 r-로 읽히는 예도 있지만 이 같은 예는 적다고 밝혔다.
32) 현 베트남어에는 6개의 성조가 있다. 위의 베트남한자음에 표기된 숫자는 성조 표기이다.

표 1-24 來모 글자의 베트남한자음

來모 글자	뜻	고대음	『절운』음
烈	맹렬하다	rat^5	liêt^6
簾	발, 주렴	rem^2	liêm^2
冽	춥다	ret^5	liêt^6
零	혼자	riêng^1	linh^1
簍	타원형부호	ro^6	lâu^1
龍	용	rông^2	long^1
梁	도리, 대들보	ru'o'ng^2	lu'o'ng^1
辣	통증이 심하다	rat^5	lat^6
練	단련하다	ren^2	luyên^6
老	낡다	rêu^6	lao^4
漏	(물이) 배다	ro^2	lâu^6
牢	울타리	rao^2	lao^1
離	헤어지다	ro'i^2	ly^1

반면 以모의 글자들은 베트남한자음으로 d-이고, 고대베트남한자음으로는 *l-이다(潘悟雲 2000:269-270).

표 1-25 以모 글자의 베트남한자음

以모 글자	뜻	고대음	『절운』음
延	만연하다	lan^1	diên^1
垟	마을	lang^2	羊du'o'ng^1
蠅(승)	금파리	lăng^2	dăng^1
悠	오래다	lâu^1	du^1
以	개사(介詞)	lây^5	di^4
夷	평평하고 매끄럽다	li^2	di^1
枼	납작하다	lep^5	葉diêp^6
遺	남다, 새다	loi^5	di^1

以모 글자	뜻	고대음	『절운』음
竇	작은 구멍	$l\hat{o}^4$	du^1
逾	지나치다	$l\hat{o}^5$	du^1
卣	항아리	lu^1	由du^1
餘	잉여	$lu'a^1$	du^1

　以모가 d-로 실현된 한자음이 시기적으로 뒤의 것이라는 사실은
以모 글자들에서 定모 글자 일부가 갈라져 나왔을 것이라는 판 우원
의 추정을 뒷받침한다. 고대 베트남한자음은 한대의 음에 해당하므
로 위의 베트남한자음은 以모에서 일부 定모자가 분리되기 시작한
것은 아무리 일러도 위진 이후임을 의미한다. 위와 같은 자료에 근
거하여 본서에서는 상고 중국어의 以모를 *l-, 來모를 *r-로 본다. 또
한 定모 글자 일부가 以모에서 유래했다고 본다.
　고대 한국한자음 자료인 『삼국사기』에서도 以모에서 定모 글자
들 일부가 유래했음을 뒷받침하는 지명을 찾을 수 있다. 다음은 제
34권에 실린 신라의 지명이다.

　　居烈郡 或云 居陁
　　烏也山 一云 仇道 一云 烏禮山

　居烈郡은 居昌郡의 본래 지명이다. 烏也山에는 경덕왕 때 烏丘山
으로 개명했다는 설명과 함께 "仇道라고도 하고 烏禮山이라고도 한
다"는 설명이 붙어있다. 판 우원(2000:272)은 以모 글자들과만 성부
가 같고 端모자와는 해성 현상을 보이지 않는 일부 定모와 透모 글
자들의 예로 兪, 余, 由, 攸, 台, 也 등을 성부로 갖는 글자들을 들었
다. 陁와 也 모두 성부가 以모인 也이다. 陁가 來모자인 烈에 대응되

고 也 역시 來모자인 禮에 대응되고 있다. 陁와 也의 음이 r-과 유사한 *l-로 읽히지 않았다면 위의 대응 관계를 설명하기 어렵다.

다음은 현 경상북도 영주시의 옛 이름이다.

奈已郡　　　奈靈郡

경상북도 영주시의 통일신라시대 이름은 奈靈郡인데, 『삼국사기』 제35권에 의하면 원래 백제의 땅으로 본래 이름은 奈已郡이었다. 已는 以모의 글자로 之운부에 속했다. 상고음은 *ljəg으로 재구된다. 개명할 당시 已가 성모를 잃고 영성모가 되어 상고음과 달라지자 당시 已의 상고음과 음이 비슷한 靈을 지명에 넣은 것으로 풀이된다.

다음은 고구려 제21대 왕인 문자명왕文咨明王의 이름이다.

明治好　　　『삼국사기』제19권
明理好　　　『삼국유사』「왕력」

理와 治 두 글자 모두 뜻이 '다스리다'이다. 고려 6대 성종의 이름이 王治여서 治를 쓰지 않기 위해 뜻이 같은 理를 사용했다는 주장이 있다. 그런데 『삼국사기』와 『삼국유사』가 간행된 시기가 모두 성종의 재위 기간(981~997)과는 차이가 있다. 『삼국사기』는 1145년에 간행되었고, 『삼국유사』는 일연의 생존 시기가 1206년에서 89년이므로 1200년대에 간행되었다고 보면 된다. 『삼국사기』를 저술할 때는 피휘하지 않아도 되었는데, 『삼국유사』를 저술할 때에는 선왕의 이름을 써서는 안 되었는지 의문이다. 상고 중국어음을 살펴보면 두 글자는 상고음에서 음이 매우 비슷했다. 治는 怡, 冶등의 以모 글자들과 성부가 같고 定모(중고음 澄모)에 속한다. 따라서 상고음에서 *l-성모로 읽혔다. 두 글자 모두 상고 중국어에서 之운부로 분류된 개구 3등의 글자들로 운모가 *-jəg로 동일했다. 治는 *ljəg, 理는 *rjəg로 재구되어, 당시 한자음으로 동일하게 실현되었을 것이다. 따라서 피휘避諱일 가능성보다는 상고음을 반영한 것으로 풀이된다.

以모에서 定모 글자들 일부가 유래했음을 뒷받침하는 증거는 불교 용어에서도 찾을 수 있다. 승려가 설법할 때 죽은 사람의 영혼을 부르는 것을 의미하는 '거량擧揚'이라는 용어에서 揚은 以모 글자로, '량'은 성모 *l-이 영성모가 되기 전의 음을 반영한 것으로 풀이된다. 또 중국문헌인 『주서周書』에 고구려를 高夷로 표기했는데, 夷는 以모 글자로 상고음은 *lid이다. 麗의 상고음은 *rig이다. 따라서 옛 문헌에서 고구려를 지칭한 高麗와 高夷가 음이 매우 유사했음을 알 수 있다(제2편 참조).

來모도 드물지만 定모 글자와 해성 현상을 보이는 다음과 같은 예를 찾을 수 있었다.

隸隸 / 逮隸

이와 같은 예로 미루어 以모 글자들이 定모로 변한 *l-)*d-의 음운변화뿐 아니라 來모 글자들이 定모로 변한 *r-)*d-의 음운변화, 즉 來모에서 설두음으로의 변화도 드물지만 그래도 있었던 것으로 보인다.

마찬가지로 端모와 해성 현상을 보이지 않고 以모, 定모 글자들과만 해성 현상을 보이는 透모자들도 以모에서 변화한 것으로 보아야 한다. 유음인 以모는 상고 중국어에서 유성음과 무성음의 두 갈래로 구분이 되었는데, 유성의 以모가 定모에, 무성의 以모는 透모에 합류한 것으로 보인다. 以모와 透모 글자들의 해성 현상은 뒤에서 자세히 논의할 것이다.

살펴본 대로 以모의 상고음은 *l-, 來모는 *r-로 재구되며, 고대 한국한자음 자료와 고대 베트남한자음에 의하면 以모 글자들이 定모, 透모가 된 것은 위진 이후 『절운』 전이라고 보는 것이 합당하다.

(6) 邪모의 기원

來모 *r-이 중고음 l-로 변하기 전에 以모에도 음운변화가 발생했다.[33] 전술한대로 왕 리는 以모를 *ʎ-로 재구했는데, 왕 리의 음은 매우 늦은 시기, 즉 한대의 상고음이다. 폴리블랭크(1962-3)는 한에서 당대 사이에 以모는 설면(치조경구개) 마찰음 z였다고 보았다.[34] 그 증거로 阿育이 Aśoka로 음역된 것을 예로 들었다.[35] 또한 고대 및 중세 인도의 일상어인 프라크리트어(Prakrit)에서 ś가 모음 사이에서 마찰음 z로 변한 것을 예로 들고, ś는 실제로 z였다고 주장했다. 위 민(兪敏 1984)도 산스크리트를 중국어로 음역한 자료를 살펴보고 以모는 한나라 말기에 ś의 유성음인 z라고 주장했다.[36] 그러

....

33) 이하 내용은 김태경(2015)에 실린 내용을 첨삭한 것이다.
34) Pullyblank, E.G. 1962-3. "The Consonantal System of Old Chinese", *Asia Major* 9. 潘悟雲(2000:271)에서 재인용.
35) 阿育王으로 알려진 아소카는 고대 인도 마우리아 왕조의 제왕이다.
36) 兪敏 1984. 『中國語言學論文選』 光生館, 東京. 潘悟雲(2000:271)에서 재인용.

나 판 우윈(2000:271)은 학자들이 추정한 z은 실제로 ʎ로, 설측음인 l-에서 반모음인 j(以모의 중고음)로 변하려면 중간에 ʎ를 거칠 수 있을 뿐 유성 마찰음 z를 거칠 수는 없다고 이 주장을 일축했다.

以모자는 定모자와만 해성 현상을 보이는 것은 아니고, 다음에서 볼 수 있듯이 邪모자와도 성부가 같다.

표 1-26 以모와 邪모 글자들의 해성 현상

성부	以모	邪모
谷	裕欲慾浴鵒	俗
以	以苢	似姒
與	與譽礜鸒	嶼鱮蒅
由	由油柚	袖岫
延	延筵涎埏綖蜒鋋	涎
羊	羊洋佯徉羌樣漾	羨翔痒祥詳庠
甬	甬勇踊涌蛹俑	誦
邪	邪鎁玡	邪
予	予	序

위의 해성 현상에 근거하여 리 팡꾸이는 邪모를 상고 중국어에 존재한 독립된 성모로 보지 않고 以모의 상고음을 *r-, 邪모의 상고음은 *rj-로 재구했다. 以모의 상고음이 *l-라고 보는 학자들은 邪모의 상고음을 *lj-로 재구했다. 邪모인 俗은 티베트어에서도 풍속을 뜻하는데, lugs로 읽히고, '풍족하다'는 의미의 以모자 裕는 lhugs로 읽힌다. 이 같은 사실은 邪모가 以모에서 분리되어 나왔을 가능성을 보여 준다. 다음의 한국한자음 자료에서도 邪모가 以모에서 갈라져 나왔음을 보여 주는 증거를 찾을 수 있다.

麻立干 (立一作袖)

　　마립간麻立干은 신라시대에 왕을 이르는 칭호 가운데 하나였다. 『삼국유사』 제1권에 실린 마립간에 "立은 袖라고도 한다"라는 설명이 붙어있다. 袖는 邪母의 글자인데 성부가 以母인 由이다. 두 한자의 뜻은 매우 다르다. 그렇다면 음이 비슷해서 대응된 것인데, 袖가 *l-로 읽히지 않았다면 위의 대응 관계는 설명하기 어렵다. 袖의 상고음은 리 팡꾸이의 재구음에 성모만 *r-에서 *l-로 바꾸면 *ljəg로 재구된다. 立의 리 팡꾸이 재구음은 *gləp〉ljəp인데, 立은 來母이므로 l-을 r-로 바꾸면 *grəp〉*rjəp〉ljəp의 변화과정을 가정할 수 있다. 복성모를 인정하지 않은 왕 리의 재구음에 의하면 상고음이나 중고음 모두 *lĭəp(〈*rjəp)이다. 麻立干, 麻袖干을 상고음으로 읽으면 거의 유사한 음으로 읽혔음을 알 수 있다. 그러므로 이 자료는 邪母가 *l-이었던 以母에 속했음을 보여 준다.

　　以母는 중고 중국어에서 영성모로 읽혔고, 邪母는 치두음 성모였으므로 두 성모의 음의 차이는 꽤 크다. 한국한자음으로도 以母는 영성모로, 邪母 글자들은 'ㅅ'초성으로 읽힌다. 학자들은 邪母의 중고음 음가를 치조 마찰음인 z로 본다. 치조경구개 마찰음 z에서 치조 마찰음 z로의 변화는 얼마든지 가능하다. 以母자들에서 위의 해성 현상을 보이는 소수의 邪母 글자가 갈라져 나와 *l〉*z〉z의 음운변화 과정을 거쳤다고 가정할 수 있다. 왕 리(1984:188)에 의하면 베트남 차용어 가운데에도 喩母 3등은 v-, 喩母 4등, 즉 以母는 z-이다. 또한 以母자인 夜는 티베트어에서 zag로 실현되었다(潘悟雲 2000:191).

　　그렇지만 *lj-인 모든 以母 3등자가 邪母로 변한 것은 아니다. 만일 그렇다면 중고 중국어에서 以모의 글자는 없었을 것이다. 표1-26을 보면 성부가 같고 음운조건이 같은데도 일부는 邪모로 변하고 일부는 유음 성모를 잃고 영성모가 되었음을 알 수 있다. 以모에서 갈라져 나온 邪모가 *z- 형태로 존재한 시기는 풀리블랭크와 위 민의 연구 결과로 미루어 한말 이후에서 『절운』 전인 위진 남북조 시기인 것으로 추정된다.

6. 무성의 비음과 유음 성모

리 팡꾸이(1982)는 明모 글자인 每와 曉모 글자인 悔가 해성 현상을 보이는 등 비음 m-, n-, ŋ-과 유음 l- 성모 글자들이 무성음 성모 글자들과 성부가 같은 것을 고려하여 상고 중국어에 무성의 비음 성모와 유음 성모를 재구했다. 비음과 유음은 모두 유성음으로 공명음이라고도 한다. 따라서 원래 유성음인 비음과 유음에 무성과 유성의 두 갈래가 있었다는 설은 쉽게 수긍이 가지 않지만, 앞에서 밝힌 대로 이 유성음 성모 글자들이 무성음 성모 글자들과 성부가 같다는 점과 소수 민족 언어에서 무성의 비음을 찾아볼 수 있다는 점에서 오늘날에는 리 팡꾸이의 학설을 받아들이는 학자들이 많다. 실제로 커지아客家 방언에서 비음과 유음 성모 글자들이 고대에 유성과 무성의 두 갈래 대비를 지니고 있었다는 증거를 찾을 수 있다.

노먼(1996:326-328)에 의하면 고대 커지아 방언에서는 공명음 성모가 유성음과 무성음으로 나뉘어져 있었던 것으로 보인다. 성조 체계에서 찾을 수 있는 커지아 방언만의 특징은 다음과 같다.

첫째, 대개 평성이 음양조로 나뉘어져 있고, 성모가 무성음인 글자가 음평, 유성음인 글자가 양평으로 읽힌다. 그런데 커지아 방언에서는 유성음인 공명음 성모를 지니고 있는 단어들의 성조가 음평성이 많다. 예를 들면 털은 毛 māu, 모기는 蚊 mūn, 바구니는 籃 lām, 청각장애인은 聾 lūŋ이다.

둘째, 하시모토(Hashimoto 1973)는 중고 중국어의 상성자 가운데 공명음 성모를 가진 어휘들이 거성이 아닌 음평성으로 변화된 것도 커지아 방언의 특징이라고 여겼다(노먼 1996:327). 云모의 기원 부분에서 살펴본 것과 같이 이른바 '탁상변거濁上變去', 즉 탁음의 상성 글자들이 거성으로 변한 음운변화로 인해 공명음 성모 글자를 포함한 유성음 성모를 가진 상성자들이 거성으로 변화했다. 그런데 커지아 방언에서는 공명음 성모를 가진 어휘들이 음평성이 되었으므로 이는 일반적인 음운변화 현상과는 다른 것이다.

셋째, 커지아 방언 가운데 하이루海陸 방언은 거성이 음양조로 나뉘어 있다. 무성음 성모 글자가 음거陰去, 유성음 성모 글자가 양거陽去로 읽힌다. 그런데 공명음의 성모를 지닌 일부 어휘들이 음거성으로 읽힌다.[37]

넷째, 입성의 경우 음입성에 공명음 성모를 가지고 있는 소수 어휘들이 발견되고 있다. 다른 방언에서 음조는 보통 무성음 성모 글자들에서, 양조는 유성음 성모 글자들에서 발견되므로, 이 같은 사실은 커지아 방언만의 독특한 현상이라 할 수 있다.

노먼은 커지아 방언의 성조체계에 보이는 이 같은 특징이 커지아

----

37) 몇몇 커지아 방언에서는 양거가 소실되었다. 커지아 방언의 대표 방언인 메이시앤梅縣어에서도 양거성이 음거성에 병합되었다(노먼 1996:327).

방언의 조상 언어가 공명음에서 유·무성의 두 갈래 대비를 지니고 있었다는 가설을 보강해 준다고 평가했다.

베트남한자음에서도 공명음 초성을 가진 음절이 음평성으로 읽히는 예를 찾을 수 있다. 예를 들면 무덤을 의미하는 단어 mả는 베트남어에서 고음역의 성조로 읽히는데(Pulleyblank 1984:161), 풀리블랭크(1984:161)는 이 같이 공명음 초성을 가진 고음역의 글자들은 상고 중국어에서 소실된 접두음의 증거를 제시할 수 있다고 보았다.

공명음 성모 글자들이 무성음 성모 글자들과 해성 현상을 보이는 것은 물론 리 팡꾸이가 처음 발견한 것은 아니다. 칼그렌(1985:115)도 曉모와 明모가 해성하는 것과 泥모와 透·徹모가 해성하는 것을 발견하고 *xm과 *tʰn의 복성모를 재구했다.

(1) 曉모와 明모 글자들의 해성 현상

먼저 微, 徽에서 볼 수 있듯이 明모와 曉모의 해성 현상을 살펴보면 다음과 같다.

표 1-27 明모와 曉모 글자들의 해성 현상

성부	明모	曉모
每	每侮	悔晦誨海
無	無嫵膴廡憮憮蕪	鄦膴
勿	勿物芴	忽惚笏
亡	亡忘妄芒忙	巟荒慌
民	民珉泯泯	昏
黑	默纆墨	黑
威	滅	威
毛	毛芼旄髦氊	耗秏

曉모 글자는 見계 성모 글자와 성부가 같은 글자들이 많고, 明모 글자도 幫계 성모 글자와 성부가 같은 글자들이 많다. 그런데 성부가 明모자인데 幫계 성모 글자와 해성 현상을 보이지 않고, 성부가 曉모자인데 見계 글자들과 해성 현상을 보이지 않는 글자들이 있다. 판 우윈(2000:324)은 이처럼 曉모, 明모 글자들과만 서로 해성 현상을 보이는 글자들의 성모를 둥 퉁허(1968:290)의 견해를 받아들여 무성의 순음 *m̥-으로 재구했다. 리 팡꾸이는 이 글자들의 성모를 *hm-으로 재구했는데, h는 공명음 앞에서 그 공명음이 무성음임을 나타내는 표지이다.

무성의 순음 성모는 나중에 두 갈래로 변화했다. 무성음 자질을 잃고 유성의 비음 明모 m- 글자가 되었거나 마찰음인 曉모 h-가 되었다. 그러므로 리 팡꾸이의 *hm- 표기는 이후의 음운 변화를 설명하는 데도 매우 합리적이다.

(2) 曉모와 疑모 글자들의 해성 현상
연구개 비음 성모인 疑모 글자들도 曉모 글자들과 성부가 같다.

표 1-28 疑모와 曉모 글자들의 해성 현상

성부	疑모	曉모
午	午仵忤迕悟	許
化	吪訛	化貨
嚴	嚴釅巖	玁
義	義	犠羲曦
兒	睨倪霓猊蜺輗郳鯢麑鶃	鬩
艾	艾	敳

성부	疑모	曉모
虐	虐	謔
獻	巘巇讞	獻
干	岸犴	罕骭軒
垚	堯垚僥嶢	曉嘵膮磽
斤	狋	欣忻炘昕訢焮
僉	驗	險獫嶮譣

위에서 볼 수 있듯이 일부 疑모 글자들은 曉모 글자들과 해성 현상을 보인다. 이 가운데 見모 글자들과 성부가 같은 글자들도 있지만, 午, 訧처럼 曉모자와만 해성 현상을 보이는 글자들이 있다. 이글자들은 상고 중국어에서 무성의 연구개 비음으로 읽혔을 가능성이 있다. 리 팡꾸이는 이 글자들의 성모를 *hŋ-로 재구했다.

무성의 연구개 비음 역시 두 갈래로 변화했는데, 무성의 자질만 잃은 연구개 비음 ŋ, 즉 疑모가 되었거나 조음 위치가 근접한 曉모가 되었다.

(3) 透모와 泥모 글자들의 해성 현상

m-, ŋ-뿐 아니라 難이 嘆과 해성 현상을 보이듯, n-성모 글자들도 무성음 성모 tʰ-글자와 해성 현상을 보인다. 상고음에서 日모, 娘모는 泥모와 같았다고 보기 때문에 여기서 泥모는 日모와 娘모를 포함한다. 또 설상음도 설두음과 같았으므로 여기서 透모는 徹모를 포함한다. 透모와 泥모 글자들의 해성 현상을 살펴보면 다음과 같다.

표 1-29 泥모와 透모 글자들의 해성 현상

성부	泥모	透모
能	能	態
占	黏鮎鉆	覘帖
奴	奴帑	帑
丑	紐狃杻忸鈕	丑
若	若諾喏匿	愿
妥	餒	妥
冉	枏	聃
耳	耳珥餌佴刵	恥

tʰ와 n는 치조음으로 조음 위치가 같다. 따라서 무성의 n가 조음
위치가 같은 치조음 tʰ로 변하는 것은 매우 자연스럽다. 리 팡꾸이는
무성음을 나타내는 표지인 h를 앞에 붙여 *hn-로 표기했다. 그는 일
부 透모(徹모 포함)의 글자들이 무성음 비음 *hn-에서 기원한 것으
로 보았다.

(4) 透모와 來以모 글자들의 해성 현상
유음 *l-, *r- 성모 글자들도 透모 글자와 해성 현상을 보인다. 먼저
來모 글자들과 透모 글자들의 해성 현상을 살펴보면 다음과 같다.

표 1-30 來모와 透모 글자들의 해성 현상

성부	來모	透모
賴	賴瀨籟癩	獺獺
豊	禮醴澧體	體
离	離籬謧離醨漓	摛离螭魑
萬	厲勵礪蠣癘	蠆

성부	來모	透모
龍	龍隴朧籠瀧壟蘢攏聾聾嚨瓏	寵
慮	慮鑢	攄
里	里理裏俚鯉悝	堇
林	林淋琳痳霖	綝郴
留	留	揂
翏	醪翏廖嫪蓼膠漻僇嫽	瘳

앞에서 이미 以모 글자들이 端모 글자들과는 해성 현상을 보이지 않지만, 透모와 定모 글자들과는 해성 현상을 보인다고 언급했다. 以모 글자들과 透모 글자들의 해성 현상을 살펴보면 다음과 같다.

표 1-31 以모와 透모 글자들의 해성 현상

성부	以모	透모
象	縁蟓	象
易	陽楊暘揚易颺煬禓颺錫易	湯蕩
也	也池扡弛酏	他
台	怡冶飴胎詒台	胎台邰鮐笞鮐
枼	葉枼箂鰈揲	鰈
兌	悅閱說鋭	蛻駾娧
由	由油	抽妯
余	余	稌
隹	維惟唯濰薙瞱	推蓷
兆	姚珧銚	佻恌祧朓挑跳朓覜越洮
舀	舀	滔鞱綯謟慆搯
炎	琰棪剡餤焱	餤菼
呈	郢	逞
甬	甬涌勇踊俑蛹	通桶痛
俞	俞踰喻諭楡揄愉瑜癒愈逾歈	偷媮

tʰ와 l, r는 조음 위치가 근접해 있다. 따라서 무성의 r와 l가 치조음 tʰ로 변하는 것은 전혀 어색하지 않다. 리 팡꾸이와 같이 무성음을 나타내는 표지인 h를 앞에 붙여 무성의 비음 n-과 유음 성모 l-, r-를 각각 hr, hl, hn으로 표기할 경우, 일부 透모의 기원은 다음과 같다.

*hr- 〉 tʰ- (透모)   ← 무성의 來모
*hl- 〉 tʰ- (透모)   ← 무성의 以모
*hn- 〉 tʰ- (透모)   ← 무성의 泥모

以모와 해성 현상을 보이는 定모와 透모 글자들은 원래 以모였으므로 來모와 함께 상고 중국어에서 유음의 범주에 넣으면 된다. 이 유음의 글자들이 유성과 무성의 두 갈래로 구분되었고, 앞에서 살펴보았듯이 유성의 以모 글자 *l-와 來모 글자 *r- 일부가 定모로 들어갔고 무성의 以모 글자 *hl-와 來모 글자 *hr- 일부가 透모에 합류했다고 볼 수 있다.

(5) 書모의 기원

앞에서 章계 글자들은 설음인 端계 글자들 및 知계 글자들과 해성 현상을 보이므로 설근음에서 유래한 章계 글자들을 제외하고 상고 중국어에서 *t-성모를 가졌던 것으로 추정했다. 그런데 章계에 속하지만 書모는 端계나 知계 글자들과 해성 현상을 보이지 않으며, 같은 章계에 속하는 파찰음 章, 昌, 船모는 물론 유성의 마찰음 禪모와도 해성 현상을 보이지 않는다(潘悟雲 2000:120).[38] 書모와 禪모는 『절운』계 운서의 음운체계에서 조음위치가 같고 유무성의 차이만 있다. 書모와 禪모가 해성 현상을 보이지 않는 것은 조음위치가 같고 유무성의 차이만 있는 글자들이 해성 현상을 보이는 일반적인 현상과는 다르다. 따라서 書모의 글자들은 다른 章계의 글자들과는 기원이 다르다고 할 수 있다.

書모(중고음 재구음 ɕ-) 글자들은 여러 성모의 글자들과 해성 현상을 보이는데, 이 같은 사실로 미루어 書모는 여러 성모의 글자들이 각기 음운 변화를 거친 후 형성된 성모로 보인다. 書모 글자들의 해성 현상을 살펴보면 크게 세 가지로 나눌 수 있다.

첫째, 앞에서 泥모 일부가 透모에 합류했다고 보았다. 그런데 書모 역시 비음 *n- 성모 글자들과 성부가 같다. 따라서 무성의 泥모 3등자들(*hnj-)이 書모에 합류한 것으로 추정된다. 日모도 泥모에 넣었다.

  恕 / 如   諗淰 / 念   **饟 / 囊讓**
  攝 / 聶讘

둘째, 유음 성모 글자들과 성부가 같다. 다음에서 왼쪽이 書모 글자이다. 괄호 안은 각 글자의 성모를 나타낸다. 澄모는 定모에 넣었다.

  傷 / 易(以) 場(定) 湯(透)   轢 / 葉(以) 蝶(定) 鰈(透)
  弛 / 也(以) 地(定) 他(透)   始 / 怡(以) 殆(定) 台(透)
  輸 / 喩(以) 偸(透)   舒抒 / 予(以) 杼(定) 序(邪)
  稅 / 悅(以) 兌(定) 蛻(透)   爍鑠 / 樂(來)

....

38) 앞에서 이미 船모가 마찰음, 禪모가 파찰음일 가능성에 대해 언급했다. 여기서는 운도의 체재대로 船모가 파찰음, 禪모가 마찰음이라고 가정한다.

다수의 書母자가 무성의 以母 3등자들(*hlj-)에서 유래한 것으로 보인다.[39] 以母 글자와 해성하는 書母 글자를 *hlj-로 재구하면, 爍, 鑠과 같이 來母 글자와 해성하는 書母 글자는 이론적으로 *hrj-가 된다.

고대 한국한자음 자료에서 書母 글자인 尸를 'ㄹ'표기에 활용한 것도 尸의 상고 중국어음 *hljid에 근거한 것으로 보인다. 예를 들면 『삼국사기』 제44권에 실린 지명인 '于尸山國'의 于尸山은 '울산'을 표기한 것으로 잘 알려져 있다.

셋째, 설근음 성모 글자들과 성부가 같다.

燒 / 澆(見母) 堯(疑母)   聲 / 馨(曉母)

리 팡꾸이(1982)는 見계 글자들과 해성하는 書母 글자들의 원래 성모를 *sk^{h}j-로 재구했다가 나중에 *hrj-로 바꿨다. 그가 이렇게 수정한 것은 見계 글자들이 章계로 변한 음운 변화를 참조한 것으로 보인다. 즉 자신이 재구한 *krj-〉tɕ-에서 *hrj-〉ɕ-를 유추한 것으로 추정된다. 사실 리 팡꾸이는 상고 시기 章계의 개음을 *-j-로, 知계 3등의 개음을 *-rj-로 재구하여, 端계에 속했던 두 성류가 중고 중국어에서 갈라지게 된 변화를 설명했다. 다만 章계 글자들 중 상고 시기 見계에 속했던 글자들이 章계에 합류한 것을 설명하기 위해 이들 글자들에도 *-rj- 개음을 재구했는데, 풀리블랭크(1962-3)는 이 글자들의 개음도 *-j-로 보았다. 백스터(1980)도 이 글자들이 *krj-〉tɕ-의 음운변화를 거쳤다는 것에 동의하지 않았는데, 백스터의 음운체계에서 *krj-는 중고 중국어의 중뉴 3등자가 되었기 때문이다.[40] *-rj-는

----

39) 전술한 대로 邪母는 유성의 以母 3등자들에서 유래했다.
40) Baxter, William. Ⅲ 1980. "Some proposals on Old Chinese phonology",

98 제1편 상고 중국어 음운체계

知莊계 3등자들의 개음인데, 知莊계 3등자들은 확실히 중뉴 3등에 속한다. 따라서 설근음 글자들과 성부가 같은 知계 3등자들의 상고음이 *krj-로 재구된다. 리 팡꾸이의 상고음 체계에서는 설근음 성모 글자들과 성부가 같은 知계 글자들뿐 아니라 같은 해성 현상을 보이는 章계 글자들의 상고음도 *krj-가 되는데, 이 경우 이 두 계열 글자들의 중고 시기 성모가 달라진 이유를 설명하기 어렵다. 앞에서 見계 성모 글자들과 해성 현상을 보이는 章계 글자들의 상고음을 *kj-로 본 것도 바로 이 같은 이유에서이다.

또한 見계 글자들과 해성하는 書모 글자들을 *hrj-로 재구하면, 위에서 來모 글자와 해성하는 書모 글자의 상고음 *hrj-와 같아진다. 판 우윈(2000:287)은 章계가 *krj-에서도 기원하고 *kj-에서도 기원했다는 정장 상팡과 보드만의 견해에 동의하였는데, 먼 상고 중국어의 음운현상이니만큼 *krj-를 가졌던 성모가 知계를 거쳐 章계 글자가 되었을 수도 있다. 본서에서는 見계 글자들과 해성하는 書모 글자들 역시 다른 章계 글자들과 마찬가지로 일관되게 *-r-개음 없이 *hj-로 재구한다. 이 경우 *hj-는 *kj-에서 변화된 것으로 보아야 한다. 현재 한국에 거주하고 있는 화교들은 '현재'라는 단어에서 '現'을 [히엔]으로 읽는다. [히]가 구개음이 되면 [시]가 되는데, 앞에서 살펴본 대로 *-r-개음 없이 구개음이 될 수 있다.[41] 또한 章계 글자들은 知莊계 3등자들과 달리 중뉴 3등에 속하지 않으므로 풀리블랭크의 견해를 따라 章계 글자들에는 모두 *-j-개음이 존재했다고 가정하면 리 팡꾸

Contributions to Historical Linguistics: Issues and Materials, Leiden, E. J. Brill. 潘悟雲(2000:287)에서 재인용.
41) 3. 치음 부분의 (2) 章계 성모의 기원 각주14) 참조.

이가 재구한 *hrj-는 *hj-로 재구되고, *hj-의 이전 형태는 *kj-가 된다. 이렇게 하면 來모 글자와 해성하는 書모 글자의 상고음 *hrj-와도 달라진다. 중뉴 문제는 운모체계에서 보다 자세히 다룰 것이다.

요약하면 見모와 해성하는 書모 글자는 *kj-로 본다. 위진 이후 이 *kj-가 마찰음 *hj-가 되고 書모가 되었다고 가정하면 후·아음 성모 글자들과 성부가 같은 書모 글자들의 해성 현상을 보다 간편하게 해석할 수 있다. 위에서 書모 글자는 見모뿐 아니라 聲과 馨처럼 曉모 글자와도 해성 현상을 보였는데, 曉모 글자는 상고 중국어에서 파열음인 見계 성모에 속한 것으로 보았으므로 曉모와 성부가 같은 書모 글자들도 상고 중국어에서 『절운』 시기까지 *kj-〉*hj-〉ɕj의 변화과정을 거쳤다고 가정할 수 있다.

이와 같이 형성자의 해성 현상을 살펴보았을 때 공명음이 유성과 무성의 두 갈래로 나뉘어졌을 가능성은 매우 높아 보인다.

표 1-32

무성음		유성음	
상고 성모	중고 자모	상고 성모	중고 자모
*hm	曉, 明	*m	明
*hn 〉 tʰ	透	*n	泥
*hnj 〉 ɕ	書	*nj	日
*hŋ	曉, 疑	*ŋ	疑
*hl 〉 tʰ	透	*l 〉 d	定
*hlj 〉 ɕ	書	*lj	以, 邪(*lj〉z)
*hr 〉 tʰ	透	*r	來
*hrj 〉 ɕ	書	*rj	來

무성음 성모 글자들이 비음, 유음 성모 글자들과 해성 현상을 보이지만, 이후 변화된 양상은 성모에 따라 조금씩 다르다. 曉모와 해성 현상을 보이는 무성의 明모, 疑모 글자들은 曉모로 변했거나 유성의 明모, 疑모로 변화하여 복성모 글자들의 분화와 동일한 양상을 띤다. 즉 *hm-에서 h-와 m-으로 분화하고 *hŋ-에서 h-와 ŋ-으로 분화했다.

반면 무성의 泥모와 來·以모 글자들은 조음위치가 같은 다른 성모로 변화했다. 즉 *hn-, *hr-, *hl-이 각각 h-와 n-, h-와 r-, h-와 l-로 분화하지 않고 유기 무성음 tʰ-로 변화했다. 따라서 정장 상팡, 판우윈은 *hm-, *hŋ-은 사실상 복성모로 보아야 하고, *hn-, *hr-, *hl-은 각각 유기의 무성 비음과 유음 *n̥-, *l̥-, *r̥-로 보아야 한다고 언급했다.

*hm-, *hŋ-를 복성모로 볼 경우 문제가 되는 것은 曉모의 상고음 음가이다. 앞에서 살펴본 대로 曉모는 東漢 말기 이후에야 見계로부터 분리되어 나왔으며, 위에 방언에서는 溪모의 글자들이 거의 대부분 [h]로 읽히고 있는 것에서 볼 수 있듯이 曉모는 특히 溪모와의 관계가 밀접했었다. 그렇다면 *hm-, *hŋ-을 *kʰm, *kʰŋ-이나 *km-, *kŋ-으로 재구해야 하지 않을까? 실제로 최영애(2004:207)는 罔의 상고음을 *kmjaŋ으로 재구하고 우리말 '그물'이 罔의 상고 중국어에서 유래했다고 보았는데, 장 쿤(張琨·張謝蓓蒂 1998:240)은 티베트어와의 음운 비교를 통해 罔의 성모를 *xm-(〈*sm-), 즉 *hm-으로 재구했다. 원래 유성음인 비음을 무성음으로 발음하기 위해 강한 유기음으로 읽으면 *kʰm-에 가깝게 들렸을 것으로 추정된다. 위에 방언에서 溪모의 글자들이 거의 대부분 [h]로 읽히는 것은 두 음이 청각

적으로 유사하게 들릴 수 있음을 의미한다. 따라서 본서에서는 무성의 비음과 유음 성모를 나타내기 위해 유기음 부호 h를 앞에 덧붙여 접두사로 처리한다. 만일 *km-, kʰm-, *kŋ-, *kʰŋ- 등으로 재구하면 뒤에서 다룰 *Cl-, Cr- 복성모, *sC- 유형의 복성모에, 위의 복성모까지 너무나 많은 수의 복성모를 재구하게 되어 음운체계가 대단히 복잡해진다.

순음의 경우에도 曉모인 膴는 明모인 無뿐 아니라 滂모인 撫와도 성부가 같다. 이 경우 정장 상팡, 판 우원 등은 曉모인 膴의 상고음은 *hm-, 無는 *m-, 중고 중국어에서 무성의 유기음이었던 撫는 무성 비음 *m̥-으로 재구했다. 유기음은 반드시 무성음이므로 撫 역시 *hm-으로 표기해도 크게 틀렸다고 할 수 없다. 다른 무성의 비음과 유음도 마찬가지이다. 복성모처럼 분화하지 않고 다른 성모로 변화한 경우 모두 같은 조음 위치의 유기음으로 변화한 것에 주목해야 한다. 滂모는 明모와 조음 위치가 같고, 透모는 泥모와 조음 위치가 같다. 다만 전자는 구강음, 후자는 비강음인 것만 다르다. 來 · 以모도 透모와 조음 위치가 거의 같다.

7. 복성모

왕 리(1980)처럼 복성모의 존재를 부정한 학자도 있지만, 같은 성부를 가진 형성자들의 성모가 중고 중국어 이후 두 가지 이상의 음으로 갈라졌기 때문에 많은 학자들이 상고 중국어 시기에 복성모, 즉 어두자음군이 존재했다고 보았다. 예를 들면 京 성부를 지닌 한자들이 k-성모를 가진 京, 景 등의 글자들과 l-성모를 가진 凉, 諒

등의 글자들로 갈라진다. 해성 현상에만 근거하여 상고 중국어의 성모를 재구한다면 삼중 복성모를 포함한 매우 많은 수의 상고 성모를 재구해야 한다. 앞에서 살펴보았듯이 曉모 글자들만 하더라도 見, 溪, 羣모뿐 아니라 疑모, 明모 글자들과도 해성 현상을 보인다. 앤쉬에췬(嚴學宭 1998:127-128)은 이 같은 해성 현상을 고려하여 kt-, kd-, kts-, kdz-, gd-, gt-, gts-, gdz- 등 200개가 넘는 복성모를 재구했는데, 복성모만 200개가 넘는 언어를 구사하는 것이 과연 가능했던 것인지에 대해서 의문이 든다. 복성모를 포함한 수백 개의 성모에, 아무리 적게 잡아도 백 개가 넘는 운모가 결합하면 적어도 수만 개의 음절이 만들어지는데, 이렇게 많은 음절을 가진 언어를 구사하는 것이 과연 가능했을까? 참고로 현대 표준 중국어에는 400개가 넘는 음절이 있다. 따라서 대부분의 학자들은 주로 pl-, kl- 등의 이중 복성모만 재구한다.

(1) *Cr-, *Cl- 유형

베네딕트(Benedict 1972)는 원시 티베트버마어에 *dr-, *dl-, *tr-, *tl-, *sr-, *sl- 등의 어두자음군을 재구하지 않아도 된다고 밝혔다.[42] 판 우윈(2000:302-303) 역시 중국 소수민족 언어와의 비교를 통해 원시 중국티베트어족 언어의 어두자음군 *Cr-, *Cl-에서 C(Consonant)에 올 수 있는 자음은 순음과 설근음, 후음뿐이라고 밝혔다. 판 우윈은 티베트버마어족 언어에서 Cl, Cr은 이미 Cj, Cz, C3 같은

---

42) Benedict P. 1972. *Sino-Tibetan: A Conspectus*, Cambridge University Press. 潘悟雲(2000:302)에서 재인용.

어두자음으로 변했기 때문에 이 같은 자음군도 Cl, Cr 부류에 넣을 수 있다고 밝히고, Cl, Cr이 여전히 있는 티베트버마어족 언어에서도 유음 앞에 오는 폐쇄음은 순음, 설근음, 후음으로 제한되어 있고, 티베트 글말에서도 dr을 제외하면 유음 앞에는 순음, 설근음만 오는데, 다른 티베트버마어족 언어와 이를 비교해 보면 dr마저도 gr에서 유래했음을 알 수 있다고 덧붙였다.

상고 중국어의 어두자음군 음절 *Cr-, *Cl-에서 C에 올 수 있는 음이 순음과 설근음 정도라면 구체적으로 어떤 복성모들이 재구될 수 있는지 살펴본다. 來모의 글자들은 중고음 이후 l- 성모로 읽혀 왔지만, 앞에서 살펴보았듯이 상고음에서는 *r-이었던 것으로 추정된다. 따라서 來모와 성부가 같은 글자들의 상고 성모는 *Cr-, 以모와 성부가 같은 글자들은 *Cl-이라고 할 수 있다. 본서에서는 曉·匣모가 상고 중국어에서 見계에 속했다고 보기 때문에 C에 올 수 있었던 음은 k, kʰ, g의 설근음과 p, pʰ, b, m의 순음으로 본다.

kr: 京/涼, 各/路, 監/藍, 柬/練, 膠/廖, 龔/龍, 檢/斂, 果/裸, 兼/廉
kʰr: 泣/立, 悝/里
gr: 鯨/涼, 咎/絡
pr: 風/嵐, 筆/律, 剝/綠
pʰr: 品/臨
br: 龐/龍
mr: 麥/來, 文/吝, 命/令, 卯/聊, 埋/里
kl: 谷/欲, 貴/遺
kʰl: 頃/潁

r을 지닌 어두자음군 음절은 등等에 따라 來모자와 다른 성모의

글자로 나뉘어졌다. 대체로 2등이 아닌 1, 3, 4등의 경우에는 r이 탈락하지 않고 남아있어 중고 중국어에 이르러 來모가 되었는데, 유독 2등자의 경우에는 r이 탈락하고 다른 성모로 읽혀 2등자의 경우에는 성부가 來모인데도 來모자가 거의 없다. 양 지앤챠오(1998:161)에 정리된 표를 아래에 옮겨 본다.

표 1-33

1등	2등	3등	4등
藍籃覽濫	監鑒檻	鹽	
蘭欄爛瀾讕	柬揀諫		練煉棟
欒鑾鸞臠攣	蠻彎孿	戀變	
嫽	膠	戮廖	寥
來萊賚	麥		
洛路落駱賂	格客額		
	埋霾	里狸理鯉	

양 지앤챠오는 *kr-, *pr- 등의 복성모를 가진 글자들 중에서 1등, 3등, 4등자만이 r-성모를 갖게 되었고 2등자들은 r-성모를 잃었다고 언급하고, 야혼토프(1960)의 연구를 인용하여 똥 통허의 『상고음운표上古音韻表』에서 단지 세 개의 글자만이 2등의 來모자인데 세 글자 가운데 冷만이 상용자였다고 덧붙였다.43) 확실히 2등자에 來모가 적은 것은 맞지만, 문제는 1, 3, 4등 가운데에도 來모가 아닌 다른 성모 글자들이 꽤 있다는 사실이다.

....

43) 雅洪托夫 1960. 「上古漢語的複輔音聲母」 『漢語史論文集』 北京大學出版社.
1986. 楊劍橋(1998:162)에서 재인용.

1등	各/路	果/裸			
3등	檢/斂	謬/廖	京/諒	品/臨	禁/林
4등	兼/濂				

특히 3등자의 경우는 위에 나열한 글자들 외에도 筆, 稟, 變 등도 있고 p-, k- 외에 娘(良), 史(吏), 灑(麗)와 같이 다른 성모로 읽히는 글자들도 상당수 있다. 풀리블랭크(1961-2)는 來모자와 성부가 같은 3등자는 모두 중뉴 3등자로 2등자와 같이 개음 -r-이 있었다고 추정했다(潘悟雲 2000:297). 이 문제는 제2절 운모체계에서 자세히 살펴볼 것이다.

판 우원(2000:281)은 *Cr-, 즉 *kr-, *pr-에서 k와 p의 발음이 r보다 강해서 r이 탈락되고 C인 k, p만 남기 때문에 *kr-, *pr-는 2등의 재구음이지 1, 3, 4등의 재구음이 될 수 없다고 주장했다. 1, 3, 4등의 *kr-, *pr- 성모에서 r은 개음이 아닌 성모의 하나이므로 앞에 오는 파열음보다 음의 길이가 길기 때문에 소실되지 않고 남아서 중고 중국어의 來모가 되었을 것이다. 반면 2등자와 중뉴 3등자에서는 r이 성모가 아닌 개음이었으므로 성모에 어느 정도 영향을 미치거나 혹은 큰 영향을 미치지 못하고 소실되었던 것으로 보인다. 즉, 개음 -r-은 *kr-, *pr-에서 그 역할이 발휘되지 못한 채 탈락했지만(k나 p는 권설음화하지 못하니까) *sr-)ṣ-(史)에서는 성모를 권설음으로 만들고 소실된 것으로 보인다. 예를 들면 監, 麥, 柬 등의 2등자에서는 -r-개음은 그대로 소실되었고, 端계와 精계 성모 뒤에서는 앞의 성모를 권설음으로 만든 후 소실되었다.

보드만(Bodman)은 성부가 來모인 2등자들과 구별하기 위해 파열음 글자들과 성부가 같은 來모 글자들을 *b-r-, *d-r-, *g-r- 등으로 재구했다(潘悟雲 2000:279-281). 판 우윈은 來모와 해성하는 2등자만이 *Cr-로 재구되어야 하며, 來모의 기원을 *Cr로 정할 경우 C의 발음이 r보다 강해서 마지막까지 남게 되므로 來모의 기원을 *Cr-로 정해서는 안 되고, 보드만이 재구한 것처럼 C와 r이 각각 다른 음절에 속해야 한다고 보았다. 이 경우 앞의 음절은 副음절로 나중에 탈락하여 *r만 남는다고 해석했다. 다만 판 우윈은 *Cr-에서 r이 남을 경우 앞의 음절이 부음절임을 나타내기 위해 C와 r 사이에 점(·)을 찍어 *C·r-로 표기했다. 예를 들면 藍은 타이어로 gra:m이므로 상고 중국어음을 *g·ram으로 재구하면 2등자인 監 *gram과의 관계도 설명할 수 있다고 언급했다.

바로 뒤에서 다룰 *sC- 유형의 복성모 음절에 대해서도 판 우윈은 s는 C와 동등하지 않은 부차적인 음소라고 밝혔는데, 이 같은 논리대로라면 *sl-, *sr-에서 부차적인 음소인 s가 탈락하고 *l, *r이 남아야 한다. 그러나 曬, 灑, 史, 使, 數, 㸨 등 來모와 해성하는 *sr- 유형의 글자들과 弛, 輸, 始, 稅, 秀 등 以모와 해성하는 *sl- 유형의 글자들에서는 모두 *-r-, *-l-이 탈락하여 ʂ, s 등으로 읽힌다.[44] -r-, -l-이 성모의 일부가 아닌 개음이기 때문이다. 그러므로 *Cl-, Cr-에서 -r- 또는 -l-이 개음이라면 *Cr-, Cl-을 일반적인 복성모 음절로 보지 않아도 된다. 이렇게 하면 *tr-〉t-, *tsr-〉tʂ-, *sr-〉ʂ- 등의 변화를 설명하기 위해 고민하지 않아도 된다. 개음 -r-의 작용으로 성모가 권설음이 된 것으로 해석할 수 있기 때문이다.

······························

44) *sr-을 *sC-로 분류하지 않고 *Cr- 유형으로 분류할 경우 앞에서 *Cr-, *Cl-에서 C에 오는 자음은 티베트어 등 친족어에서도 순음, 설근음, 후음에 국한된다는 일반적인 상황과는 어긋난다.

(2) *sC- 유형

학자들은 지금까지 살펴본 *Cr-, *Cl- 유형의 복성모 외에도 *sC-
유형의 복성모도 재구한다. 판 우윈은 *sC-에서 s는 C와 동등하지
않은 부차적인 음소로 *sC-는 어두자음군으로 볼 수 없다고 설명했
다. *sl-, *sr- 유형은 *Cr-, *Cl-에서 유음 r, l 앞에 순음과 설근음만
올 수 있었다는 설명과 배치되는 것처럼 보이는데, 판 우윈의 설명
에 따르면 *sl-, *sr-에서 s는 뒤의 유음과 동등하지 않은 부차적인
음소이며 *Cr-, *Cl-에서 유음 앞에 오는 자음은 유음과 동등하게 성
모를 구성하는 자음이다. 위에서 언급한 來모와 해성하는 *sr-유형
의 글자들과 以모와 해성하는 *sl-유형의 글자들에서는 r, l이 개음이
고 s가 성모를 구성하는 자음이므로 엄밀히 말하면 이 유형에 넣을
수 없다.

학자들이 *sC- 유형의 복성모를 가정하는 이유는 치두음 精계 글
자의 기원을 설명하기 위해서이다. 판 우윈(2000:315)은 동아시아의
여러 언어에서 마찰음은 있지만 파찰음은 없는데 캄타이어의 파찰
음도 나중에 생긴 것이라는 연구 결과(張均如 1983)를 인용하고,[45]
중국어의 파찰음도 *s-가 폐쇄음과 먼저 결합하고 이것이 *sT-의 단
계를 거쳐서 나중에 생겼을 가능성을 제시했다. 리 팡꾸이(1982)는
원래 치두음 精계가 *st-, *sk- 등의 복성모 음절에서 왔을 뿐 아니라
정치음 章계 역시 *sk-, *sg- 등의 복성모 음절에서 왔다고 여겼으나
나중에 정치음 章계는 *sC- 유형이 아닌 *krj, *grj- 등의 *Cr- 유형에

....

45) 張均如 1983. 「壯侗語族塞擦音的産生和發展」 『民族語文』 第1期. 潘悟雲
    (2000:315)에서 재인용.

서 유래한 것으로 견해를 바꾸었다. 아래에 精계 글자들과 성부가 같은 端계, 見계 글자들을 제시해 놓았다.

雖(心) *st-(推) 修(心) *st-(條)
楔(心) *sk-(契) 造(清) *sk^h-(酷)
續(邪) *sd-(讀)

상고 중국어 설첨 폐쇄음에 端, 透, 定 세 종류가 있었으므로, 여기에 s-가 결합되면 *st-, *st^h-, *sd- 세 종류가 있을 수 있다.[46] 본서에서는 精계 다섯 자모 가운데 邪모는 나중에 以모에서 분리된 것으로 보았으므로 邪모를 제외하면,[47] *st^h-는 清모로 분류되고 *sd-는 從모로 분류된다. 心모 가운데 修는 條, 條 등의 透모, 定모 글자와 성부가 같고, 泄도 跐, 鰈, 蹀, 蝶 등 역시 설음 글자들과 해성 현상을 보이기 때문에 리 팡꾸이, 보드만은 心모 글자들의 상고음을 *st-로 재구했다. 특히 백스터는 心모 글자들의 상고음은 *st-, 精모 글자들의 상고음도 *st-로 재구하고 精모는 *st-)ts-의 음 자리바꿈으로, 心모는 복성모가 간화되어 생겨난 것으로 풀이했다. 한편 정장 상팡은 설근음 성모 글자들과 성부가 같은 精모는 *sk-, 清모는 *skh-, 從모는 *sg-로 재구하고 대응되는 莊계는 *skr-(莊), *skhr-(初), *sgr-(崇)로 재구했다. 또한 心모는 sh, 生모는 *shr로 재구했다. 반면 판우윈은 心모는 *sq(l)-, 生모는 *sqr-)*sr-로 재구했다.

학자들은 파찰음 精계가 출현한 것은 *st- 유형의 어두자음군이

<hr>

46) 이 단락의 내용은 潘悟雲(2000:308-315)을 요약한 것이다.
47) 정장 상팡은 邪모와 俟모의 상고음을 각각 *sɦl, *sɦr로 재구했고, 판 우윈은 각각 *sɢ(l)-)sɦ-와 *sɢr-)*sɦr로 재구했다.

파찰음인 *ts-로 음의 위치가 바뀌었기 때문이라고 보는데, 판 우원(2000:306)은 쓰추안성四川省의 일부 티베트족 주민이 사용하는 언어인 扎語(扎貝語)에서 ʂtʂə(별)라는 어휘의 변화 과정을 살펴보고 실제 변화 과정은 단순한 음 위치音位 바꿈이 아닌 sT-〉sTʂ-〉Tʂ-라고 밝히고, 扎語에서는 앞에 있는 ʂ의 마찰음 성분이 뒤에 나오는 t를 파찰음 tʂ로 변화시킨 후 소실되었다고 덧붙였다.

그러나 精계가 마찰음 心모 *s-에 파열음이 결합된 복성모 음절에서 생긴 것인지는 더 검증되어야 한다. 티베트어로 船이 gru인데, 티베트의 수도인 라싸어로는 tʂu이고, 미얀마어로 鷄가 krak인데 수도인 양곤 말로는 tɕeʔ이다. 五는 苗語의 高坡방언으로 pla인데 先進방언으로 tʂi이고, 鼠는 高坡방언으로 plu인데 先進방언으로 tʂua이다(楊劍橋 1998:162). 船, 鼠는 章계자이다. 아마 주변 국가의 언어에 보이는 이 같은 음운현상으로 인해 리 팡꾸이가 설근음 글자들과 성부가 같은 章계와 知계 3등자에 똑같이 *-rj-개음을 설정했을 것이다. 위의 어휘들로부터 gr-〉tʂ-, kr-〉tɕ-, pl-〉tʂ- 등의 음운변화 과정을 추정할 수 있다. 이러한 변화가 가능하다면 精계 역시 *Cr-, Cl-에서 변화했을 수 있다.

리 루룽(李如龍 1996:111-112)은 31개의 來모자가 민 서북방언에서 s 또는 ʃ로 읽히는 사례를 정리해 놓았다. 다음에 일부를 옮겨 본다.[48) 성조 표기는 생략했다.

---

48) 자세한 것은 리 루룽의 「閩西北方言"來"母字讀s-的硏究」『方言與音韻論集』을 참조하라.

표 1-34 민 서북방언에서 來모 글자의 독음

예자	永安	沙縣	明溪	將樂	泰寧	邵武	崇安	建陽	建甌	政和	松溪
籮	suɒ	sua	—	ʃai	sai	sai	syai	sue	suɛ	suɛ	sua
螺	sue	sue	sue	ʃyæ	suai	soi	suəi	sui	so	suɛ	sue
膔	sue	sue	sue	×	suai	soi	suəi	sui	so	suɛ	sue
狸	ʃia	sai	×	ʃe	soi	sə	×	se	sɛ	se	syø
力	ʃia		sa	ʃa	soi	sə	sei?	se?	sɛ	sɛ,sa	syø
露	sɒu	su	sɤ	ʃo	so	so	su	so	su	su	sɒu
老	×	×	×	×	×	sa	siəu	seu	se	sɛ	sa
籃	sõ	sɔ̃	saŋ	ʃaŋ	ɲaŋ	san	ɲaŋ	saŋ	saŋ	saŋ	saŋ
卵	sum	suĩ	sõ	ʃyɛ̃	suan	son	suiŋ	suŋ	sɔŋ	sauŋ	suɛiŋ
鱗	ʃĩ	sõi	sɛ̃	ʃɛ̃	suan	sɛn	ɲaiŋ	saiŋ	saiŋ	saiŋ	ɲaŋ
郎	×	×	×	×	×	—	ɲɔŋ	sɔŋ	sɔŋ	sauŋ	saŋ
兩	×	×	×	×	×	×	sɔŋ	sɔŋ	sɔŋ	sauŋ	saŋ
聾	saŋ	sɔuŋ	sɤŋ	ʃuŋ	suŋ	suŋ	sɛŋ	soŋ	sɔŋ	sɔŋ	soŋ
笠	ʃye	sai	sa	ʃia	soi	sɛn	sie?	se?	sɛ	sɛ	syø

　—는 다른 글자가 쓰이고 있음을 의미하고, ×는 s-가 아닌 l-로 읽힌다는 뜻이다. 빈칸으로 되어 있는 것은 조사가 미진하여 누락된 것이다. 중고음으로는 성모가 l과 s로 나뉜 조건을 알 수 없으므로 학자들은 이 글자들의 상고 성모가 *kr-였을 것으로 추정했다. 꾸앙시廣西 全州瑤語로는 路가 kla이지만 베트남어로는 sa이므로 마스페로는 베트남어의 s는 *Cr-에서 *Cr-〉*lh-〉s의 변화과정을 거쳐 생성되었다고 보았다(楊劍橋 1998:164). 來母자가 설첨전음으로 읽히는 것은 민閩 서북방언에만 국한된 것은 아니다. 민난閩南 방언인 취앤조우泉州어에서는 淚, 瀨, 瘻의 성모가 s-이고 후난湖南 와시앙瓦鄉어에서는 來, 梨, 漏의 성모가 z-이며 聾, 留, 兩의 성모는 파찰음 ts-이다. 또 베트남어에서는 力은 suc, 蓮은 sen, 六은 sau이다.

앞에서 見계와 해성 현상을 보이는 端계 글자들에 대해서 *kr-)t-로의 변화 과정을 가정했고 知章계 글자들에 대해서는 *krj-)t- 또는 *kj-)ʨ-로의 변화 과정을 가정했다. 양 지앤챠오는 민 방언과 후난 방언의 예를 들어 *kr-)s-, *pr-)s-, *gr-)z-, *br-)z- 등의 변화 과정을 설정했는데, 위에서 후난 와시앙어에서 靈, 留, 兩의 성모가 ts라고 하니 精계도 端계와 마찬가지로 결국 *Cr-에서 유래했을 가능성이 있다. 만일 그렇다면 *sC는 가정하지 않아도 되므로, *sC 복성모의 존재 여부는 확실히 더 연구되어야 한다.

이렇게 볼 때 상고 중국어에 확실히 존재했다고 볼 수 있는 복성모는 *Cr- 또는 *Cl-이 된다. 2등과 중뉴 3등자의 경우는 *Cr-, *Cl-에서 C가 남은 것이고 다른 등의 경우에는 *Cr-에서 r-이 남았고 소수만이 예외적으로 C가 남은 것으로 풀이할 수 있다. 그런데 보드만과 판 우윈의 지적대로 *Cr-, *Cl-로만 표기하면 r, l이 개음인지 성모의 하나인지 혼동할 수 있으므로 *Cr-, *Cl-로 표기할 경우에는 r, l은 개음이 아니라(r, l≠개음)는 단서를 달아야 한다. 또는 보드만과 판 우윈이 표기한 것처럼 파열음 성모 글자들과 성부가 같은 來모 글자들을 *C-r-이나 *C·r-로 표기할 수 있다. 판 우윈의 표기가 간편해서 본서에서는 판 우윈의 표기를 따른다. 예를 들면 파열음 성모 글자들과 성부가 같은 1등자 洛, 落을 *k·rak로 표기할 수 있다.

상고 중국어는 재구된 중고 중국어 음운체계에 근거하여 추론한 2차적인 음운체계이므로 오류가 생길 수밖에 없다. 다만 이 같은 변화가 발생했다면 그것은 상고 중국어의 이른 시기에 진행되어 완성되었다고 할 수 있다. 상고 중국어 자료에 이미 精계 글자들이 존재하기 때문이다.

8. 재구된 성모체계

리 팡꾸이가 재구한 복성모를 제외한 상고 중국어 성모체계이다.

표 1-35 상고 중국어 성모

조음방식 / 조음위치	파열/파찰음			공명음		유음	
	무성/무기	무성/유기	유성음	무성음	유성음	무성음	유성음
순 음	p	pʰ	b	hm	m		
설 첨 음	t	tʰ	d	hn	n	hl, hr	l, r
설첨파찰음	ts	tsʰ	dz			s	
설 근 음	k	kʰ	g	hŋ	ŋ		
후 음	ʔ					(h)	
원순설근음	kʷ	kʰʷ	gʷ	hŋʷ	ŋʷ		
원순후음	ʔʷ					(hʷ)	

위의 성모체계에서 지금까지 살펴본 내용과 다른 점은 첫째, 본서에서는 괄호 안에 표기된 성모인 曉모가 리 신쿠이의 견해대로 위진 이후에 見계에서 분리되어 나왔다고 보았다. 둘째, 리 팡꾸이는 來모를 *l, 以모를 r로 재구했으나 본서에서는 來모의 음가를 *r-, 以모의 음가를 *l-로 보았다.

여기에 어두자음군 *kr-, *pr- 등의 *Cr-, *Cl- 유형이 존재했던 것으로 보이며, 以모에서 邪모가 생겨났다. 치두음에서는 정치음 莊계가 분리되어 나왔고 정치음 章계는 설음과 설근음 見계에서 각각 분리되어 나왔다. 또 설두음 端계에서 설상음 知계가 분리되어 나왔다. 『절운』보다 조금 이른 『경전석문』에는 邪모가 없고 아직 설상음도 없다. 그렇지만 정치음 照2계와 照3계의 여덟 개 성모 莊, 初, 崇(俟), 生, 章, 昌, 船(禪), 書모는 이미 형성되어 있었다(김현정 2001:

74).

리 팡꾸이의 상고음 체계에서 h는 비음과 유음 성모가 무성음임을 나타내는 자음성 접두사로 쓰였지만 동시에 曉모의 재구음으로도 쓰였다. 본서에서는 曉모가 한대까지는 파열음으로 읽혔다고 본다. 공명음 앞의 h의 음가는 파열음 見계, 특히 溪모의 음에 가까웠을 것으로 추정된다. 무성의 순음 성모 *hm-가 曉모와 明모로 갈라졌지만, 曉모자 다수가 見계 글자와 해성 현상을 보이는 것도 이 같은 추정을 뒷받침한다.

제2절 운모체계

중국어의 음절에서 운모韻母는 성모聲母를 제외한 나머지 부분으로 개음介音, 주요모음, 운미韻尾로 구성된다. 이 가운데 먼저 상고 중국어의 개음에 대해 살펴본다.

1. 개음

근대 중국어에서는 운모를 개음의 유무와 종류에 따라 네 종류로 분류한다. 개음이 없는 운모는 개구호開口呼, 개음이 [i]인 운모는 제치호齊齒呼, 개음이 [u]인 운모는 합구호合口呼, 개음이 [y]인 운모는 촬구호撮口呼로 분류된다. 예를 들어 근대음이 kiən인 斤은 제치호, uən인 文은 합구호, yən인 雲은 촬구호이다. 중고 중국어로 거슬러 올라가면 크게 개구호와 합구호의 이호二呼로 분류된다. 근대 중국어의 사호四呼는 중고 중국어의 개구開口 1, 2등等이 합류하여 개구호로, 개구 3, 4등이 합류하여 제치호가 된 것이며, 합구合口 1, 2등이 합류하여 합구호로, 합구 3, 4등이 합류하여 촬구호가 된 것이다. 그러므로 중고 중국어에서 운모는 개구 1, 2, 3, 4등과 합구 1, 2, 3, 4등으로 분류되었다. 상고 중국어에도 이 같은 등의 차이가 있었던 것으로 보인다. 다만 등에 따라 개음이 중고음과는 조금 달랐던 것으로 추정된다. 가장 두드러진 차이는 2등 운모에서 볼 수 있다. 합구 운모를 제외하고 중고 중국어의 2등 운모에는 개음이 없었는데, 상고 중국어의 2등 운모에는 개음이 있었던 것으로 추정된다. 또 상고 중국어에서 중뉴 3등자의 개음도 중고음과 차이가 있었던 것으로 보인다. 반면 4등 개음은 왕 리(王力 1980)와 리 팡꾸이(李方桂 1982), 똥 통허(董同龢 1968) 모두 중고음과 상고음을 똑같이 -i-로 재구하였는데, 본서에서도 4등 개음은 -i-로 본다.

(1) 2등 개음의 변화와 소실

판 우윈(潘悟雲 2000:289)에 의하면 상고 중국어 2등운에 가장 먼저 개음을 재구한 학자는 왕 리이다. 왕 리 이전의 학자들, 예를 들면 칼그렌과 똥 통허는 2등자가 상고 중국어에서 다른 등의 글자와는 주요모음이 달랐기 때문에 분리된 것으로 보았다.[49] 왕 리(1980)는 상고중국어에서 2등자가 개음을 지니고 있었기 때문에 다른 등의 글자들과 분리된 것으로 보고, 개구 2등자에는 -e- 개음을, 합구 2등자에는 -o- 개음을 재구했다.[50] 앞장의 성모체계에서 밝혔듯이

----

49) 똥 통허(董同龢 1968:271-286)는 상고 중국어에서 a 모음을 갖는 운부, 예를 들면 祭운부와 元운부 등의 주요모음을 1등은 *ɑ, 2등 *a, 3등 *ja, *jæ, 4등 *iæ로 재구했다.

본서에서는 리 팡꾸이(1982)의 학설대로 상고 중국어에 합구 개음은 없었고, 합구 개음은 순음과 원순설근음 성모에서 기원하여 설첨운미를 가진 글자들에까지 확산되었다고 본다. 따라서 합구 개음은 논외로 하고 왕 리가 재구한 나머지 2등자의 상고 시기 개음 *-e-가 적절한 것인지 살펴본다.[51]

현재 학계에서는 대체로 2등운에 모음 개음이 아닌 유음 개음이 존재했다고 보고 있다. 2등자에 유음 개음을 가장 먼저 재구한 학자는 야혼토프(Yakhontov)이다.[52] 그는 다음과 같은 여러 가지 이유에서 2등자에 *-l-개음을 재구했다.

첫째, 2등자에는 來모자가 거의 없다. 앞에서 언급했듯이 야혼토프는 똥 통허의 『상고음운표上古音韻表』에서 단지 세 개의 글자만이 2등의 來모자로 이 가운데 泠만이 상용자였다고 밝혔다.

둘째, 藍과 監처럼 來모 글자는 다른 성모의 2등자와 성부가 같다. 예로 洛/格, 麗/曬, 來/麥, 里/埋, 練/諫, 廖/膠, 綠/剝 등을 들 수 있다.

셋째, 鬲이 k-, l-로 읽히는 것처럼 성모가 來모가 아닌 2등자 가운데 l-성모로도 읽히는 글자들이 있다. 疑모자인 樂도 l-성모로도 읽힌다.

넷째, 친족어 가운데 2등자에 -l- 또는 -r-개음을 가진 글자들이 있다. 예를 들면 馬는 미얀마어로 mraŋ, 江은 타이어로 kʰloŋ, 甲은

....

50) 왕 리가 재구한 상고음에 따르면 상고중국어 幽운부는 1등 *əu, 2등 *eəu, 3등 *ĭəu, 4등 *iəu로 분류되고, 宵운부는 1등 *au, 2등 *eau, 3등 *ĭau, 4등 *iau로 분류된다.
51) 2등 개음에 관한 이하 내용은 김태경(2013)의 내용을 수정하고 첨삭한 것임을 밝혀 둔다.
52) 야혼토프雅洪托夫 1960. 「上古漢語的複輔音聲母」『漢語史論文集』北京大學出版社 1986. 楊劍橋(1998:64)에서 재인용.

티베트어로 kʰrab이다.

야혼토프는 이 같은 사실을 2등자들에 유음 개음이 있었음을 보여 주는 증거로 보았다. 앞에서 喩모 4등인 以모를 *l-로 재구하면서 이미 2등 개음으로 *-r-을 재구하는 추세임을 언급했다. 나중에 야혼토프도 2등 개음이 *-r-이라는 설을 받아들였다(潘悟雲 2000:290). 전술한 대로 리 팡꾸이(1982)도 2등자의 상고음 개음을 *-r-로 재구하였는데, 리 팡꾸이(1982:15)는 위진魏晉 이후에서 『절운切韻』 이전에 발생한 端계와 精계의 권설음화를 설명하기 위해 개음 *-r-을 재구하였다.

$$*tr-, \quad *t^hr-, \quad *dr-, \quad *nr- \rangle \quad t-, \quad t^h-, \quad \d-, \quad \eta-$$
$$*tsr-, \quad *ts^hr-, \quad *dzr-, \quad *sr- \rangle \quad t\textrm{ʂ}-, \quad ts^h-, \quad d\textrm{ʐ}-, \quad \textrm{ʂ}-$$

윗줄은 端, 透, 定, 泥모에 개음 -r-이 작용하여 설상음 知, 徹, 澄, 娘모가 된 것을 의미한다. 아랫줄은 精, 淸, 從, 心모에 개음 -r-이 작용하여 莊, 初, 崇, 生모가 된 것을 의미한다.

그렇다면 -r-개음은 언제 소실된 것인가? 판 우윈(2000:289)은 왕 리가 2등 개음이 *-e라는 가설을 제시한 것은 巧의 베트남한자음을 참조한 것으로 보았다. 판 우윈은 巧의 고대 베트남한자음 kheo에서 e에 대응되는 중국어 성분은 개음이 아닌 주요모음이라고 언급하고 왕 리가 제시한 2등 개음 *-e-설을 일축했지만, 본서에서는 왕 리가 2등 개음으로 -e-를 제시한 것이 오류라고는 보지 않는다. 2등자는 상고중국어 시기 -r-개음을 가졌다가 -r- 개음이 소실되는 과정에서 먼저 모음 개음인 -e-로 변했고, 이후 소실되어 중고 중국어 시기에는 없었다고 볼 수 있는 근거를 고대 베트남한자음뿐 아니라 일본한자음 오음吳音과 한국한자음에서 찾을 수 있기 때문이다.

리 팡꾸이가 상고 중국어에 합구 개음이 없었다고 본 것과 달리, 왕 리는 합구 2등자에 *-o-개음을 재구했다. 그러나 합구 2등자의 오음과 한음漢音은 의미 있는 차이를 보이지 않고 있어 합구 개음이 없었다는 리 팡꾸이의 추론에 부합하는 양상을 보인다. 반면 개구 2등자의 오음과 한음은 뚜렷이 대립된다. 시기적으로 이른 오음에 개음 -i-가 있거나 주요모음이 -e-인 것을 江섭을 제외한 모든 운섭韻 攝에서 확인할 수 있었다.53) 8세기 당대唐代 음을 반영하는 한음에 는 2등 개음이 전혀 없다. 그렇지만 오음의 경우 대부분의 2등자들 이 개음을 지니고 있다.

假섭 2등자의 한국한자음은 果섭 개구 1등자와 같은데, 일본한자 음의 경우 다음의 표에서 볼 수 있듯이 한음과 오음이 다르다. 괄호 안은 보기 쉽게 가타가나를 한글로 옮겨 적은 것이다. 일본한자음은 이경철(2006)에서 인용했다.

표 2-1 假섭 2등자의 일본한자음

성모	한자	한음	오음
見	家假價架嫁	カ(카)	ケ(케)
見	加	カ(카)	
疑	芽雅	ガ(가)	ゲ(게)
影	亞	ア(아)	エ(에)

----

53) 江섭 글자들의 일본한자음은 宕섭 1등자들의 음과 같으며, 운모에 있어 한 음과 오음이 차이를 보이지 않는다. 다만 간혹 성모가 유성음인가 무성음인 가의 차이를 보이기도 한다. 예를 들면 項의 한음은 コウ (코우)인데, 오음 은 ゴウ (고우)이다.

성모	한자	한음	오음
匣	下夏	カ(카)	ゲ(게)
幇	把	ハ(하)	
明	馬	ベ(베)	メ(메)
透	他	タ(타)	
澄	茶	チャ(챠)	ダ(다)
莊	詐	サ(사)	シャ(샤)
初	差	サ(사)	シャ(샤)

疑모가 일본한자음에서는 한음이든 오음이든 羣모 g-로 실현된 것이 눈에 띈다. 한음과 오음이 차이를 보이지 않는 加, 他, 把와 茶를 제외하고 한음의 주요모음은 a로 실현되었고, 오음의 주요모음은 e로 실현되었다. 그러나 詐, 差 등의 치음齒音 성모를 가진 글자들의 오음은 -i-개음을 지닌 ia로 실현되었다.

蟹섭의 글자들은 한음과 오음이 대체로 ai로 실현되었지만 e로 실현된 글자들도 보인다.

표 2-2 蟹섭 2등자의 일본한자음

성모	한자	한음	오음
見	介	カイ(카이)	ケ(케)
見	戒界階皆	カイ(카이)	
匣	械	カイ(카이)	ガイ(가이)
匣	解	カイ(카이)	ゲ(게)
莊	債	サイ(사이)	

山섭의 2등에는 刪운과 山운이 있는데, 일본한자음에서는 刪운자와 山운자가 똑같이 실현되었다. 刪운만 옮겨 본다.

표 2-3 山섭 刪운자의 일본한자음

성모	한자	한음	오음
疑	顔	ガン(간)	ゲン(겐)
幇	班版	ハン(한)	ヘン(헨)
莊	札	サツ(사츠)	セツ(세츠)
初	察	サツ(사츠)	セツ(세츠)

山섭 2등자 역시 한음의 주요모음은 a로 실현되었고 오음은 e로 실현되었다. 왕 리는 山섭 2등자의 상고음을 *ean으로 재구했는데, 오음과 유사하다.

咸섭에도 2등운은 咸운과 銜운 두 운이 존재한다. 두 운의 일본한자음은 한음과 오음이 모두 똑같이 실현되었다. 한음의 주요모음은 a로, 오음은 e로 실현되었다. 왕 리가 재구한 咸섭 2등자의 상고음 운모는 *eam인데, 받침 ㅁ이 ㄴ으로 실현되어 입성자를 제외하면 山섭의 글자들과 독음이 같다. 또한 -p 입성자의 오음에 -i-개음이 존재하는 것을 볼 수 있다. 咸운자를 옮겨 보면 다음과 같다.

표 2-4 咸섭 咸운자의 일본한자음

성모	한자	한음	오음
見	減	カン(칸)	ケン(켄)
匣	陷	カン(칸)	ゲン(겐)
匣	峽狹	コウ(코우)	ギョウ(교우)
初	挿	ソウ(소우)	ショウ(쇼우)

다른 운섭의 경우 2등 개음이 오음에서 -i-로 실현되었다. 效섭 2등자의 한음과 오음을 인용하면 다음과 같다.

표 2-5 效섭 2등자의 일본한자음

성모	한자	한음	오음
見	交郊絞敎校	コウ (코우)	キョウ (쿄우)
溪	巧	コウ (코우)	キョウ (쿄우)
曉	孝	コウ (코우)	キョウ (쿄우)
匣	效	コウ (코우)	ギョウ (교우)
幫	包胞飽	ホウ (호우)	ヒョウ (효우)
滂	泡	ホウ (호우)	ヒョウ (효우)
崇	巢	ソウ (소우)	ジョウ (죠우)

효섭 2등자의 중고 중국어 시기 주요모음과 운미는 au이다. 위에서 볼 수 있듯이 效섭 2등자의 한음에는 -i-개음이 없고 오음에는 -i-개음이 존재한다. 效섭 1등자의 경우 중고음 재구음은 au인데, 오음이든 한음이든 모두 -i-개음이 없다. 또 3, 4등자의 경우에는 한음과 오음이 모두 -i-개음을 갖는다. 2등운 글자들만이 한음의 경우에는 -i-개음이 없고, 오음은 -i-개음을 갖는다.

梗섭 2등에는 庚운과 耕운이 포함되는데, 최영애(2000)는 庚운의 주요모음은 a로, 耕운의 주요모음은 ɐ로 재구했다. 왕 리는 庚운의 주요모음은 ɐ, 耕운의 주요모음은 æ로 재구했다. 庚운과 耕운의 일본한자음은 똑같이 실현되었는데, 效섭과 같은 양상을 보인다. 庚운의 한자음을 소개하면 다음과 같다.

표 2-6 庚운자의 일본한자음

성모	한자	한음	오음
見	更	コウ (코우)	キョウ (쿄우)
溪	坑	コウ (코우)	キョウ (쿄우)

성모	한자	한음	오음
匣	衡	コウ (코우)	ギョウ (교우)
來	冷	レイ (레이)	リョウ (료우)
生	生牲	セイ (세이)	ショウ (쇼우)
見	格	カク (카쿠)	キャク (캬쿠)
溪	客	カク (카쿠)	キャク (캬쿠)
疑	額	ガク (가쿠)	ギャク (갸쿠)

위에서 볼 수 있듯이 梗섭 2등자들의 일본한자음도 效섭 2등자들과 같이 한음에는 -i-개음이 없고 오음에는 예외 없이 -i-개음이 존재한다. 입성자들도 마찬가지로 한음에는 -i-개음이 없고 오음에는 -i-개음이 존재한다. 일본한자음은 한국한자음과 달리 운미의 실현이 다소 불분명하다. 모음 -u가 운미인 效섭자와 자음 -ŋ이 운미인 梗섭자, 자음 -p가 운미인 咸섭자의 발음이 똑같이 실현된 것이 눈에 띈다. 일본어에는 받침이 제한되어 있어 -ŋ 운미와 -p운미가 조음위치가 후설로 비슷한 u모음으로 실현된 것으로 풀이된다.

일본한자음만큼은 아니지만 한국한자음에서도 2등 개구자에서 개음을 찾아볼 수 있다. 다음은 效섭 2등자의 한국한자음이다. 비교할 수 있도록 중고 중국어음과 함께 수록했다. 한국한자음은 조선 정조 때 출간된 『전운옥편』을 참조했다.

표 2-7 效섭 2등자의 한국한자음[54]

성모	한자	중고음	한국한자음
見	交敎絞校	kau	교
溪	敲	kʰau	교正고
溪	巧	kʰau	교
疑	咬齩	ŋau	교
曉	孝哮	xau	효
匣	肴	ɣau	효
初(照二)	抄訬鈔	tʃʰau	쵸
知	嘲	tau	죠
崇	巢	ʤau	쵸正소
生	梢	ʃau	쇼正쵸
生	稍	ʃau	쇼
泥	鬧撓	nau	뇨
幫	包	pau	포
滂	泡抛	pʰau	포
明	貓猫	mau/mǐɐu	묘
明	卯昴	mau	묘
明	貌	mau	모

效섭 1등자들은 한국한자음에서 예외 없이 'ㅗ'모음으로 실현되었고, 3등과 4등자들은 예외 없이 'ㅛ'모음으로 실현되었다. 2등자의 경우 일부 순음자만이 'ㅗ'모음으로 읽혔고 나머지는 'ㅛ'모음으로 실현되었다. '교正고', '쵸正소', '쇼正쵸' 등이 의미하는 것은 왼쪽 음이 정음인데, 당시 속음인 오른쪽 음으로 읽혔다는 뜻이다. 물론 溪모자 敲와 崇모자 巢도 당시 속음으로는 'ㅗ'모음으로 실현된 것이

54) 표는 김태경(2013:49-50)에서 轉載.

눈에 띈다. 皷의 경우 원래 음대로 '교'로 읽히다가 성부인 高의 한국한자음의 영향을 받아 '고'로 유추되어 읽히기 시작한 것으로 보인다. 그러나 2등자들은 거의 대부분 'ㅛ' 모음으로 실현되었다. 2등자의 중고음 재구음은 au로 -i-개음이 없으므로 이 글자들은 'ㅗ'로 실현되었어야 한다.[55] 위의 결과는 2등운 글자들의 한국한자음이 중고음 재구음과는 맞지 않음을 보여 준다. au는 1등운 글자들의 중고음 재구음 ɑu와 음성학적으로 가깝고, 3, 4등운의 재구음인 ĭɛu, ieu 와는 차이가 크다. 따라서 2등운 글자들이 -i-개음이 들어간 이중모음 'ㅛ'로 실현된 것은 중고음에 의한 것이 아닌 것으로 보인다.

效섭 외에 梗섭 2등자의 한자음에도 -i- 개음이 남아 있다. 梗섭 2등은 庚운과 耕운으로 구성되어 있다. 한국한자음에서 庚운자는 '잉' 또는 '영'이 비슷한 빈도로 실현되었고, 耕운자는 주로 '잉'으로 실현되었는데, '영'으로 실현된 글자들도 더러 보인다.

庚 경	阬 킹	亨 형	衡 형
根 징正경	生省 싱	省 셩	冷 링
烹 핑	孟猛 밍	格 격	客 킥
耕耿 경	牼 깅正경	爭諍 징	抨 평

---

55) 交의 한국한자음이 '고'가 아닌 '교'인 것은 13세기 이후 후음喉音과 아음牙音 성모를 가진 2등 글자들에 -i- 개음이 생긴 음운 변화를 반영한 것이 아니냐는 질문을 여러 차례 받은 적이 있다. 만일 그렇다면 다른 모든 한자들의 한국한자음이 7~8세기 중고음을 반영하는데, 效섭과 梗섭 한자들의 음만 13세기 이후의 음을 반영하는 것은 어떻게 설명할 것이며, 후음과 아음 성모가 아닌 다른 2등운 글자들이 'ㅛ'모음으로 실현된 것은 어떻게 설명할 것인가? 후아음 개구 2등자에 -i-개음이 생긴 음운변화는 1297년 간행된 운서인 『古今韻會擧要』에 반영되어 있다.

입성자入聲字도 마찬가지이다. 客은 '긱', 格은 '격' 등으로 주로 '익', '역'으로 실현되었다. 그런데 梗섭 2등자의 재구음에 -i- 개음이 없었으므로 '경', '격' 등의 음은 중고음과 맞지 않는다. 역시 效섭 2등자의 한국한자음과 마찬가지로 2등자에 개음이 존재했음을 보여주는 증거로 보인다.

咸섭 2등의 입성자 가운데에도 -i- 개음을 가진 글자들이 보인다. 匣, 狎처럼 대부분의 2등 입성자의 중성이 'ㅏ'로 실현되었지만 狹, 峽 등의 중성은 'ㅕ'로 실현되었다.

일본 오음과 마찬가지로 效섭과 梗섭 2등자의 한국한자음에 -i-개음이 남아있는 것은 매우 늦은 시기의 상고음 흔적으로 보인다. 왕리가 재구한 效섭 2등자의 상고음 운모 *eau는 확실히 한국한자음에서 'ㅗ'보다는 'ㅛ'로 실현될 가능성이 크다.

사오 룽펀邵榮芬은 「古韻幽宵兩部在後漢時期的演變」(1997:127)이라는 논문에서 상고중국어에서 幽운부와 宵운부에 속한 운들이 후한後漢에서 『절운』까지 다음과 같은 음운변화를 겪었다고 추정했다.

豪   *au〉ɑu
肴   *2au〉au
宵三   *iau〉iæu
宵四   *jau〉jæu
蕭   *æu〉ɛu

사오 룽펀은 "1등은 개음이 없고, 3등 宵운 가운데 중뉴重紐의 개음은 -i-, -j-로 『절운』에서와 같다고 볼 수 있다. 2등에도 개음이 있다고 가정할 수 있지만 여기서는 그 개음이 무엇인지 잠시 확정하지 않겠다"고 언급했다. 사오 롱펀은 후한에서『절운』까지 중뉴운의 개음도 중고음과 같다고 보았다. 그는 2등 개음이 무엇인지 구체적으로 언급하지 않았지만 후한 이후『절운』이전에 2등운에 개음이 존재했다는 것에 대해서는 긍정하고 있음을 알 수 있다.

왕 리는 상고 중국어의 2등운 개음을 *-e-로 재구하면서 별다른 근거를 제시하지 않았다. 앞에서 밝힌 대로 판 우윈(2000:289)은 왕 리가 개구 2등자에 -e- 개음을 재구한 것은 巧의 고대 베트남한자음이 kheo인 것을 참조한 것이라고 밝혔지만, 巧의 고대 베트남한자음만으로 상고음 개음을 -e-로 재구하지는 않았을 것이다. 위에서 살펴본 2등자들의 오음과 한국한자음에 따르면 당시 2등운 개음은 -e-로도 -i-로도, 반모음 -j-로도 해석될 수 있다. 운모 -eau나 -iau는 모두 한국한자음에서 단음절로 실현될 때 'ㅛ'로 실현될 가능성이 크다. 한편 假섭 2등자의 운모가 오음에서 'ㅑ'가 아닌 'ㅔ'로 실현된 것은 2등의 개음이 왕 리가 재구한 -e-에 가까웠을 것이라고 추정하게 한다. -ia라면 'ㅑ'로 실현되었겠지만 'ㅔ'로 실현된 것으로 보아 假섭 2등의 운모가 당시 *-ea였을 가능성이 높아 보인다. 山섭 2등의 운모 *-ean도 '엔'으로 실현되었을 가능성이 높다.

사오 롱펀은 2등자의 개음을 구체적으로 제시하지는 않지만, 고대 베트남한자음이나 일본한자음 오음을 참조하면 당시 2등 개음은 *-r-에서 *-e-로 바뀌었을 가능성이 높다. 앞에 제시된 사오 롱펀의 재구음을 살펴보면, 2등 개음이 -i-, -j-일 경우 2등운은 3등 또는 중뉴 4등의 운모와 같아진다. 그렇다면 중고 중국어에서 2등과 3등의 음이 같아야 하는데, 실제로는 이미 달라져 있으므로 2등 개음은 -i-, -j-와는 달랐을 것이다. -i-, -j-는 중고 중국어에서 3등이나 중뉴운의 개음으로도 표기되므로 다른 확실한 증거가 제시될 때까지 -e-로 정하는 것도 괜찮을 것이다.

판 우윈(2000:297)은 2등자의 주요모음이 나중에 전설모음이 된 것은 개음이 있었기 때문이라고 보고 2등자의 개음 *-r-이 ɯ로 변했기 때문이라고 주장했다. ɯ는 원순모음 u에 대응되는 후설의 평순 고모음으로 조음위치가 *-r-개음보다 후설이다. 후설의 개음이 주요모음을 전설모음이 되도록 영향을 미쳤다고 보기는 어렵다. 『절운』에서 2등운이 있는 운섭은 江섭, 蟹섭, 山섭, 效섭, 假섭, 梗섭, 咸섭이다. 리 팡꾸이(1982)의 재구음에 따르면, 이 가운데 상고 중국어에서 주요모음이 후설인 운섭은 江섭뿐이고, 假섭, 山섭, 咸섭 글자들의 주요모음은 a, 效섭 글자들 일부는 a, 일부는 ə였다. 蟹섭의 글자들은 a 또는 i였고 梗섭은 i였다. 판 우윈은 2등운 글자들이 개음의 영향으로 주요모음이 전설모음 a가 되었다고 했지만, 2등운 글자들 대부분은 상고 중국어에서 원래 주요모음이 전설모음이었고, 특히 대부분 a였다. 앞에서 江섭을 제외한 개구 2등자의 오음에서 개음 -i-가 있거나 주요모음이 e로 실현된 것을 알 수 있었는데, 江섭의 후설 모음 o 앞에서 개음 -r-이 다른 2등운에서와 마찬가지로 -e-로 변했는지는 확언할 수 없지만 -e-로 변했다 하더라도 가장 먼저 소실되었던 것은 분명하다. 살펴본 대로 江섭만 제외하고 모든 운섭의 오음에 개음 -i-가 있거나 또는 이 운섭들의 주요모음이 e이기 때문이다.

2등운 개음 *-r-⟩*-e-로의 변화는 일본한자음 오음을 참조하면 어느 한 운섭에만 국한된 변화는 결코 아니다. 아마도 전한前漢에서 후한 시기에 규모가 큰 음운변화가 발생하여 음운체계에 통합과 조정이 이루어졌던 것으로 보인다. 다만 후한은 상고음 말기에 속하므로 왕 리가 재구한 상고중국어 2등 개음 *-e는 시기적으로 매우 늦은 시기의 상고음을 나타낸 것이다. 이 2등자의 개음은 『절운』에 반영되지 않았으므로 『절운』 전에는 이 개음이 소실된 것으로 보인다.

따라서 상고 중국어의 2등운 개음의 변화에 대해 음성학적으로 다음과 같이 풀이할 수 있다. -r의 조음 위치를 변별 자질로 나타내면 [+high], [-low]이다. 그런데 2등운의 주요모음인 a는 [-high], [+low]이다. 또한 r은 자음성, 즉 [+consonant]이지만 a는 자음이 아닌 모음이므로 [-consonant]이다. 그러므로 -r은 a의 [+low] 및 [-consonant] 자질의 영향을 받아 조음 위치가 [-high], [-low]이고 [-consonant]인 -e로 변화하였다.

지금까지의 고찰을 토대로 다음과 같이 추정한다. 상고중국어 2등자의 개음 *-r-이 주요모음이 전설 저모음인 운섭에서 주요모음 a의 영향을 받아 후한 이후 *-e로 변화했고, 이 변화는 모든 운섭의 2등운에 영향을 미쳤다. 그러나 곧 *-e- 개음은 주요모음이 후설인 운섭부터 순차적으로 탈락해 效섭을 마지막으로 『절운』 전에는 소실된 것으로 보인다. *-r- 개음은 *-e- 개음으로 변하기 전에 순음, 설근음을 제외한 앞의 성모를 권설음이 되게 한 후 소실된 것으로 추정되는데, 그 이유는 예를 들면 2등의 순음 성모 글자인 麥에는 별다른 영향을 미치지 못했지만, 치음 성모 글자인 曬는 *-r- 개음으로 인해 권설음이 되었기 때문이다.

(2) 중뉴 3등 개음
중고 중국어음을 재구할 때 우리는 각 글자들이 운도의 어느 등等

에 배열되어 있는지를 우선적으로 살펴보는데, 각 글자의 운모를 재구할 때 등이 결정적인 단서를 제공하기 때문이다. 운도에서 등은 1등부터 4등까지 네 등으로 나뉘는데, 1, 2, 4등운으로 분류되는 글자들과는 달리 3등운으로 분류되는 글자들은 대단히 복잡한 양상을 띤다.

리 신쿠이(李新魁 1999:50-51)는 3등운을 다음과 같이 일목요연하게 세 부류로 정리했다. 첫 번째 부류는 순음, 아음, 후음 성모 글자들만으로 이루어진 운이다. 微, 廢, 殷, 文, 元, 嚴, 凡운이 이 부류에 속한다. 이 운들의 순음 성모 글자들은 후에 순치음이 되었다. 순純3등운이라고도 불린다.

두 번째 부류는 중뉴重紐를 가진 운으로, 순음, 아음, 후음 성모 글자들 외에 설음, 치음의 글자들도 갖춘 운이다. 중뉴란 성모가 순음, 아음, 후음인 글자들의 반절하자가 개구, 합구의 차이가 아닌데도 두 운류로 나뉘는 현상을 이른다. 두 운류로 나뉜 순음, 아음, 후음 성모의 글자들은 각각 3등과 4등에 나뉘어 배열되고 설음과 치음의 글자들은 3등에 배열된다. 3등에 배열된 순음, 아음, 후음 성모 글자들이 중뉴 3등에 속하고, 4등에 배열된 순음, 아음, 후음 성모 글자들이 중뉴 4등자이다. 支, 脂, 祭, 眞, 仙, 宵, 侵, 鹽운 외에 리 신쿠이는 尤운도 중뉴 운으로 분류했다. 조우 파까오周法高가 처음으로 중뉴 4등운을 중뉴 A류, 중뉴 3등운을 중뉴 B류로 칭한 이후 중뉴 A류, 중뉴 B류의 명칭도 널리 쓰이고 있다(최영애 2000:144). 중뉴 운에 속하는 순음 성모 글자들은 순치음이 되지 않았다.

세 번째 부류는 오음, 즉 순음, 설음, 아음, 치음, 후음 성모를 갖추었지만 중뉴가 없는 운이다. 예외의 경우를 제외하고 대체로 모든 성모의 글자들이 3등에 배열되어 있다. 東, 鐘, 之, 魚, 虞, 庶, 陽, 庚, 蒸, 淸, 幽, 戈운 등이 이 부류에 속한다. 보통 3등운이라고도 불린다. 보통 3등운의 순음 성모 글자들은 모두 순치음이 되었다.

청대淸代 천 리陳澧가 중뉴 현상을 발견한 이래 학자들은 중뉴 현상에 대해서 아직도 일치된 견해를 얻지 못했다. 심지어 왕 리(1984)는 『절운』에 보이는 이 중뉴 현상 자체를 인정하지 않았다. 그러나 중뉴 현상은 비슷한 시기에 출간된 쉬앤 잉玄應의 『일체경음의一切經音義』, 루 떠밍陸德明의 『경전석문經典釋文』(583), 앤 스꾸顔師古의 『한서주漢書注』(641)에도 나타난다(최영애 2000:141-142). 이제는 많은 학자들이 중뉴의 존재를 인정하고 있다. 다만 중뉴 3등운과 4등운이 나뉜 기준이 구체적으로 무엇인지에 대해서는 의견이 엇갈리고 있다.

리 신쿠이(1999:95)는 중뉴의 차이를 성모의 차이로 보고, 중뉴 3등이 중고 중국어 전前 시기에 순음화 성모(k^w-, p^w-, x^w-, $?^w$- 등)를 가졌다고 주장했다. 이 같은 견해는 왕 징루王靜如의 설을 부분적으로 수용한 것인데, 왕 징루는 중뉴 3등의 순·아·후음은 원순음으로 개음 I를 가지는 k^wI, p^wI인 반면, 중뉴 4등의 순·아·후음은 평순음으로 개음 -i-를 가지는 ki, pi라고 주장했다.[56] 즉, 왕 징루는 중뉴 3등과 중뉴 4등을 성모와 개음이 모두 다른 것으로 보았다.

실제로 베트남한자음에서는 중뉴 4등운의 순음자들의 성모가 설첨음이다. 베트남한자음에 발생한, 중뉴 4등 순음 성모 글자들의 음

....

56) 王靜如 1941. 「論開合口」 『燕京學報』 第29期, pp.143-192. 王靜如 1948. 「論古漢語之齶介音」 『燕京學報』 第35期, pp.51-94. 최영애(2000:145-146)에서 재인용.

변화에 관한 장 쿤(Chang Kun 1974)의 연구가 최영애(2000:141-2)에 인용되어 있다.[57] 소개하면 다음과 같다.

표 2-8

운	중뉴 3등		중뉴 4등	
支	皮	bi	牌	tỳ
脂	悲	bi	琵	ti
眞	彬	bân	賓	tân
	岷	mận	民	dân
	密	mât	必	tất
仙	弁	biẻn	便	tiên
	免	miên	緬	diển
	別	biệt	滅	diệt

　이 같은 현상에 대해 왕 징루는 중뉴 4등운의 순음 성모가 강한 구개음 개음에 동화되어 설첨음이 된 반면, 중뉴 3등운의 구개음 개음은 약해서 성모에 영향을 미치지 않은 것으로 풀이했다.[58] 이처럼 개음으로 인해 성모가 달라진 것이라면 중뉴 3등과 4등의 가장 큰 차이는 개음의 차이가 된다.

　실제로 학자들은 대체로 중뉴의 차이는 개음이 달라서 비롯된 것으로 보고, 『절운』에서 중뉴 운의 개음을 -i-, -j-로 재구한다. 리 롱李榮과 사오 롱펀도 중뉴의 차이를 개음의 차이로 보았다. 리 롱

57) Chang Kun 1974. "Ancient Chinese Phonology and the Ch'ieh-yün" *The Tsing Hua Journal of Chinese Studies*, New Series 10-2, p.66.
58) 王靜如 1948. 「論古漢語之顎介音」 『燕京學報』 第35期. 楊劍橋(1998:19-20)에서 재인용.

(1973:140-141)은 중뉴 4등의 순음, 아음, 후음 성모 글자들과 설음, 치음 성모 글자들을 한 운류로 보고 이 글자들의 개음은 -i-로, 중뉴 3등 순, 아, 후음 성모 글자들의 개음은 -j-로 재구했다. 그런데 사오 롱펀(1982)은 리 롱과는 상반되게 중뉴 4등 순, 아, 후음 성모 글자들이 -j- 개음을 가진 운류이고, 중뉴 3등 순, 아, 후음과 설음, 치음 성모 글자들이 개음 -i-를 가진 한 운류로 보았다.[59]

  이밖에 중뉴의 차이를 주요모음의 차이로 보는 학자들도 있다. 뚱 통허董同龢는 중뉴 3등운과 중뉴 4등운이 상고 중국어에서 서로 다른 운부에 속했음을 처음으로 밝히고 중뉴의 차이는 주요모음의 차이라고 보았다. 조우 파까오周法高도 중뉴의 차이는 주요모음의 차이로 보았다.[60] 최영애(2000:150-153)는 이를 다음과 같이 분석했다. 중뉴 4등자들은 전설모음을 가진 운부에서 유래했고, 중뉴 3등자들은 非전설모음을 가진 운부에서 유래했다. 예를 들어 支운의 상고음을 살펴보면, 佳운부에서 유래한 중뉴 4등자들의 재구음은 *-jeg이고 歌운부에서 유래한 중뉴 3등자들의 재구음은 *-ja이다. 眞운의 경우, 眞운부에서 유래한 중뉴 4등자들은 *-jen이고 文운부에서 유래한 중뉴 3등자들은 *-jən이다. 質운의 경우, 脂운부에서 유래한 중뉴 4등자들은 *-jet이고 微운부에서 유래한 중뉴 3등자들은 *-jət이다. 중고음의 중뉴는 상고음 모음의 [front] 자질의 자취로 볼 수 있

....

59) 邵榮芬 1982. 『切韻硏究』 北京: 中國社會科學. pp.70-80. 최영애(2000:147)에서 재인용.
60) 董同龢 1948. 「廣韻重紐試釋」 『歷史語言硏究所集刊』 第十三本, pp.1-20. 周法高 1948. 「廣韻重紐的硏究」 『歷史語言硏究所集刊』 第十三冊, pp.49-117. 최영애(2000:146-147)에서 재인용.

는데, 중뉴 4등의 [front] 자질이 한국한자음에는 개음 -j-로 나타났지만 [front] 자질이 없는 중뉴 3등자들은 개음이 없는 것으로 나타났다. 최영애는 중뉴의 차이가 한국한자음 자료에서 뚜렷이 대비되는 것은 유용하지만 정확한 음 표기라는 면에서는 자료적 한계성이 지적될 수밖에 없다고 평가했다. 다른 자료에서는 중뉴 3등에 -j-개음이 존재하기 때문이다. 그렇지만 이 같은 분석은 적어도 중뉴는 상고음의 흔적이라는 사실을 긍정한 것이다. 그렇다면 중뉴는 상고 시기 주요모음의 차이가 중고음에서는 개음의 차이로 나타난 것인가? 일부 중뉴 현상은 확실히 상고 시기 주요모음의 차이에서 비롯되었을 가능성이 있다. 그러나 많은 학자들이 상고음에서도 중뉴의 차이는 대체로 개음의 차이였다고 보고 있다.

상고음의 경우, 학자들은 중뉴자들의 상고음에 유음 개음인 *-r-이나 *-l-을 재구한다. 많은 학자들이 2등자들과 來모자들의 해성 현상을 근거로 상고 중국어에서 2등운의 개음으로 *-r-을 재구했다. 그런데 일부 3등자도 來모자와 해성 현상을 보인다. 야혼토프(1960)는 일부 3등자가 다음과 같이 來모자와 해성 현상을 보이는 것을 발견하고 이 글자들이 2등자처럼 상고 중국어에서 유음 개음을 가지고 있었다고 밝혔다.[61]

3등	來모	3등	來모
變	戀	禁	林
兼	廉	京	凉

61) 雅洪托夫 1960.「上古漢語的複輔音聲母」『漢語史論文集』北京大學出版社. 1986. 潘悟雲(2000:297)에서 재인용.

品　　　　臨　　　　文　　　　吾

풀리블랭크(1961-2)는 더 나아가 來모자와 성부가 같은 3등자는 모두 중뉴 3등자라고 밝혔다(潘悟雲 2000:297).

來모	중뉴3등	來모	중뉴3등
律	筆	立	泣
稟ljim′	稟pjim′	臨	品

또한 풀리블랭크는 중뉴가 있는 운에서 知莊계 글자들의 반절하자는 주로 중뉴 3등자이고 중뉴 3등자의 반절하자도 대체로 知莊계 성모 글자들이라고 밝혔다. 리 팡꾸이는 知莊계 성모 글자들이 상고 중국어에서 *-r-개음을 지니고 있었기 때문에 중고 중국어에서 권설음의 음가를 지니게 된 것으로 설명했는데, 이 같은 풀리블랭크의 연구 결과는 중뉴 3등자에 *-r-개음이 있었을 것이라는 추정과도 일치한다.

정 린샤오와 백종인(2011:340-341)도『전예만상명의篆隸萬象名義』에 반절로 음이 표기된 글자들이 성모에 따라 중뉴 3등자가 반절하자로 쓰이거나 중뉴 4등자가 반절하자로 쓰인 사실을 밝혀냈다. 두 학자는『전예만상명의』의 중뉴운에서 설음과 치음 성모를 가진 글자들을 중심으로 이 글자들이 중뉴 3등의 순, 아, 후음과 한 운류인지 중뉴 4등의 순, 아, 후음과 한 운류에 속하는지를 살펴보았다. 그 결과 章계, 精계의 글자들과 日모, 以모의 글자들이 중뉴 4등으로 분류되었고, 知계와 莊계, 來모와 云모는 중뉴 3등으로 분류되어야 한다는 결론을 내렸다. 주목할 만한 사실은 두 학자가 云모를

見계나 影계 글자들에서 분리하여 따로 조사하였는데, 云모의 글자들이 중뉴 3등의 반절하자로 표음된 횟수가 100차례인 반면 중뉴 4등의 반절하자로 표음된 횟수는 단지 두 차례였다. 절대 다수의 云모 글자들이 중뉴 3등의 반절하자로 표음된 것이다. 상고 중국어에서 -r-개음이 있었다고 보는 知莊계 글자들의 경우 知계는 중뉴 3등의 반절하자로 표음된 횟수가 133차례, 중뉴 4등의 반절하자로 표음된 횟수가 12차례였다. 莊계는 중뉴 3등자로 표음된 횟수가 46차례, 중뉴 4등자로 표음된 횟수가 두 차례였다. 성모체계 부분에서 살펴본 대로 일부 云모자와 어원이 같은 티베트어 어휘는 -r-을 가지고 있다. 胃 grod, 友 grogs, 于 ɦgro, 越 ɦgrod 등이 해당되는데, 이 연구 결과 역시 중뉴 3등자에 *-r-개음이 있었을 것이라는 추정과 일치한다.

이 같은 연구 결과는 중뉴 운에서 설음, 치음 성모 글자들을 중뉴 3등의 순, 아, 후음 성모 글자들과 한 운류로 볼 것인가 아니면 중뉴 4등의 순, 아, 후음 성모 글자들과 한 운류로 볼 것인가 하는 문제에 대한 답이 될 수 있다. 즉 치음 가운데 章계, 精계의 글자들과 日모, 以모의 글자들은 중뉴 4등에 속하고, 설음 知계와 來모, 치음 莊계와 云모는 중뉴 3등에 속한다. 그런데 來모의 경우는 중뉴 4등의 글자로 표음된 횟수가 44차례, 중뉴 3등의 글자로 표음된 횟수가 91차례로 云모나 知莊계 성모 글자들처럼 뚜렷하게 중뉴 3등운에 속하지는 않지만 대체로 중뉴 3등운에 속한다고 볼 수 있다.

위 민兪敏은 후이린慧琳의 『일체경음의一切經音義』 제25권에서 산스크리트 r, r̥를 중뉴 3등자인 乙로 옮긴 것을 발견했는데, 이 같은 연구결과는 중뉴 3등자들이 *-r-개음을 지녔다는 가설을 뒷받침한다. 위 민은 이를 근거로 중뉴 3등의 글자들이 개음 -r-을 가지고 있었고 중뉴 4등의 글자들은 개음 -j-를 가지고 있었다고 주장했다.[62]

정장 상팡(1984:45-47)은 중뉴 4등자의 경우 상고 중국어에서 개음이 없거나, 만일 있었다면 *-l-였다고 보았는데, 이유는 1등자와 중뉴 4등자는 以모와 관계가 깊기 때문이다. 정장 상팡이 제시한 예를 그의 재구음과 함께 옮겨보면, 以모자인 容*long은 谷*klok이 성부이고, 擧*kla는 以모자 與*la가 성부이다. 姜*klaŋ은 羊*laŋ이 성부이고 必*plik)*plit은 弋*lɯk이 성부이다. 이밖에도 고서에서 錫*slek이 易*lek과 통하고 胳*klak이 腋*liak과 통하는 등 중뉴 4등자는 以모자와 관계가 깊다. 따라서 以모자의 상고음을 *-l-로 보면 중뉴 4등의 개음은 있다면 *-l-라고 본 것이다.

정장 상팡은 중뉴 3등자의 경우 다음의 여섯 가지 근거를 들어 2등의 글자들과 마찬가지로 상고 중국어에서 *-r-개음을 지니고 있었다고 보았다.

첫째, 중뉴 3등의 글자들은 來모 글자들과 성부가 같다. 예를 들면 禁은 林과 성부가 같고 京은 涼과 성부가 같으며 品은 臨과 성부가 같다. 둘째, 고서에서 중뉴 3등의 글자들은 來모 글자들과 서로 혼용되었다. 예를 들면 命은 令과 冰은 凌과, 史·使는 吏와 혼용되었다. 셋째, 중뉴 3등의 글자를 이음절로 바꿔 쓴 경우 두 번째 글자가 來모자이다. 예를 들면 筆을 不律로, 馮을 馮陵으로 나타냈다. 넷째, 중뉴 3등의 글자들은 친족어 및 방언에서 *-r-개음을 갖는다.

---

62) 兪敏 1999. 『兪敏語言學論文集』 北京: 商務. pp.275-276. 최영애(2000:149)에서 재인용.

일부를 옮겨 보면(潘悟雲 2000:301) 禁의 상고음에서 기원한 티베트어 어휘 '법률'은 khrims, 饉의 상고음에서 온 티베트어 어휘 '빈곤', '기아'는 bkren, 臉에서 유래한 티베트어 어휘 '볼', '뺨'은 ɦgram이다. 또한 驚의 상고음에서 기원한 타이어(태국어) 어휘 '두려워하다'는 kreːŋ, 敬에서 기원한 타이어 어휘 '엄숙하다', '진지하다'는 greːŋ이다. 다섯째, 중뉴 3등자 가운데에는 현대 중국어 방언에서 來모로 읽히는 글자들이 있다. 예를 들면 臉은 liǎn으로 읽히고, 飲은 민 방언인 시아먼廈門어 구어로 lim으로, 꾸앙시廣西 주앙족壯族 자치구自治區 우밍현武鳴縣의 주앙족어로는 ram으로 읽힌다(潘悟雲 2000: 301). 여섯째, 중뉴 3등의 글자들이 2등의 글자들과 마찬가지로 *-r-개음을 지니고 있었다고 보면 중뉴 3등 글자들의 기원과 이후의 변화를 설명할 수 있다.

정장 상팡은 상고 시기 2등과 중뉴 3등운의 개음은 모두 *-r-이고, 나머지 운들, 즉 1등운과 4등운, 중뉴 4등운, 중뉴운 이외의 3등운에는 개음이 없었거나 있었다면 *-l-이었다고 보았다(潘悟雲 2000: 302). 즉 정장 상팡은 상고 중국어 시기 3등운에 구개음 개음이 아직 형성되지 않았다고 본 것이다. 정장 상팡의 연구 결과를 요약하면,[63] 중국어 방언에서 3등자의 입말은 홍음洪音, 글말은 개음이 있는 세음細音으로 읽히는데, 글말은 북방에서 유래한 것으로 개음이 없는 입말이 더 오래된 형식이다.[64] 일본어에서는 구개음 개음이

---

63) 鄭張尙芳 1987. 「上古韻母系統和四等介音聲調的發源問題」 『溫州師範學院學報』 第4期. 潘悟雲(2000:141-153)에서 재인용.

64) 일반적으로 제치호와 촬구호의 운모를 세음, 개구호와 합구호의 운모를 홍음이라고 지칭한다. 즉 개음이나 주요모음으로 전설 고모음 [i], [y]를 가진

오음이든 한음이든 아예 없거나 혹은 모두 있는데 어떤 운에서는
한음에만 개음이 있고 오음에는 없다. 오음이 더 이른 시기의 음을
나타내므로 이 역시 구개음 개음이 나중에 생성된 것임을 보여 준다
는 것이다. 이를 입증하기 위한 증거 자료로 판 우윈이 칼그렌
(1946)에서 인용한 자료이다(潘悟雲 2000:145).

	疆	强	秧	暢	良	娘	九	牛	優
한음	kioː	gioː	ioː	ʨoː	rioː	dzoː	kiuː	giuː	iuː
오음	koː	goː	oː	toː	roː	noː	ku	gu	u

	共	胸	獵	急	及	語	著	呂
한음	kioː	kioː	rioː	kiuː	kiuː	gio	dzo	rio
오음	gu	ku	roː	koː	goː	go	do	ro

	極	脚	約	竹	曲	獄	錄
한음	kioku	kiaku	iaku	ʨiku	kioku	gioku	rioku
오음	koku	kaku	aku	toku	koku	goku	roku

판 우윈(2000:143-144)에는 이밖에도 저지앙浙江 남부의 우吳 방언
과 민 방언의 글말과 입말이 일본한자음의 한음과 오음처럼 글말은
세음으로 입말은 홍음으로 실현된 예가 실려 있다.
　위의 글자들은 판 우윈이 陽운과 蒸운, 通섭 등 여러 섭에서 추려
낸 3등자의 일본한자음으로, 전술한 대로 칼그렌에서 인용한 자료
이다. 같은 운의 다른 글자들, 즉 陽운과 蒸운의 다른 개구 3등자의
일본한자음은 어떻게 실현되었는지 살펴보면 다음과 같다. 먼저 오

....

운모가 세음이다.

음에서 홍음으로 실현된 글자들을 나열하고, 오음과 한음이 차이를 보이지 않는 글자들을 뒤의 표에 나열했다.

표 2-9a 陽운 개구 3등

성모	한자	한음	오음
見	脚	キャク (캬쿠)	カク (카쿠)
溪	却	キャク (캬쿠)	カク (카쿠)
羣	强	キョウ (쿄우)	ゴウ (고우)
疑	仰	ギョウ (교우)	ゴウ (고우)
影	央	ヨウ (요우)	オウ (오우)
曉	享鄕響向香	キョウ (쿄우)	コウ (코우)
心	霜	ショウ (쇼우)	ソウ (소우)
莊	壯莊裝	ショウ (쇼우)	ソウ (소우)

표 2-9b 陽운 개구 3등

성모	한자	한음	오음
喩	羊洋揚陽樣養	ヨウ (요우)	
喩	藥躍	ヤク (야쿠)	
知	帳張	チョウ (쵸우)	
澄	丈場長腸	チョウ (쵸우)	ジョウ (죠우)
泥	釀	ジョウ (죠우)	ニョウ (뇨우)
來	良涼量糧	リョウ (료우)	
精	將獎	ショウ (쇼우)	
章	章掌障彰	ショウ (쇼우)	
章	酌	シャク (샤쿠)	
書	商賞傷	ショウ (쇼우)	
邪	祥象詳像	ショウ (쇼우)	ゾウ(조우)
禪	尙上常償	ショウ (쇼우)	ジョウ (죠우)
日	若弱	ジャク (쟈쿠)	ニャク (냐쿠)

표 2-10a 蒸운 개구 3등

성모	한자	한음	오음
羣	極	キョク (교쿠)	ゴク (고쿠)
疑	凝	ギョウ (교우)	ゴウ (고우)
影	應	ヨウ (요우)	オウ (오우)
影	億憶抑	ヨク (요쿠)	オク (오쿠)
曉	興	キョウ (교우)	コウ (코우)
精	卽	ショク (쇼쿠)	ソク (소쿠)
莊	側	ショク (쇼쿠)	ソク (소쿠)
初	測	ショク (쇼쿠)	ソク (소쿠)
生	色	ショク (쇼쿠)	シキ (시키)

표 2-10b 蒸운 개구 3등

성모	한자	한음	오음
喩	翌翼	ヨク (요쿠)	
幇	氷	ヒョウ (효우)	
知	徵	チョウ (쵸우)	
澄	澄懲	チョウ (쵸우)	ジョウ (죠우)
娘	匿	ジョク (죠쿠)	ニョク (뇨쿠)
章	證症蒸	ショウ (쇼우)	
船	乘繩	ショウ (쇼우)	ジョウ (죠우)
書	升昇勝	ショウ (쇼우)	
禪	植殖	ショク (쇼쿠)	ジキ (지키)
日	剩	ジョウ (죠우)	ニョウ (뇨우)

같은 운의 3등자이지만, 성모의 종류에 따라 오음에 구개음 개음
이 있거나 없는 것을 알 수 있다. 대체로 아음 見, 溪, 羣, 疑모와
莊계의 글자들이 오음에서 홍음으로 읽히고, 喩모와 章계의 글자들
이 한음과 마찬가지로 오음에서도 세음으로 읽힌다. 한국한자음도

오음과 같이 성모에 따라 홍음으로 읽히기도 하고 세음으로 읽히기도 한다. 표 2-9a의 陽운 3등의 글자들을 한국한자음으로 읽으면 曉모의 글자들을 제외하고는 모두 개음이 없는 것을 알 수 있다. 반면 표 2-9b의 陽운 3등자들은 모두 세음으로 읽힌다. 張, 上 등의 한자음도 『전운옥편』에 '쟝', '샹'으로 기록되어 있다. 蒸운의 글자들도 성모가 아음이나 莊계 성모 글자인 경우 한국한자음은 대체로 중성이 'ㅡ'로 읽히고, 다른 성모 글자인 경우 'ㅣ'로 읽히는 것을 알 수 있다. 오음도 성모가 아음이나 莊계 성모 글자이면 홍음으로 읽히고 다른 성모 글자인 경우 한음처럼 구개음 개음이 있는 것을 볼 수 있다. 운모가 완전히 같은 글자들이 성모의 차이에 따라 일부는 세음으로, 일부는 홍음으로 실현된 것을 상고 중국어 시기 3등운에 구개음 개음이 아직 형성되지 않은 증거 자료로 볼 수 있을까? 성모의 차이에 따른 구개음 개음의 유무가 구개음 개음이 나중에 생성된 것임을 의미할 수도 있다. 그러나 상고 중국어 시기에 구개음 개음이 없었다고는 할 수 없다. 대부분의 3등자들에 분명히 개음이 존재하기 때문이다.

만일 2등과 중뉴 3등의 개음이 똑같이 *-r-이라고 가정하면 2등자와 중뉴 3등자의 음이 위진 이후 큰 차이를 보이게 된 원인 및 이후의 음운변화를 분명하게 설명할 수 없다. 예를 들면 판 우윈(2000: 301)은 정장 상팡의 견해를 받아들여 중뉴 3등자인 凉의 상고음을 *răŋ으로 재구했다. ă는 a보다 길이가 짧은 음이다.[65) 개음 ɨ가 없었다면 凉은

---

65) ă는 단모음을 의미한다. 정장 상팡은 2등 개음과 중뉴 3등의 개음을 똑같이 *-r-로 재구했으므로 대신 2등운의 모음은 장모음 a로, 3등운의 모음은 단모음 ă로 재구했다. 정장 상팡과 판 우윈은 음절의 길이를 맞추기 위해 나중에

宕섭의 1등자와 江섭의 2등자들처럼 오음에서 홍음으로 읽혔을 것이다. 예를 들면 宕섭 1등자인 郎, 朗, 浪은 오음에서 ロウ(로우)로 읽히지만, 표2-9b에서 볼 수 있듯이 3등자인 良, 涼, 量, 糧은 リョウ(료우)로 읽힌다. -j-개음이 있었다는 증거로 볼 수 있다.

지금까지 살펴본 결과 중뉴 현상이 상고 중국어에서 비롯된 것은 확실해 보인다. 백스터(Baxter 1977)는 기존의 8개 중뉴 운 외에 庚운 3등과 淸운, 幽운과 尤운도 중뉴 운에 넣어야 한다고 보고, 중뉴 3등의 상고음에 개음 *-rj-를 재구하였으며, 중뉴 4등에는 개음 *-j-를 재구했다(潘悟雲 2000:298-299). 본서에서도 중뉴 3등의 개음은 *-rj-, 중뉴 4등과 중뉴 운을 제외한 다른 3등운의 개음은 *-j-로 본다.

다음에서 庚운 3등(중뉴 3등)과 이에 대응되는 淸운 3등(중뉴 4등), 幽운과 尤운도 중뉴 운에 포함시켜야 하는지 살펴본다.

(가) 庚운 3등과 淸운 3등

庚운과 淸운의 글자들은 한 운도에 배열되어 있다. 리 신쿠이(1999:90-91)는 庚운 3등자는 운도의 3등에 배열되어 있고 순음, 아음, 후음 성모 글자들을 반절하자로 삼았다는 점, 淸운자들의 경우, 설음과 치음 성모의 글자들은 운도의 3등에 배열되어 있고, 순음, 아음, 후음 성모의 글자들은 운도의 4등에 배열되어 있어 다른 운의 중뉴 4등자들과 같은 양상을 띤다는 점 등을 근거로 庚운 3등과 淸운 3등운이 서로 대응되는 중뉴 운이라고 밝혔다. 그는 중고음에서 庚운과 淸운이 두 운으로 나뉘고 중뉴 3등에 속하는 글자가 淸운에

....

단모음 음절에 j가 생긴 것으로 풀이했다.

남아있지 않아 淸운이 중뉴 운이 아닌 것처럼 보이고 庚운과도 상관이 없어 보이지만 淸운과 庚운은 서로 대응되는 중뉴 운이라고 덧붙였다.

백스터는 다음과 같은 이유에서 이 운들을 중뉴 운에 넣었다(潘悟雲 2000:299-300). 첫째, 개음 -r-은 뒤에 오는 모음을 전설음화한다. 陽운부(*-aŋ) 가운데 2등 庚운이 개음 *-r-의 영향으로 1등 唐운보다 주요모음이 앞쪽이며, 3등의 陽운과 庚운 가운데 庚운의 주요모음이 *-r-의 영향으로 앞쪽이므로 庚운 3등은 -rjaŋ, 陽운 3등은 -jaŋ이어야 한다. 둘째, 耕운부의 淸운과 庚운 3등은 전형적인 중뉴 운이다. 生은 『광운』에서 所庚切로 반절하자가 2등자인 庚이다. 그런데 왕 런쉬王仁煦의 『간류보결절운刊謬補缺切韻』에서 生은 所京切로 반절하자가 庚운의 3등자이다. 그렇다면 所庚切의 庚은 결국 3등운자로 쓰인 것으로 반절 규칙에 따르면 3등 개음의 정보는 반절상자에도 반영되는데, 所는 莊계 글자로 상고 중국어에서 *-r- 개음을 가졌으므로 生은 중뉴 3등자이다. 庚운 3등인 生과 淸운 3등인 姓은 중뉴 관계이다. 庚운 3등인 命과 淸운의 슈도 중뉴 관계이다. 셋째, 淸운과 靑운은 해성 현상을 보이지만, 庚운 3등과 靑운은 그러한 예가 극히 드물다. 이것은 庚운 3등자들은 -r-개음을 지니고 있지만 淸운과 靑운에는 -r-개음이 없기 때문이다. 넷째, 중뉴 3등자인 筆이 來모자인 律과 해성 현상을 보이는 것처럼 중뉴 3등자는 來모자와 해성 현상을 보이거나 來모의 음으로도 읽히는 등 來모와 관계가 깊다. 앞에서 밝힌 대로 庚운 3등인 命도 淸운의 슈과 해성 현상을 보인다.

조선시대 한국한자음 자료에서는 庚운과 淸운의 글자들이 같은 음으로 실현되었고, 일본한자음에서도 庚운과 淸운의 글자들이 같은 음으로 실현되어서 한국한자음과 일본한자음은 이 문제를 해결하는 데 증거자료가 되지 못한다.

그렇지만 주변 국가의 언어에서 庚운 3등자들은 -r-개음을 갖는다. 전술한 대로 타이어로 驚이 kre:ŋ(두려워하다), 敬은 gre:ŋ(엄숙하다, 진지하다)이고 勍은 kri:aŋ이다. 또한 티베트어에서 庚운 3등인 擎이 sgreŋ(들다)으로 읽힌다(潘悟雲 2000:301). 이 같은 사실은 모두 庚운과 淸운이 중뉴 운이라는 학자들의 설을 지지하는 증거자료가 될 수 있다고 본다.

淸운의 순, 아, 후음 성모 글자들은 운도의 4등에 배열되어 있고, 치음 성모 글자들은 3등에 배열되어 있어 다른 운의 중뉴 4등자들과 같은 양상을 보인다. 또 庚운과 淸운의 순음 성모 글자들은 모두 양순음을 보존하고 있어 庚·淸운은 중뉴 관계로 추정된다.

(나) 尤운과 幽운

流섭에는 1등운인 侯운 외에 尤운과 幽운이 속한다. 백스터는 3등운인 尤운과 4등운인 幽운이 중뉴 관계인 것으로 보았다. 리 신쿠이(1999:84-85) 역시 3등운인 尤운이 중뉴 3등운이고 4등운인 幽운이 尤운에 대응되는 중뉴 운이라고 보았다. 尤운은 상고 중국어에서 之운부에 속했던 글자들과 幽운부에 속했던 글자들로 구성되어 있고 幽운은 상고 중국어 幽운부에서 온 글자들로 이루어져 있다. 그런데 尤운 3등자들의 한국한자음이 두 갈래로 뚜렷이 나뉜다. 한 부류는 'ㅜ' 모음으로, 다른 한 부류는 幽운자들과 같이 'ㅠ' 모음으로 실현되었다. 일본한자음도 대체로 두 갈래로 구분된다.

표 2-11a 尤운

성모	한자	전운옥편 음	한음	오음
見	久九究救	구	キュウ (큐우)	ク (쿠)
溪	丘	구	キュウ (큐우)	ク (쿠)
羣	求球舊	구	キュウ (큐우)	グ (구)
疑	生	우	ギョウ (교우)	グ (구)
影	憂優	우	ユウ (유우)	ウ (우)
曉	朽	후	キュウ (큐우)	ク (쿠)
曉	休	휴	キュウ (큐우)	ク (쿠)
云	右友郵	우	ユウ (유우)	ウ (우)
云	有	유	ユウ (유우)	ウ (우)
奉(並)	負浮婦	부	フ (후)	ブ (부)
明(微)	謀矛	무俗모	ボウ (보우)	ム (무)
崇	愁	추正수	シュウ (슈우)	ジュ (쥬)
生	搜	수	シュウ (슈우)	ソウ (소우)

표 2-11b 尤운

성모	한자	전운옥편 음	한음	오음
以	由油遊誘悠猶	유	コウ (유우)	グ (유)
知	晝	쥬	チュウ (츄우)	
徹	抽	츄	チュウ (츄우)	
澄	宙	쥬	チュウ (츄우)	ジュウ (쥬우)
來	柳硫	류	リュウ (류우)	
來	流留	류	リュウ (류우)	ル (루)
精	酒	쥬	シュ (슈)	
清	秋	츄	シュウ (슈우)	
從	就	츄[66]	シュウ (슈우)	ジュ (쥬)
心	秀	슈	シュウ (슈우)	

성모	한자	전운옥편 음	한음	오음
心	修	슈	シュウ (슈우), シュ (슈)	
邪	囚	슈	シュウ (슈우)	ジュ (쥬)
章	州	쥬	シュウ (슈우)	ス (스)
章	舟周週	쥬	シュウ (슈우)	
昌	醜臭	츄	シュウ (슈우)	
書	守	슈	シュ (슈)	ス (스)
書	手狩首	슈	シュ (슈)	
書	收獸	슈	シュウ (슈우)	
禪	壽受授酬	슈	シュウ (슈우)	ジュ (쥬)
日	柔	유	ジュウ (쥬우)	ニュウ (뉴)

첫 번째 표에서 밑줄이 쳐져 있는 글자들이 상고 중국어에서 之
운부에 속했던 글자들이다. 晝는 侯운부에 속했다. 개음이 없이 홍
음으로 읽히는 첫 번째 부류에는 순음, 아음, 후음과 照2계, 즉 莊계
성모자가 속해 있다. 莊계는 상고음에서 2등의 -r-개음을 지녔던 글
자들이다. 후음 성모자인 休, 有 두 글자만이 'ㅠ'모음으로 실현되고
나머지는 모두 개음이 없이 'ㅜ'모음으로 실현되었다.

두 번째 부류에는 설음과 치두음, 照3계, 즉 章계 글자들이 속해
있으며 한국한자음은 예외 없이 'ㅠ'모음으로 실현되었다. 일본한자
음의 경우 첫 번째 부류의 오음은 홍음으로, 두 번째 부류의 오음은
세음으로 실현되었다. 그렇지만 한국한자음에서 훨씬 뚜렷이 구분
된다. 이 같은 사실로 미루어 두 부류의 운은 나뉘는 것으로 보이며,
홍음으로 실현된 앞의 부류가 중뉴 3등, 나머지는 중뉴 4등운으로
분류해야 할 것처럼 보인다. 그런데 다음 표에서 볼 수 있듯이 東운

66) 就, 臭의 현 한국한자음은 '취'이지만 전운옥편에는 '츄'로 되어 있다.

과 같은 보통 3등운의 글자들도 성모에 따라 개음이 있는 부류와 없는 부류로 뚜렷이 나뉜다. 한국한자음은 조선시대 한자음 자료인 『전운옥편』에 실린 것으로 중성, 즉 모음 부분만 표기했다.

표 2-12

운	성모	한국한자음
東	순음, 아음, 후음, 莊계	ㅜ
	설음, 치음, 喩來日모	ㅠ
鐘	순음, 아음, 후음, 莊계	ㅗ
	설음, 치음, 曉喩來日모	ㅛ, ㅠ
之	순음, 아음, 후음	ㅢ
	莊계, 精계	ㆍ(아래 아)
	설음, 章계, 喩來日모	ㅣ
魚	순음, 아음, 후음	ㅓ
	莊계	ㅗ
	설음, 치음, 喩來日모	ㅕ
虞	순음, 아음, 후음, 莊계	ㅜ, ㅗ(侮)
	설음, 치음, 喩來日모	ㅠ, ㅟ(取, 趣)
陽	순음, 아음, 후음, 莊계	ㅏ
	설음, 치음, 曉喩來日모	ㅑ
蒸	순음, 아음, 후음, 莊계	ㅡ, ㅓ, ㅕ
	설음, 치음, 喩來日모	ㅣ, ㅡ

앞에서 이미 3등운에 구개음 개음이 형성되었는지 알아보기 위해 陽운과 蒸운 글자들의 오음을 살펴보고, 오음과 한국한자음에서는 성모에 따라 개음의 유무가 정해진 것을 보았다. 위의 표를 통해서 순, 아, 후음과 莊계 성모 글자들이 개음이 없는 홍음으로 실현된 것을 알 수 있다.[67] 따라서 성모에 따른 개음의 유무로 중뉴 운인지

를 판단할 수 없다. 이렇게 볼 때 尤운은 보통 3등운처럼 보인다. 더욱이 중뉴가 있는 운의 경우 순음이 순치음화하지 않은 것과 달리 尤운의 순음자 일부는 순치음이 되어서 전형적인 보통 3등운처럼 보인다. 리 신쿠이(1999:66-67) 역시 중뉴 운과 非중뉴 운의 차이는 非중뉴 운의 순음은 순치음으로 변했으나 중뉴 운은 그렇지 않다는 점을 꼽았다. 그럼에도 불구하고 리 신쿠이는 尤운을 중뉴 3등운으로 보았다. 그는 3등 합구운의 주요모음은 원순모음인데, 양순음 성모를 발음할 때 입술이 펴지는 평순음 경향과 맞지 않아 양순음은 순치음이 되었으나, 중뉴 운의 경우, 주요모음이 원순모음이 아니어서 순치음화가 일어나지 않았다고 밝히고, 尤운의 경우는 본래 원순모음을 가지고 있어서 일부 순음이 순치음이 되었다고 설명했다.[68] 또한 리 신쿠이(1999:64)는 운도에서 幽운 溪모 자리에 쓰인 恘가 尤운자라는 사실을 지적했다. 尤운의 순, 아, 후음 글자들이 3등에 배열되어 있는 상황에서 또 다른 尤운 아음자가 4등에 배열되어 있다면 비록 한 글자이긴 하지만 중뉴 운으로 볼 수 있기 때문이다.

한 글자이지만 중뉴에 해당하는 恘가 있고, 순음도 순치음이 된 글자들과 그렇지 않은 글자들로 나뉘는 것을 고려하면 尤운의 순, 아, 후음자는 본래 두 운류였던 것으로 보인다. 그렇지만 『절운』이전에 두 운류가 恘라는 미처 합류하지 못한 예외자를 남기고 하나로 합쳐진 것으로 추정된다. 이 때문에 학자들도 尤운을 보통 3등운에

....

67) 莊계와 마찬가지로 知계 글자들도 중뉴 3등이지만, 한국한자음에서 知계 글자들은 치음 章계, 精계 글자들처럼 세음으로 실현되었다.
68) 주요모음이 원순모음일 경우 성모의 [labial] 자질과 같아서 이화작용으로 순치음이 되었다고 볼 수 있다.

넣은 것으로 보인다.

幽운의 글자들은 운도의 4등에 배열되어 있으며 순음자들은 순치음이 되지 않았다. 치음 자리에는 尤운 精계 글자들이 배열되어 있어 설음을 제외하고 모든 성모 밑에 글자들이 수록되어 있다. 그래서 겉으로 보기에는 4등운으로 보인다. 그렇지만 幽운에는 실제로 순, 아, 후음 성모 글자들만 있고, 반절상자로는 居, 方 등 3등운에 출현하는 글자가 쓰였으며 古, 博 등 1, 2, 4등운에 출현하는 글자가 쓰이지 않았고, 3등운의 특징 중 하나인 羣모자가 쓰였다는 점에서 똥 통허(1968:177)는 3등운으로 보았다. 리 신쿠이(1999)에 의하면 『전예만상명의』에서 幽운자에 쓰인 반절은 대부분 尤운의 설음, 치음자와 통한다. 따라서 幽운을 尤운의 순, 아, 후음에 상응하는 중뉴 4등운으로 보았다.

幽운에 속하는 글자 가운데 來모자와 해성 현상을 보이는 글자들이 있다.

謬繆 / 蟉鏐廖	*mr-	
樛 / 蟉鏐廖	*kr-	
璆 / 蟉鏐廖	*gr-	

앞에서 來모와 해성하는 글자들은 중뉴 3등으로 보았다. 한국한자음은 繆가 『전운옥편』에 '무'로 표기되어 있고 謬는 '무俗류'로 표기되어 있다. '무俗류'란 '무'는 정음이고 '류'는 속음이라는 뜻이다. 이외에 樛는 '규'로, 璆는 '구'로 표기되어 있다. 세음이 아닌 홍음으로 실현된 것으로 보아 來모와 해성하는 글자들 및 위의 글자들과 동음자군에 속한 글자들은 중뉴 3등운이었던 것으로 보인다. 璆와

『광운』에서 동음자군에 속한 글자들로는 觩, 觫, 蚪, 蚍가 있다. 그런데『전운옥편』에는 觩, 觫는 '구'로, 蚪, 蚍는 '규'로 음이 수록되어 있다. 이밖에 蟉는 '류', '료' 두 음으로 수록되어 있다. 來모와 해성하는 위의 글자들이 본래 대체로 홍음으로 읽혔던 것으로 보인다.[69]

來모와 해성하지 않는 다른 幽운 글자들로는 幽, 幼, 烋, 怮 등이 있는데,『전운옥편』에 '유', '유', '휴', '유' 등 모두 세음으로 수록되어 있다. 來모와 해성하는 글자들이 상고 중국어 시기 *-rj- 개음을 가졌다고 본다면 來모와 해성하지 않는 글자들은 *-j- 개음을 가졌다고 보아야 한다. 그렇다면 상고 시기에는 幽운의 글자들도 두 부류였던 것으로 보인다. 다만 운도에 실린 것을 보면『절운』전에 중뉴 3등자들이 *-r-을 잃고 완전히 하나로 합쳐졌다고 보아야 한다.

이렇게 본다면 문제가 되는 것은 하나로 합쳐진 幽운이 과연 尤운에 대응되는 중뉴운이냐는 것이다. 幽운이 清운이나 다른 중뉴 4등의 글자들과 다른 점은 幽운에는 순, 아, 후음 성모 글자들만 있고 설음과 치음 성모 글자들은 없다는 점이다. 순, 아, 후음 외에 다른 성모 글자들이 없으므로 보통 3등운과는 다르다. 또한 순음 성모 글자들이 순치음이 되지 않은 것은 순3등운과 다르다. 이러한 이유에서 幽운과 尤운이 서로 대응되는 중뉴 운이라고 보지 않는 학자들도 幽운을 중뉴 4등운으로 분류한 것으로 보인다. 중뉴 4등운이 있다면 대응되는 중뉴 3등운이 있어야 하는데, 尤운의 음이 이미 幽운과 큰

---

69) 일본한자음은 그다지 도움이 되지 않는다. 이경철(2006)에 실린 幽운에 속하는 글자는 단지 紬, 幽, 幼 세 글자뿐이다. 세 글자의 한음과 오음을 살펴보면 紬는 キュウ(큐우)와 キョウ(쿄우), 幽와 幼는 ユウ(유우)와 ヨウ(요우)이다. 너무 적어서 이것만 가지고는 중뉴 운인지를 판단할 수 없다.

차이를 보이지 않고 있어 확실히 尤운이 幽운에 대응되는 중뉴 운처럼 보인다.

다만 庚淸운과 尤幽운을 중뉴 관계로 볼 때 가장 큰 문제가 되는 것은 중뉴였다면 당시 학자들이 왜 운의 명칭을 다르게 세웠을까 하는 점이다. 살펴본 대로 한국한자음이나 일본한자음에서는 두 운은 이미 하나로 합쳐진 것처럼 보이며, 차이가 있더라도 주요모음이 달랐을 정도의 차이로는 보이지 않지만, 당시 사람들에게는 동음으로 인식될 정도는 아니었거나 그렇지 않으면 변하기 전의 음을 수록한 것으로 추정된다.

2. 운부

운韻은 주요모음과 운미를 이른다. 그러므로 운을 맞춘다, 즉 압운押韻한다는 말은 시가를 지을 때 주요모음과 운미가 같은 글자를 정해진 위치에 사용하는 것을 의미한다. 학자들은 상고 중국어의 음운체계를 연구하기 위해 주진周秦시대의 운문韻文에서 압운된 글자들을 각각 모으고 모아놓은 각 글자군群을 운부韻部라 불렀다. 또 각각의 운부를 나타내기 위해 운부 내에서 한 글자를 뽑아 그 운부의 명칭으로 삼았다.

명대 천 띠陳第가 시대에 따라 말소리도 변한다는 사실을 발견한 이후 학자들은 상고 중국어의 운부를 분류하기 시작했다.[70] 꾸 앤우(顧炎武 1613~1612)는 『시경詩經』에서 압운된 글자들을 묶어 東,

----

70) 명청대 학자들이 상고음의 운부를 분류한 내용은 王力(1984)를 참조한 것이다.

脂, 魚, 眞, 蕭, 歌, 陽, 耕, 蒸, 侵의 10개 운부로 나누었다. 이후 지양 용(江永 1681~1762)은 꾸 앤우의 蕭운부를 幽부와 宵부 둘로 나누 었고, 眞운부도 眞부와 元부로 나누었으며 侵운부도 侵부와 淡부로 나눠 13개로 운부를 분류했다.

뚜안 위차이(段玉裁 1735~1815)는 앞선 학자들보다 상고 중국어 의 운부를 더 세분하여 17개 운부로 나누었다(표 2-13 참조). 그는 성부가 같은 글자들이 『시경』에서 압운된 것을 발견하고, 성부가 같 으면 반드시 같은 운부에 속한다同聲必同部는 이론을 제시했다. 그가 이 같은 사실을 발견하기 전에는 『시경』에서 압운된 글자들만 운부 로 귀납할 수 있었지만 이 이론을 적용하여 거의 모든 글자들을 여 러 운부에 넣을 수 있게 되었다.

콩 꾸앙썬孔廣森은 東운부에서 冬운부를 분리해 내서 뚜안 위차이 보다 하나 더 많은 18개 운부를 세웠다. 학자들은 冬운부로 분류된 글자들이 상고 중국어에서 東운부 글자들과 운미가 달랐거나 주요 모음이 달라서 분리된 것으로 본다. 이 문제에 대해서는 뒤에서 자 세히 논의할 것이다.

콩 꾸앙썬은 또한 상고 중국어에서 발생한 음운변화를 음양대전 陰陽對轉이라는 용어로 설명했다. 중국어 음절은 운미에 따라서 음 성운陰聲韻, 양성운陽聲韻, 입성운入聲韻으로 나뉜다. 양성운은 운미 가 비음 -m, -n, -ŋ인 음절을 가리키고, 입성운은 운미가 폐쇄음 -p, -t, -k인 음절을 가리킨다. 음성운은 중고 중국어 이후 줄곧 자음 운 미가 없는 개음절을 가리킨다. 대전對轉은 어떤 글자의 운미가 변하 는 음운변화를 이른다. 음양대전은 음성운이 양성운으로 변하거나 양성운이 음성운으로 변하는 음운변화를 가리키고, 음입대전은 음성운이 입성운으로 변하거나 입성운이 음성운으로 변하는 음운변화를 가리킨다. 마찬가지로 양입대전은 양성운과 입성운 간의 음운변화를 이른다. 상고 중국어에 발생한 음운 변화 현상을 이르는 용어로 방전旁轉도 있다. 방전은 음성운은 다른 음성운으로, 양성운은 다른 양성운으로, 입성운은 다른 입성운으로 변하는 음운변화를 가리킨다. 음성운과 양성운이 서로 대응되는 것은 콩 꾸앙썬의 스승인 따이 전(戴震 1723~1777)이 먼저 알고 상고음 분석에 적용하였는데, 그는 음양이란 명칭을 사용하지는 않았다(김상근 1995:80). 콩 꾸앙썬은 음양대전이라는 명칭을 명확히 말하고, 이를 더 발전시켜 비음운미를 가진 글자들과 음성운 글자들이 서로 해성하거나 통가하는 현상을 설명하였다.

이후 왕 니앤쑨王念孫, 지앙 요우까오江有誥는 고운을 더욱 세분하여 21개 운부로 나누었다. 지앙 요우까오는 청대 학자들의 음운학 연구를 집대성하였다는 평가를 받고 있다. 청대 학자들이 고운을 분류한 것을 비교해 보면 다음과 같다.

표 2-13

	東	冬	陽	耕	蒸	眞	文	元	侵	緝	談	棄	支	脂	祭	之	魚	歌	宵	幽	侯
顧炎武 10	東		陽	耕	蒸	眞			侵					脂			魚	歌	蕭		
江 永 13	東		陽	耕	蒸	眞		元	侵		談			脂			魚	歌	宵	幽	
段玉裁 17	東		陽	耕	蒸	眞	文	元	侵		談		支	脂		之	魚	歌	宵	幽	侯
孔廣森 18	東	冬	陽	耕	蒸	眞	文	元	侵		談		支	脂		之	魚	歌	宵	幽	侯
江有誥 21	東	冬	陽	耕	蒸	眞	文	元	侵	緝	談	棄	支	脂	祭	之	魚	歌	宵	幽	侯

20세기 이후 현대 학자들도 청대 학자들의 뒤를 이어 상고 중국어의 운부를 나누었다. 왕 리(1980)는 음성운 9개 운부, 입성운 11개

운부, 양성운 9개 운부로 모두 29개 운부로 분류했다. 루오 창페이와 조우 쭈모(羅常培・周祖謨 2007)는 음성운 10개 운부, 양성운 10개 운부, 입성운 11개 운부로 나누고 압운된 글자들, 해성 현상, 통가 등을 참조하여 관계가 밀접한 운부끼리 다음과 같이 배열하였다.

표 2-14

음성운	양성운	입성운
之	蒸	職
幽	冬	沃
宵		藥
侯	東	屋
魚	陽	鐸
歌		
支	耕	錫
脂	眞	質
微	諄	術
祭	元	月
	談	盍
	侵	緝

위의 31개 운부는 주진대周秦代의 음인 『시경』의 운자韻字에 근거한 것이다. 루오 창페이와 조우 쭈모는 한대漢代 운문에 쓰인 운자를 귀납해 보고 『시경』의 31개 운부를 27개로 줄였다. 살펴보면 侯운부를 魚운부에 넣었고 微운부를 脂운부에 넣었으며, 文운부와 術운부를 각각 眞운부와 質운부에 넣었다. 이 같은 사실은 『시경』 시대에서 한대에 이르기까지 음운변화가 발생했음을 의미한다.

위와 같은 분류는 똥 통허, 리 팡꾸이 등 이후 상고음을 분류한 학자들과 기본적으로 일치한다. 똥 통허, 리 팡꾸이 등은 22개 운부로 나누어 운부의 수를 대폭 줄였는데, 음성운에 대응되는 입성운을 모두 음성운에 넣었기 때문이다. 예를 들면 職운부 글자들을 之운부에 넣고, 沃운부 글자들은 幽운부에 넣었다. 대응되는 음성운이 없는 두 개의 입성 운부만 따로 세웠다.

3. 주요모음

각 운부의 재구음은 학자들마다 조금씩 차이가 있다. 대체로 운부마다 하나의 주요모음을 재구했는데, 판 우윈(2000)은 한 운부에 최대 3개의 운을 재구하기도 했다. 예를 들면 侵운부에는 *-ɯm, *-um, *-im의 세 운을 재구했고 談운부에는 *-am, *-em, *-om의 세 운을 재구했으며 歌운부에는 *-al, *-el, *-ol의 세 운을 재구했다. 즉 한 운부에 세 개의 주요모음을 재구한 것이다. 이 같은 재구음은 친족어는 물론 중고 중국어음을 참조한 것인데, 사실 상고 운부도 원칙적으로 시가에 쓰인 운자를 귀납해 분류한 것인 만큼 한 운부에는 하나의 주요모음과 운미만을 재구해야 하며, 반드시 나눠야 한다면 그 만큼의 운부를 세우는 것이 이치에 맞는다.

상고 중국어의 운모에서 주요모음으로 존재한 모음의 종류에 대해서는 학자들마다 조금씩 차이가 있다. 리 팡꾸이는 상고 중국어의 주요모음에 저모음 a, 중모음 ə, 고모음 i, u 네 개의 모음만을 재구했고, 똥 통허와 왕 리는 똑같이 저모음 a, 중모음 ə, o, ɔ, e, 고모음 u 여섯 개 모음을 재구했다.[71] 정장 상팡과 판 우윈은 저모음 a, 중모음 e, o, 고모음 i, u, ɯ의 여섯 개 모음을 재구했다.

(1) 魚운부

표 2-14에 실린 각 운부의 명칭을 한국한자음으로 읽으면 어떤 운부가 음성운인지 양성운인지 혹은 입성운인지 바로 알 수 있다. 다만 주요모음의 경우는 중고음이나 현대음과 차이가 나서 정확히 예측하기 어렵다. 가장 기본이 되는 모음인 a는 魚운부의 재구에 쓰였다. 칼그렌은 魚운부에 *-o, *-ɔ를 재구했는데 한국한자음은 a보다는 o나 ɔ와 비슷하다. 魚운부에 속하는 글자들 대다수가 'ㅗ'로 읽히기 때문이다.[72] 그러나 다른 학자들이 魚운부의 주요모음을 a로 재구한 데에는 그럴만한 근거가 있다. 판 우윈(2000:187-188)에 실린 자료 가운데 일부를 옮겨 보면 다음과 같다. 첫째, 남북조 시기 이후에 歌・戈운의 글자들로 음역한 음을 위진魏晉 이전에는 魚・虞・模운의 글자들로 옮긴 경우가 많다. 예를 들면 산스크리트의 Buddha를 남북조 이후에는 佛陀로 옮겼는데, 위진 이전에는 浮圖로 옮겼다. 陀는 歌운에 속하고 圖는 模운에 속한다. 둘째, Alexandria를 烏弋山離로 옮겼는데, a를 음역하는데 魚운부 글자인 烏를 썼다. 셋째, 『후한서後漢書』에 실린 都密은 tarmita이고 『한서漢書』에 실린 都賴水는 Talas인데 魚운부 글자인 都로 tar과 ta를 음역한 것을 알 수 있다.

이와 같은 이유에서 학자들은 魚운부의 주요모음을 a로 재구했고 魚운부 글자들과 압운하는 鐸운부 글자들의 주요모음도 a로 재구했

---

71) 그렇지만 두 학자의 재구음은 운미에서 매우 큰 차이를 보인다. 똥 통허는 왕 리가 영운미로 재구한 운부에 유성 폐쇄음 운미 *-b, *-d, *-g를 재구했다.
72) 孤, 圖, 奴, 徒, 姑, 吾, 都, 胡, 疏, 烏 등이 모두 魚운부에 속하는 글자들이다.

으며 대전 현상을 보이는 陽운부 글자들의 주요모음도 a로 재구했다.

(2) 幽운부와 侯운부

魚운부나 歌운부의 주요모음에 대해서는 크게 이견이 없다. 그런데 幽운부와 侯운부의 주요모음에 대해서는 학자들마다 조금씩 차이를 보인다. 리 팡꾸이는 之운부와 幽운부의 주요모음을 똑같이 ə(之*əg, 幽*əgʷ)로 재구했고, 侯운부의 주요모음은 *u로 재구했다. 똥 통허는 幽운부의 주요모음은 *o, 侯운부의 주요모음은 *u로 재구했다. 반면 왕 리, 정장 상팡, 판 우윈은 幽운부 주요모음은 *u, 侯운부 주요모음은 *o로 재구했다. 고모음 u와 반고모음 o는 모두 후설의 원순모음으로 두 모음의 음가는 매우 비슷하다. 두 운부가 상고중국어에서 매우 유사한 음이었음을 보여 주는 한국한자음 자료가 있다.

신라 내물왕의 아들 이름이 『삼국사기』 제3권에는 卜好, 『삼국유사』 제1권에는 寶海로 수록되어 있다. 卜과 寶가 같은 음을 나타낸다. 한국한자음으로는 '복'과 '보'로 종성의 차이만 있다. 중고 중국어에서 卜은 입성운, 寶는 음성운이었다. 寶는 幽운부의 글자이고, 卜은 侯운부와 압운하는 屋운부의 글자로 리 팡꾸이, 똥 통허의 상고음 재구음은 *puk이다.

아래는 『삼국유사』 제1권에 실린 辰韓의 마을 이름이다.

沙涿   沙道

지명 옆에 "신라 사람들의 방언에 涿을 道로 발음한다(羅人方言,

讀涿音爲道)"고 표기되어 있다. 涿은 侯운부와 압운하는 屋운부 글자, 道는 幽운부 글자이다.

위의 두 가지 예는 幽, 侯 두 운부의 음이 매우 비슷했음을 의미한다. 위의 한국한자음 자료만 고려하면 두 운부를 합쳐도 괜찮을 것 같지만 학자들은 친족어 자료를 바탕으로 두 운부의 주요모음을 대체로 侯운부는 *o, 幽운부는 *u로 재구한다. 한국한자음은 'ㅜ' 또는 'ㅠ'로 실현되었다. 판 우윈(2000:206-209)에 의하면 侯운부 글자는 산스크리트의 u를 음역하는 데 쓰이기도 했지만 o를 음역하는데 더 많이 쓰였으며, 幽운부 글자는 bu를 浮로, śu를 修와 首로 옮긴 것처럼 u만을 음역하는데 쓰였다고 언급했다. 판 우윈은 또한 幽운부 글자들은 고대 베트남한자음으로 u이며, 幽운부와 압운하는 覺운부 글자들, 대전 현상을 보이는 冬운부 글자들이 티베트글말에서 모두 주요모음이 u로 실현되었다고 밝혔다. 판 우윈(2000:206-207)에 실린 幽운부 글자의 고대 베트남한자음과 幽, 覺, 冬운부 글자들의 티베트글말을 일부 옮겨 보면 다음과 같다.

고대 베트남한자음[73]

誘 유혹하다	du^4	柔 부드럽다	diu^6	攪 섞다	su^5 〈 kru
帽 모자	mu^4	肘 팔꿈치	$khuyu^3$	受 받다	$chiu^6$

티베트 글말

九	아홉	dgu	舟 배	gru	晝 낮	gdugs
攪	섞다	dkrug	毒 독	dug	忠 충성	druŋ
肘, 舟	팔꿈치	gru	道 도리	lugs	六 여섯	drug

----
73) 숫자는 성조를 나타낸다. 현 베트남어에는 6개의 성조가 있다.

반면 같은 원순모음을 지녔던 것으로 보이는 侯운부 및 侯운부와 압운하는 屋운부, 대전 현상을 보이는 東운부 글자들의 주요모음은 다음에서 볼 수 있듯이 고대 베트남 한자음에서 *o로 실현되었고 티베트글말에서는 *o와 *u로 실현되었다.[74]

고대 베트남한자음

叩 두드리다 kho³	逾 지나치다 lô⁵	漏 물이 새다 ro²
缸 항아리 cong¹	龍 용 rong²	種 종류 giông⁵
狗 개 cho⁵ ⟨ klo	豎 수직 sô⁵	角 모서리 goc⁵

티베트어

鉤 쇠갈고리 kjo	後 다음 ɦog	螻 개미 grog
聚 모으다 sog	讀 읽다 klog	曲 꼬불꼬불하다 kjog
巷 마을 groŋ	洞 동굴 doŋ	奉 받들다 ɦibroŋs

그러나 다음과 같이 티베트 글말에서는 중국어와 어원이 같은 어휘들의 주요모음이 u인 경우도 있다.

鉤 갈고리 kju	俗 풍속 lugs	江 강 kluŋ
谷 산골짜기 luŋ	蜂 벌 buŋ	霧 안개 rmu
哭 울다 ŋu	龍 용 ɦibrug	孔 구멍 khuŋ

幽운부 및 幽운부와 압운하는 覺운부, 대전 현상을 보이는 冬운부의 글자들은 고대 베트남한자음으로 모두 u로 실현되었고, 侯운부 및 侯운부와 압운하는 屋운부, 대전 현상을 보이는 東운부의 글자들은 고대 베트남한자음으로는 o로, 티베트어로는 o와 u로 실현되었

....

74) 자세한 예는 潘悟雲(2000:206-209) 참조.

다. 이 같은 사실을 고려하여 학자들은 대체로 幽운부의 상고 시기 주요모음을 *u로, 侯운부의 주요모음을 *o로 재구한다.

(3) 之운부

리 팡꾸이, 왕 리, 똥 통허 등 많은 학자들이 之운부의 주요모음을 애매모음 *ə로 재구했다. 之운부의 글자들은 u를 음역하는 데 쓰이기도 하고 a를 음역하는 데도 쓰였으며 e를 음역하는 데도 쓰이는 등 여러 가지 음을 전사하는 데 쓰였기 때문이다. ə는 모음사각도의 중앙에 위치하는 모음으로 어떤 음으로든지 쉽게 변할 수 있다. 판 우윈(2000:212)은 정장 상팡(1984:43)과 마찬가지로 之운부의 주요모음을 ɯ, ə로 나타냈다. 판 우윈은 之운부가 ə와 ɯ 두 개의 음소 변이음을 지닌 것으로 보았다.

판 우윈(2000:211-214)에 의하면 Kucha를 龜茲로 전사했는데, ku를 전사한 龜도 之운부 글자이고 cha를 전사한 茲도 之운부 글자이다. 앞에서 언급한 烏弋山離는 Alexandria를 전사한 것인데, lek을 음역한 弋이 職운부 글자이다. 판 우윈은 티베트 동원어同源語에서도 之운부 및 之운부와 대응되는 職운부, 蒸운부의 글자들이 a, o, i, e 등으로 실현된 예를 자세히 덧붙였다.

이 같은 예는 고대 한국한자음 자료에서도 찾아볼 수 있다. 앞에서 신라 내물왕의 아들 이름이 卜好와 寶海로 『삼국사기』와 『삼국유사』에 실려 있음을 언급한 바 있다. 好는 幽운부 글자이고 海는 之운부 글자인데, 같은 음을 표기하는 데 쓰였다.

다음은 『삼국사기』 제37권에 실린 고구려 지명이다.

于烏縣　　一云　　　郁烏

　于는 魚운부 글자이고 郁은 之운부 글자이다. 이와 같이 之운부의 글자들이 고대 한자음 자료에서 여러 가지 모음에 대응되게 수록되었기 때문에 학자들은 之운부 및 之운부와 압운하는 職운부, 대전 현상을 보이는 蒸운부 글자들의 주요모음을 대체로 어떤 음으로든 쉽게 변할 수 있는 중앙모음 *ə로 재구했다.

(4) 脂운부와 支운부
　리 팡꾸이, 정장 상팡, 판 우윈 등은 脂운부의 주요모음을 *i로 재구했고 왕리, 똥 통허 등은 *e로 재구했다. 판 우윈(2000:214-215)은 고대 베트남한자음과 티베트 동원어에서 脂운부 및 脂운부와 압운하는 質운부, 眞운부 글자들의 주요모음이 i로 실현된 예를 들었다.

　고대 베트남한자음
　閉 막다, 닫다 bit[5]　　　橘 귤 quit[5]　　　夷 매끄럽다 li[1]
　二 두 번째 nhi[2]　　　信 믿다 tin[1]　　　申 신청하다 xin[1]

　똥 통허는 脂운부도 *e, 支운부도 *e로 재구했고, 왕 리는 支운부는 *e, 脂운부는 모음 운미 *-i를 덧붙여 *-ei로 재구했다.
　支운부는 학자들에 따라 佳운부라 하기도 한다. 리 팡꾸이, 정장 상팡 등은 支운부의 명칭을 佳운부라 칭했다. 리 팡꾸이는 支운부의 주요모음도 脂운부처럼 *i로 재구하고 두 운부의 운미를 다르게 하여 支운부는 *ig로, 脂운부는 *id로 재구했다. 판 우윈(2000:210-211)은 支운부, 支운부와 압운하는 錫운부, 耕운부 글자들이 티베트어에서 i로 실현된 예도 있지만, 대체로 e로 실현되었으며 고대 베트남한자음에서도 e로 실현되었다고 밝혔다.

고대 베트남한자음

易 쉽다 dê⁴	溪 시내 khe¹	正 정월 giêng¹
井 우물 giêng⁵	卦 점괘 que³	零 외롭다 riêng¹

티베트어

冊 책 glegs	頸 목 ske	益 이익 khe
零 외롭다 reŋ	盛 충만하다 ɦgeŋs	定 결정하다 gdeŋ

판 우윈은 支운부가 i라면 중고 중국어 시기 e가 된 이유를 설명하기 어렵다고 지적하고 *e로 재구했다.

(5) 祭운부와 歌운부, 微운부

리 팡꾸이와 똥 통허는 祭운부와 歌운부의 주요모음을 똑같이 *a로 재구했고 祭운부와 압운하는 月운부, 元운부의 주요모음도 *a로 재구했다. 리 팡꾸이는 대응되는 양성운과 입성운이 없는 歌운부의 운미를 *-r로 재구하고 祭운부는 *-d로 재구했다. 똥 통허는 歌운부는 영운미, 祭운부는 *-d로 재구했다.

반면 정장 상팡과 판 우윈은 祭운부와 상응하는 입성운 月운부, 양성운 元운부는 물론 歌운부 역시 중뉴와 해성 관계, 중고음 등을 엄밀히 적용하여 세 부류로 각각 나누었다. 祭운부에 속하는 운은 *-ats, *-ets, *-ots로 세분하였고 양성운 元운부는 *-an, *-en, *-on으로 세분하였으며 입성운 月운부는 *-at, *-et, *-ot로 나누었다. 마찬가지로 歌운부 역시 *-al, *-el, *-ol로 나누었다.

微운부와 상응하는 입성운 物운부 및 양성운 文운부의 주요모음도 리 팡꾸이와 똥 통허는 *ə로 재구한 반면 정장 상팡과 판 우윈은 두 부류로 나누고 각각 *ɯ와 *u의 두 주요모음을 재구했다. 앞에서 판 우윈은 魚, 幽, 侯, 之, 支, 脂운부의 주요모음을 각각 a, u, o, ɯ, e, i로 재구했다. 판 우윈은 이 운부들을 운미가 없는 음성운 운부로 보았는데, 이 여섯 개의 음성운 운부에 상응하는 입성운과 양성운은 脂운부를 제외하고는 모두 설근음 운미를 갖는다. 판 우윈은 고대의 언어일수록 모음체계가 대칭을 이룬다고 보고 설근음 운미를 갖는 운부에 a, u, o, ɯ, e, i의 여섯 개 주요모음이 있었다면 *-ts, *-t, *-n, *-l의 설첨음 운미를 갖는 운부에도 여섯 개의 주요모음이 있었을 것으로 보았다(표 2-15 참조). 그는 음성운 脂운부도 두 부류로 나누고, 한 부류는 음성운 및 대응되는 설근음 운미 운(*-i, *-ig, *-iŋ)으로 분류했고 다른 한 부류를 설첨음 운미 운(*-il, *-its, *-it, *-in)으로 재구했다. 脂운부와 상응하는 眞운부는 *-in, 質운부는 *-it로 재구했다. 또한 앞에서 祭운부를 *-ats, *-ets, *-ots로 보았으므로 *-its도 있었다고 보고 중고 시기 霽운과 怪운의 글자들이 이 주요모음과 운미를 가진 것으로 분류했다.75)

표 2-15

歌운부	al	el	ol	微운부	ɯl	ul	脂운부	il
月운부	at	et	ot	物운부	ɯt	ut	質운부	it
祭운부	ats	ets	ots	隊怪운	ɯts	uts	霽怪운	its
元운부	an	en	on	文운부	ɯn	un	眞운부	in

....

75) *-ats, *-ets, *-ots, *-its는 중국어의 거성이 -s 운미에서 기원했다는 거성의 -s 운미 기원설에 따른 표기이다. 성조체계 참조.

상고음 시기는 매우 길어서 『시경』 시기와 한대 압운 상황이 달라진 경우가 많다. 판 우윈처럼 한 운부에 여러 개의 운모를 재구하면 변화된 모든 압운 상황을 설명할 수 있지만, 이 같은 가설 체계는 어느 한 시기의 공시적인 음운체계와는 거리가 있다.

(6) 侵운부와 談운부

-p 입성자는 고대 운문에서 음성운 글자들과 압운하지 않는다. 侵운부와 談운부는 대응되는 입성운만 있는데, 緝운부와 盍(葉)운부이다. 판 우윈(2000:234)에 의하면 -m, -p 운부 글자들이 『시경』에 운자로 쓰인 예는 매우 적고 『육서음운표六書音均表』에도 13개 예만 있어서 여러 경전에 쓰인 예를 포함해도 19개의 용례만이 있다. 예가 적기 때문에 운부를 나눌 때에도 어려움이 생길 수밖에 없었다. 그래서 대부분의 학자들이 -m 운부와 -p 운부를 각각 두 개로 나누었다. 리 팡꾸이와 똥 통허는 侵운부와 緝운부의 주요모음을 *ə로 재구했고 談운부와 盍운부의 주요모음을 a로 재구했다. 그러나 똥 통허(1968:285)는 그의 저서에서 황 칸黃侃이 만년에 처음으로 "談添盍帖古分四部說"을 제기한 것과 같이 談운부가 *am, *ɐm 둘로 분명히 나뉜다고 지적했다.[76]

모음체계의 대칭을 중요시 한 정장 상팡과 판 우윈은 해성 현상과 중뉴, 중고음 등을 고려하여 侵운부와 談운부를 각각 세 개의 작은 운부로 나누고 侵운부 및 侵운부와 상응하는 입성운 緝운부에 *i, *ɯ, *u 세 개의 주요모음을 재구했고, 談운부 및 談운부와 상응하는

---

76) 똥 통허는 談, 銜, 嚴운과 鹽운 일부를 한 부류로, 覃, 咸, 添운과 鹽운 일부를 다른 한 부류로 나눠야 한다고 지적했다.

盍운부에 *o, *a, *e 세 개의 주요모음을 재구함으로써 *im, *ɯm,
*um, *om, *am, *em의 여섯 개 -m 운미 운과 *ip, *ɯp, *up, *op,
*ap, *ep의 여섯 개 -p 운미 운을 재구했다.

(7) 宵운부

宵운부 및 宵운부와 압운하는 藥운부도 대부분의 학자들이 주요
모음을 *a로 재구했다. 리 팡꾸이와 왕 리는 *a로 재구했고 똥 통허
는 ɔ로 재구했다.[77] 모음체계의 대칭을 중요시 한 정장 상팡과 판
우원은 宵운부에도 *a, o, e 세 개의 주요모음을 재구했다.

학자들이 각 운부에 재구한 주요모음을 정리하면 다음과 같다.

표 2-16

운부	李方桂	董同龢	潘悟雲
魚陽鐸	a	a	a
侯東屋	u	u	o
之蒸職	ə	ə	ə, ɯ
支耕錫	i	e	e
幽冬覺	ə	o	u
宵藥	a	ɔ	a, e, o
脂眞質	i	e	i
祭元月歌	a	a	a, e, o
微文物	ə	ə	u, ɯ
侵緝	ə	ə	i, u, ɯ
談盍	a	a	a, e, o

....

77) 宵운부를 왕 리는 *au로, 리 팡꾸이는 *agʷ, *akʷ로, 똥 통허는 *ɔg, *ɔk로
재구했다.

판 우원은 고대 시가의 압운 현상이나 형성자의 성부 등의 상고 중국어 음운 자료뿐만 아니라 중고음과의 관계, 모음체계의 대칭 등을 고려하였기 때문에 위와 같이 한 운부에 여러 개의 주요모음을 재구했는데, 원칙적으로는 한 운부에 하나의 주요모음과 운미만을 재구하는 것이 옳다. 한 운부에 여러 개의 모음과 운미를 재구한다면 모든 한자의 상고중국어에서 중고중국어로의 음운변화를 설명할 수 있지만, 음운자료가 반영하는 어느 한 시기의 공시적인 음운체계와는 다소 거리가 먼 가상의 음운체계임은 부정할 수 없다.

4. 운미

상고 중국어에 비음 운미 -m, -n, -ŋ이 있었다는 데는 논란의 여지가 없다. 또한 일부 학자들이 입성운에 존재한 폐쇄음 운미가 무성 파열음 -p, -t, -k가 아닌 유성 파열음 -b, -d, -g였을 수도 있다는 가설을 제기하기도 했지만(潘悟雲 2000) 입성운에 폐쇄음 운미 -p, -t, -k가 있었다는 데도 대부분의 학자들이 동의한다. 가장 논란이 되고 있는 학설은 과연 음성운에 유성 폐쇄음 운미가 있었는가 하는 문제일 것이다.

(1) 음성운陰聲韻

보통 음성운이라고 하면 운미가 없는 개미운開尾韻을 떠올리는데, 음성운 글자들이 중고 중국어에서 운미가 없었기 때문이다. 그런데 이 글자들이 상고 중국어에서는 유성의 폐쇄음 운미를 가졌다는 학설이 대두되어 많은 사람들의 인정을 받고 있다. 가장 먼저 이러한 견해를 제시한 학자는 칼그렌(1954)이며, 이어 똥 통허(1968), 리 팡꾸이(1982) 등이 이 견해를 지지했다. 반면 왕 리(1980) 등은 음성 운은 상고 중국어에서도 운미가 없었다고 보았다.[78]

(가) 유성 폐쇄음 운미설

입성자와 음성운 글자들이 압운한 것을 처음 발견한 사람은 청대 학자 꾸 앤우이다(王力 1984:144-145). 그러나 입성자와 압운한 음성운 글자들의 상고음에 실제로 유성 폐쇄음 운미 -b, -d, -g, -r을 재구한 학자는 칼그렌이 처음이다.[79] 칼그렌은 상고 중국어 운부를 35개로 나누고, 이 가운데 세 운부는 개미운, 즉 자음 운미가 없는 운으로 재구했다. 똥 통허(1968) 역시 『시경』의 압운 상황과 형성자의 성부에 근거하여 유성 폐쇄음 운미 -b, -d, -g를 재구했다. 리 팡꾸이(1982)는 -b, -d, -g 외에 -r을 추가했다.

세 학자의 분류는 매우 비슷하다. 판 우윈(2000:169-170)은 칼그렌, 똥 통허, 리 팡꾸이가 재구한 상고 중국어 운미체계의 차이점을 다음과 같이 정리했다. 첫째 칼그렌은 魚운부와 侯운부를 *-g 운미 음절과 개음절로 분류했다. 입성자와 압운하는 글자들은 *-g로 재구했고, 입성자와 압운하지 않는 글자들은 개음절로 재구했다. 똥 통허와 리 팡꾸이는 『시경』의 압운 상황과 형성자의 성부를 살펴보고

----

78) 음성운에 관한 내용 가운데 유성폐쇄음 운미설과 개음절설 앞부분은 김태경(2011)의 논문 「상고 중국어 陰聲韻 韻尾 고찰」을 수정하고 첨삭한 내용임을 밝혀 둔다.
79) 칼그렌(1985:158)은 실제로 -b를 가진 음성운 글자는 제시하지 않았고 -p를 가진 입성자를 제시하며 -p(-b)로 표기하여 소수 글자의 음이 -b였을 수도 있음을 나타냈다.

이 두 부류를 사실상 나눌 수 없다고 보았다. 따라서 두 학자는 魚운부와 侯운부 운미를 모두 *-g로 재구했다.

둘째, 칼그렌은 微운부에 *-d, *-r 운미를 재구했다. 입성자와 압운하는 글자들은 *-d로, 입성자와 압운하지 않지만 文운부와 관계있는 글자들에는 *-r 운미를 재구했다. 똥 통허와 리 팡꾸이는 역시 두 부류가 나뉘지 않는 것으로 보고 대부분의 微운부 글자들을 *-d로 재구하였다.[80]

셋째, 歌운부를 칼그렌은 -n 운미 글자와 관계있는 것은 *-r로, -n 운미 글자와 관계없는 것은 영운미로 재구했다. 똥 통허와 리 팡꾸이는 이 두 부류가 실제로 분리되지 않았다고 보았다. 다만 똥 통허는 이 운부의 글자들을 영운미로, 리 팡꾸이는 *-r로 재구했다.

똥 통허(1968)와 리 팡꾸이(1982)가 분류한 상고음 운부를 소개하면 아래와 같다.

표 2-17

	운부	李方桂	董同龢
1	之부	-əg, -ək	-əg, -ək
2	蒸부	-əŋ	-əŋ
3	幽부	-əgʷ, -əkʷ	-og, -ok
4	中부(冬부)	-əŋʷ	-oŋ
5	緝부	-əp	-əp
6	侵부	-əm	-əm
7	微부	-əd, -ət, (-ər)	-əd, -ət, (-ər)

· ·

80) 두 학자는 소수의 微운부 글자들에 *-r 운미를 재구했다. 李方桂(1982:48)가 微운부에 넣고 -r로 재구한 글자들로는 火, 燹, 虺, 縋, 燬가 있고, 董同龢(1968:281)가 微운부에 넣고 -r로 재구한 글자들로는 火, 毁가 있다.

	운부	李方桂	董同龢
8	文부	-ən	-ən
9	祭부	-ad, -at	-ad, -at
10	歌부	-ar	-a
11	元부	-an	-an
12	葉부	-ap	-ap
13	談부	-am	-am
14	魚부	-ag, -ak	-ag, -ak
15	陽부	-aŋ	-aŋ
16	宵부	-ag^w, -ak^w	-ɔg, -ɔk
17	脂부	-id, -it	-ed, -et, (-er)
18	眞부	-in	-en
19	佳부(支부)	-ig, -ik	-eg, -ek
20	耕부	-iŋ	-eŋ
21	侯부	-ug, -uk	-ug, -uk
22	東부	-uŋ	-uŋ

본서에서는 두 학자의 中운부를 冬운부로 표기했고, 佳운부는 支운부로 표기했다. 위의 표를 보면 리 팡꾸이가 재구한 음운체계에는 개음절이 전혀 없고, 똥 통허가 재구한 음운체계에서는 오직 歌운부 글자들만이 개음절이다. 중고 중국어 음성운에는 전혀 없는 자음 운미가 상고 중국어 음성운에 재구되어 있다.

(나) 개음절설

왕 리(1980)는 음성운 글자들이 상고 중국어에서 유성 폐쇄음 운미를 지녔다는 학설을 부정했다. 상고 중국어 음운체계에 자음 운미가 없었다고 보는 학자들의 주장을 정리해 보면 다음과 같다.

첫째, 개음절이 거의 없거나 아예 없는 언어는 언어의 보편적인 현상과는 맞지 않는다. 그러나 리 팡꾸이는 대만의 사오어邵語를 연구하고 사오어에는 모음으로 시작하거나 끝나는 음절이 없고 모든 음절에 어두자음과 어말자음으로 항상 성문 폐쇄음 -ʔ이 쓰인 사실을 발견했다.[81] 또 풀리블랭크(Pulleyblank)도 옛 몬어에서 단모음이 항상 성문 폐쇄음 운미 -ʔ와 함께 쓰이는 사오어와 유사한 사례를 발견했다.[82]

그러나 판 우원(2000:170-171)은 동남아시아 언어에서 ʔ- 성모는 음소적으로 영성모零聲母로 모음을 발음할 때 성문이 열리는 일종의 특유의 발성 방식이며, 현대 중국어 방언에서도 -ʔ 운미는 말소리를 낼 때의 특징으로 자음을 발음할 때와는 다르다고 밝히고, 옛 몬어에서의 -ʔ 운미도 이러한 유형에 속하는 것인지는 아직 밝혀지지 않았다고 덧붙였다. 그러므로 현대 언어에서 폐음절로만 이루어진 언어는 사실 찾아보기 힘들다는 것이다. 하지만 판 우원(2000:171)은 학자들이 재구한 고대 언어에는 폐음절로만 이루어진 언어들이 일부 있는 사실도 언급했다. 예를 들면 원시 유럽어의 어근은 모두 CVC 유형이고(Christal 1988), 원시 오스트로네시아 어족의 언어(南島語) 역시 어근이 CVC이다(Blust 1988). 고대 티베트어의 어근을 보면 폐음절의 어근이 현대 티베트어의 폐음절 어근보다 훨씬 많다.[83]

....

81) 李方桂 1956. 「邵語記略」 『考古人類學刊』 臺灣大學 第7期. 潘悟雲(2000: 170-171)에서 재인용. 사오어邵語는 대만 중부 日月潭 지역 원주민들이 사용하는 언어로, 영어로는 Thao[θau] 또는 Sao어로 알려져 있다. 사오어가 모어 母語인 사람이 2000년에 5~6명에 불과했다. 출처: 영어 위키백과.
82) 풀리블랭크(E. G. Pulleyblank) 1962-1963. "The Consonantal System of Old Chinese", *Asia Major* 9. 潘悟雲(2000:170-171)에서 재인용.

국문학자인 서정범(2000:16-17)은 한국어의 조어도 단음절어로서 폐음절어인 CVC 유형으로 보았다. 그는 증거로 첫째, 신체어, 천체어가 대부분 단음절어이며 폐음절어가 대부분이라는 점을 들었다. 신체어인 눈, 코, 귀, 볼, 낯, 목, 멱, 뼈, 팔, 갗, 살, 숨, 배, 손, 발, 젖 등이 모두 단음절어이고 해, 달, 별, 볕 등의 천체어도 단음절어이다. 또 수사도 조어를 재구해 보면 단음절어라고 주장했다. 우리말에서는 폐음절로 된 단음절어를 쉽게 찾아볼 수 있다. 벗, 숯, 밥, 솥, 뿔, 삯, 불, 물, 품, 속, 겉, 빛, 떡, 쌀 등을 예로 들 수 있다. 둘째, 고대의 주격조사는 '이'뿐이었다가 16세기에 이르러 '가'가 나타난다는 점이 우리말이 원래 CVC 유형에 속하는 결정적인 증거라고 언급했다.

위와 같은 사실들로 미루어 우리는 상고 중국어 음성운에 자음운미가 확실히 없었다고 단언할 수 없다.

둘째, 음성운에 폐쇄음 운미가 존재했을 것이라는 학설을 부정하는 학자들은 吁, 呼 등의 감탄사나 의성어에 폐쇄음 -g는 어울리지 않는다고 주장한다. 웨이 지앤꿍(魏建功 1929)은 '吁'는 탄식 소리이고, '呱'는 우는 소리, '許許'는 벌목할 때 나는 소리이거나 무언가를 힘껏 들어 올릴 때 내는 소리로, 이러한 소리를 나타내는 글자들은 개음절이어야 한다고 주장한다.[84] 판 우윈(2000:172) 역시 '呼'는 숨

----

83) Christal, D. 1988. *The Cambridge Encyclopedia of Language*, Cambridge University Press. Blust, R. 1988. *Austronesian Root Theory, an Essay on the Limits of Morphology*, John Benjamins Publishing Company. 潘悟雲 (2000:171)에서 재인용.

84) 魏建功 1929. 「陰陽入三聲考」『國學季刊』第2卷 2期. 潘悟雲(2000:171)에서 재인용.

을 내쉴 때 나는 소리이므로 -g 운미가 없다고 보았다. 또 그는 까마귀가 우는 소리인 '烏'나 비둘기가 우는 소리인 '鳩' 등도 소리를 표현한 글자들이므로 촉급한 폐쇄음 운미를 가졌을 리 없다고 보았다.

그러나 한국어만 살펴보아도 -k 종성으로 끝나는 의성어를 쉽게 찾을 수 있다. 우리말에는 액체를 힘차게 입으로 빨아먹을 때 내는 소리 '쭉'과 같이 -k종성으로 끝나는 의성어가 많다. 특히 위에 언급한 의성어 가운데 한국어에서 -k 종성을 갖는 의성어도 있다. 예를 들면 한국어에서 우는 소리로 '흑흑'이 있다. 또 중국어 '呼'와 비슷하게 입김을 조금 세게 부는 소리로 '훅훅', '훅훅'이 쓰인다. 숨이 차서 숨을 몰아쉬며 내는 소리는 '헉헉'이다. 중국어 '呼'는 또 바람 부는 소리에도 쓰이는데, 상응하는 한국어 의성어는 '획' 또는 '획획'이다. 비둘기가 우는 소리도 한국어 의성어로는 '꾹꾹', 까마귀나 까치가 우는 소리는 '깍깍'으로 나타낸다. 물체나 물방울이 떨어지는 소리도 '뚝뚝', '똑똑'이다. 또 단단한 물건을 가볍게 두드리는 소리는 '똑딱', '뚝딱'으로 한국어에는 -k 종성의 글자들이 상당히 많은 것을 알 수 있다. 의성어에 -g가 어울리지 않는다는 생각은 현대 중국어에서 이 의성어 어휘들이 -g 운미를 갖고 있지 않기 때문에 상고 중국어에서도 없었을 것이라고 추측한 데서 비롯된 생각일 수 있다. 그러므로 의성어에 -g가 어울리지 않기 때문에 상고 중국어에 폐쇄음 운미가 없었을 것이라는 주장은 무리가 있다.

셋째, 판 우윈(2000:172-173)은 중국어 음운 변화사상 중요한 내부 규칙을 발견했으며, 그 내부 규칙에 의하면 상고 중국어에서 음성운 글자들에 유성 폐쇄음 운미는 있을 수 없었다고 주장했다. 그에 따르면 주요모음의 혀의 위치는 후설고모음의 방향으로 변화했다. 더 이상 변화할 수 없는 후설 고모음 u 또는 ɯ에 이르면 이중모음으로 변화되고 이 이중모음의 두 모음은 서로 차이가 큰 방향으로 변화한다는 것이다. 즉 魚운부의 模운은 a(상고)〉ɑ(전한)〉ɔ(후한)〉o(중고)〉u(현대)로 변화했고, 幽운부의 豪운은 u(상고)〉əu(전기 중고음)〉ɑu(중고)로 변화했으며, 侯운부의 侯운은 o(上古)〉u(전기 중고음)〉əu(중고)로 변화했고, 之운부의 咍운은 ɯ(上古)〉ᵊɯ〉əi(중고)로 변화했다. 그에 따르면 양성운은 줄곧 운미를 가지고 있어 지금까지 음이 크게 변하지 않았다. 입성운은 운미가 있었던 시기까지는 상응하는 양성운과 변화속도가 같았지만 운미가 소실되자 변화속도가 빨라졌다. 음성운이 상고 중국어에서 운미가 있었다면 운미가 소실되기 전 그 변화속도는 양성운, 입성운과 같아야 한다. 그렇지 않다면 운미가 없었음을 의미한다는 것이다. 칼그렌 등의 학자들은 한대에도 음성운에 폐쇄음 운미가 있었다고 보는데, 루오 창페이·조우 쭈모(2007:13)에 의하면, 魚운부와 侯운부의 글자들은 선진先秦 시기에는 압운하지 않다가 한대에는 압운하게 되었다. 그러나 상응하는 양성운과 입성운 글자들은 같은 현상을 보이지 않았다. 판 우윈은 이를 魚운부가 전한대에 이미 ɔ로 변하는 과정에 있었기 때문에 侯운부 o와 더러 압운할 수 있었던 반면, 魚운부와 상응하는 陽, 鐸운부의 주요모음은 변하지 않아 侯운부와 상응하는 東, 屋운부와 압운하지 않았던 것으로 풀이했다. 魚운부의 변화가 陽, 鐸운부와 동시에 이루어지지 않았다는 사실을 전한 시기 魚운부에는 운미가 없었음을 보여 주는 것으로 풀이했다.

그러나 이 역시 음성운에 폐쇄음 운미가 없었음을 입증하는 확실한 증거로는 볼 수 없다. 판 우윈의 말대로 선진시기에는 魚, 侯운부가 압운하지 않았다가 한대에 이르러 압운했다면 전한 시기에 魚운부에 폐쇄음 운미가 있었다가 어느 시점 탈락하면서 급격한 음의 변화를 겪었을 수 있기 때문이다. 또 운미의 탈락 없이도 주요모음이 변화될 수 있다는 것을 우리는 江섭과 宕섭의 글자들이 병합된 것에서 보아 온 것처럼 魚운부 글자들의 주요모음이 전한대의 어느 시점에 侯운부 글자들의 주요모음과 유사하게 갑작스럽게 변했을 수도 있다. 윌리엄 왕(William Wang)이 제기한, 음 변화가 시작된 초기에는 변화가 서서히 진행되지만 어느 시점에 이르러 급격히 변화한 후 다시 완만히 진행된다는, 즉 음 변화는 아래 그림에서 볼 수 있듯이 S자형 곡선을 이룬다는 어휘 확산이론은 이 문제에 있어서 우리에게 무언가 알려 주는 바가 있다.[85] 다음 그림에서 세로축은 음 변화의 영향을 받은 글자의 수를 나타낸다.

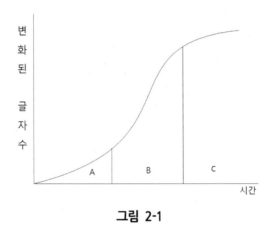

그림 2-1

----

85) 윌리엄 왕의 어휘확산이론에 대해서는 엄익상(2002:305-311)에서 재인용하였다.

월리엄 왕에 의하면 B가 지속되는 시간은 짧고 한순간에 갑자기 일어날 확률이 많다. 음 변화가 A단계에 있을 때는 시가의 압운에 반영되지 않는다. C단계에 이르렀을 때 시가의 압운에 반영되는데, B 기간이 순간적이라면 선진시기에 압운하지 않았던 글자들이 한대에 압운할 수 있다는 결론을 내릴 수 있다. 상고 중국어 시기는 매우 길며 어느 시점에 자음 운미가 없는 것으로 보인다고 해서 그 이전에도 없었을 것이라고 단정할 수 없다.

입성 운미의 소실도 사실 순간적이었을 것이다. 후 쩡胡曾이 쓴 당시唐詩 "十을 石이라하고, 針을 眞이라 한다. 홀연 비구름이 몰려오니 하늘로 인해서라고 하는구나!(呼十却爲石, 喚針將作眞, 忽然雲雨至, 總道是天因)"에서 벌써 입성 운미의 변화를 읽을 수 있다(陸志韋 1988:128). 또한 -m운미도 -n운미로 병합되기 시작했음을 알 수 있다. 針과 眞을 혼용하고, 마지막 구절에서는 하늘이 흐리다, 즉 陰으로 발음해야 하는데 因으로 발음하는 것을 풍자한 것이다. 그렇지만 원대元代에 간행된 『중원음운中原音韻』에서조차도 운미 -m은 -n에 완전히 병합되지 않았다.[86] 또한 전탁全濁 상성의 글자가 거성으로 변한 음 변화도 멍 하오란孟浩然, 왕 웨이王維, 리 빠이李白, 뚜 푸杜甫 등의 성당盛唐 시인의 시에 나타나 있다(史存直 1997:201). 다만 변화를 받아들이려 하지 않고 옛 발음에 집착하는 경향으로

....

[86] 『중원음운』에는 양순 비음 운미 -m이 보존되어 있지만, 品, 範 등 양순음 성모를 가진 -m 운미 글자들이 -n 운미 운부에 수록되어 있다. 이 같은 사실은 이 글자들이 먼저 성모와 운미의 이화작용으로 인해 운미가 -n으로 변화했고, 이후 다른 -m 운미 음절도 이 영향을 받아 -n으로 변화했음을 의미한다. 그렇지만 후 쩡이 쓴 위의 시로 보아서는 지역에 따라 -m 운미가 훨씬 더 이른 시기에 -n으로 변화했음을 알 수 있다.

인해 운서나 운도에는 음 변화가 이루어진 시기보다 훨씬 늦게 이 같은 변화가 반영된 것이다.

넷째, 왕 리(1980:77)는 칼그렌이 성부가 같은 글자들에 근거해 之, 幽, 宵, 支 네 운부와 魚운부의 절반을 *-g로 분류한 것을 비판하고, 이들이 『시경』에서 압운할 수 있었던 것은 주요모음만 같으면 서로 압운할 수 있었기 때문이라고 설명했다. 그러면서도 之와 職, 幽와 覺, 宵와 藥, 魚와 鐸, 支와 錫운부의 관계가 밀접하다고 부연했는데, 언급한 다섯 개의 음성운 운부는 칼그렌 등이 *-g로 재구한 운부이다.

그러나 주요모음만 같으면 압운할 수 있었다면 왜 위 운부의 글자들이 주요모음이 같은 다른 입성 운부, -p, -t운부의 글자들과는 압운하지 않았을까? 양 지앤챠오(1998:54)도 이 점을 지적했다. 그는 왕 리의 주장이 옳다면, ə를 가진 음성운 운부 글자들이 ək운부 글자들과만 해성현상을 보이고 압운하면서, 왜 ət, əp운부 글자들과는 압운하지도 않고 해성 현상을 보이지도 않는가 하는 점을 지적했다. 이 같은 문제에 대해 판 우윈(2000:182)은 魚운부 글자들의 경우, a 가 설첨 운미 -t 앞에 있으면 혀의 위치가 앞으로 이동해 魚운부의 a와 음색이 크게 달라지기 때문이라고 풀이했다. 즉 a와 ak은 비슷하게 들리지만 a와 at은 음의 차이가 비교적 크다는 것이다. 그러나 왕 리와 판 우윈의 주장이 보다 설득력을 갖기 위해서는 입성운 -t 운부와 압운하는 음성운 글자들이 같은 주요모음을 가진 입성운 -k 운부 글자들과 압운하지 않는 이유에 대해서도 밝혀야 한다. 예를 들면 ət와 압운하는 ə 음성운 글자가 왜 ək운부 글자들과는 압운하지 않고 해성 현상도 보이지 않는지 밝혀야 한다. ə와 ək의 음의 차이가 결코 ə와 ət의 음의 차이보다 크다고 할 수 없기 때문이다. 아래 표에 같은 운부에 속하는 해성 현상을 보이는 음성운 및 이에 대응되는 입성운 글자 몇 개를 적어 본다. 같은 운부에 속하는 글자가 대부분 여러 개이지만 비교하기 편리하도록 한 글자씩만 수록했다. 표기된 상고음은 리 팡꾸이의 재구음이다.

표 2-18

운부	음성운	재구음	입성운	재구음
祭운부	害	*gad	瞎	*hrat
祭운부	話	*gwrad	活	*gwât
祭운부	廢	*pjad	發	*pjat
葉운부	蓋	*kab	盍	*gap
之운부	來	*ləg	麥	*mrək
之운부	有	*gwjəg	囿	*gwjək
之운부	富	*pjəg	福	*pjək
侯운부	仆	*phug	卜	*puk
支운부	債	*tsrig	責	*tsrik
支운부	避	*bjig	辟	*pjik
幽운부	包	*prəg^w	雹	*brək^w
幽운부	告	*kəg^w	告	*kək^w
脂운부	至	*tjid	室	*sthjit
微운부	醉	*tsjəd	卒	*tsət
魚운부	借	*tsjiag	昔	*sjiak

성부가 같은 음성운자와 입성운자 가운데 일부를 위의 표에 적어 넣었다. 주요모음이 같은데도 어떤 글자들은 -t 운부 글자들과만 해성 현상을 보이고 어떤 글자들은 -k 운부 글자들과만 해성 현상을 보이며, 어떤 글자들은 -p 운부 글자들과만 성부가 같다. 또 주요모

음이 같은데도 어떤 글자들은 -t 운부 글자와만 압운하고 어떤 글자들은 -k 운부 글자, 어떤 글자들은 -p 운부 글자와만 압운한다. 위의 해성 현상과 『시경』의 압운 상황은 왕 리의 주장대로 주요모음만 같으면 압운할 수 있었다는 논리로는 절대 설명할 수 없다. 그러므로 우리는 상고 중국어에 자음 운미가 없었다고 단언할 수 없다.

『삼국사기』, 『삼국유사』 등 고대 한국한자음 자료에서도 음성운 글자와 입성운 글자가 대응되게 실린 예를 찾을 수 있다. 먼저 음성 운자와 -k 입성자가 대응된 예로 앞에서 예로 들었던 신라 내물왕의 아들 이름과 진한의 마을 이름을 살펴본다.

卜好　　　寶海
沙涿　　　沙道

『삼국사기』 제3권에는 卜好, 『삼국유사』 제1권에는 寶海로 수록되어 있다. 卜과 寶가 대응하고 있다. 寶에도 卜의 운미 *-k에 상응하는 *-g가 있었다고 보면, 寶는 똥 통허의 재구음으로는 *pog, 리 팡꾸이의 재구음으로는 *pəgʷ으로 卜*puk과 거의 똑같이 들린다. 이름은 음이 같은 글자로 표기했을 것이다. 卜의 종성에 상응하는 폐쇄음 운미가 寶에 없었다면 두 글자는 그렇게 유사한 음으로 들리지 않는다. 운미가 있다고 가정하면 두 음이 보다 비슷하게 들린다.

『삼국유사』 제1권에 실린 지명 沙涿 옆에 "신라 사람들의 방언에 涿을 道로 발음한다(羅人方言, 讀涿音爲道)"고 표기되어 있다. 신라 사람들이 涿을 道로 발음했다는 것은 당시 道에 -k와 유사한 폐쇄음 운미가 있었을 가능성을 보여 주는데, 寶처럼 道도 幽운부 글자이므

로 똥 통허의 재구음으로는 *dog, 리 팡꾸이의 재구음으로는 *dəgʷ
이다. 涿은 리 팡꾸이의 재구음으로 *tuk이다. 道에 폐쇄음 운미가
없었다면 두 글자의 음의 차이가 보다 커져 다른 음으로 인식되었을
것이다.

다음은 가야 임금 김구해金仇亥의 둘째 아들의 이름이다.

武德　　　茂刀

왼쪽 것이 『삼국사기』 제4권, 오른쪽이 『삼국유사』 제2권에 실린
인명이다. 리 팡꾸이는 德을 之운부에 넣고, *tək으로 재구했고, 刀
는 宵운부에 넣고 *tagʷ으로 재구했다. 역시 刀에 폐쇄음 운미가 없
었다면 두 글자가 유사한 음으로 들리지 않았을 것이다.

다음은 신라 진흥왕의 아내이자 진지왕의 어머니의 이름이다.

思道　　　息途　　　色刀

『삼국사기』 제4권에는 思道부인으로, 『삼국유사』 「왕력王曆」에
는 息途부인, 色刀부인으로 수록되어 있다. 息과 色 모두 『漢字古音
手冊』에는 상고음 職운부에 수록되어 있는 *k 운미 글자들로 리 팡
꾸이는 之운부에 넣은 글자들이다. 思 역시 之운부에 속한 *g 운미
글자이며 세 글자는 성모도 거의 비슷하다. 思, 息은 心모, 色은 生
모의 글자로, 生모는 상고음에서 개음 -r을 지니고 있었던 것만 다
를 뿐 心모와 같았다. 세 글자의 상고음이 거의 동일했음을 나타내
는 용례이다.

다음은 음성운자와 -t 입성자가 대응된 예이다. 먼저 『삼국유사』

「왕력」에 실린 신라 왕 '눌지'의 표기를 살펴본다.

訥祗　　　內只

訥(*-t)과 內(*-d)가 대응하고 있다. 內는 중고 중국어에서 거성의
음성운 隊운에 속했다. 리 팡꾸이는 內를 訥과 함께 緝운부에 넣고,
內가 상고음에서 중고음까지 *nəb〉*nəd〉*nuəd〉nuậi의 변화를 거쳤
다고 추정했다. 또 訥은 *nəp〉*nət〉nuət의 변화를 거쳤다고 보았다.
訥, 內 두 글자가 納 등의 글자들과 성부가 같기 때문에 *-p〉-t,
-b〉-d로의 변화 과정을 가정한 것으로 보인다.
다음은 『삼국사기』 제38권에 수록된 신라의 관직명이다.

奈麻　　　或云　　　奈末
大奈麻　　或云　　　大奈末

麻와 末이 대응하고 있다. 리 팡꾸이는 麻를 상고 중국어에서 歌
운부에 넣었고 *mrar로 재구했다. 末은 祭운부에 넣었고 *mat로 재
구했다. -t 운미가 한국 한자음에서 ㄹ종성으로 실현된 것은 이미
언급했다. *mrar의 -r도 'ㄹ'로 실현되었을 것이다.
다음은 『삼국사기』 제34권에 수록된 신라의 지명이다.

達巳　　　或云　　　多巳

達은 祭운부에 속하고, *dat로 재구된다. 多는 중고 중국어에서 개
음절이었지만 리 팡꾸이가 재구한 歌운부의 상고음에 의하면, *tar
이다. -t는 한국 한자음에서 ㄹ종성으로 실현되었다. -r은 ㄹ외에 다

른 음으로 실현되었을 리 없다.

다음은『삼국유사』제5권에 실린 신라의 지명이다.

　　嘉瑟岬　　　加西岬　　　嘉栖岬

瑟과 西, 栖가 대응되고 있다. 栖의『광운』반절은 先稽切로 西와 동음자군에 속해 있는데, 또 다른 중고음 千西切이 현재 널리 쓰이고 있다. 리 팡꾸이는 西를 상고음 脂운부에 넣고 *sid로 재구했고, 같은 脂운부 입성자인 瑟은 *srjit로 재구했다. 西, 栖에 폐쇄음 운미가 있었을 가능성을 보여 준다.

다음은『삼국사기』제34권에 실린 신라의 지명이다.

　　熱兮縣　　　或云　　　泥兮

熱과 泥가 대응되고 있다. 熱은 日모로, 상고 중국어에서 熱, 泥 두 글자의 성모는 같았다. 熱은 입성자로 리 팡꾸이의 상고음 재구음은 *njat이고 泥는 *nid이다. 음성운 글자인 泥에, -t에 대응되는 운미가 있었을 가능성을 보여 준다. 없었다고 가정하면 熱과 泥의 음의 차이는 더 두드러져 동일한 음으로 인식되기 어려웠을 것이다. 이밖에도 관직명 達率이 大率로도 표기되어 있고, 인명인 闕英이 娥英으로도 표기되어 있다.[87]

지금까지 살펴본 것들은 음성운 글자들에 유성 자음 운미가 있었

------

87) 達은 *-at, 大는 *-ad, 闕은 *-at, 娥는 *-ar 운으로 재구된다. 역시 입성 운미 *-t가 *-d, *-r에 대응되고 있다. 達率과 闕英에 대해서는 제2편 참조.

다는 리 팡꾸이의 학설과 일치하는 용례들이다. 그러나 이와 맞지 않는 용례들도 찾을 수 있다. 『삼국사기』 제17권에 수록된 고구려 미천왕美川王의 이름 "乙弗或云憂弗"과 『삼국사기』 제37권에 실린 고구려 지명 "悉直郡一云史直", 『삼국사기』 제37권에 실린 백제 지명 "屈旨縣一云屈直"이 여기에 해당된다. 乙과 憂, 悉과 史, 旨와 直이 각각 대응되고 있다. 乙은 -t 운미 글자이고 憂는 幽운부 *-gʷ 운미 글자이다. 悉은 -t 입성자이고 史는 之운부 *-g 운미 글자이다. 또한 旨는 脂운부 *-d 운미 글자이고 直은 -k 입성자로, 조음 위치가 다른 음성운 글자들과 입성자들이 서로 대응되게 쓰였다.

그렇지만 이처럼 음성운 자음 운미설과 맞지 않는 예보다는 위에서 살펴본 바와 같이 훨씬 많은 용례들이 상고 중국어 음성운 글자들에 자음 운미가 있었을 가능성을 보여 주고 있다.

다음은 상고 중국어 음성운 운부에서 기원한 티베트어 어휘들이다.

표 2-19[88]

중국어	운부	티베트어	중국어	운부	티베트어
除	魚	ɦdag 제거하다	豝	魚	phag 멧돼지
塗	魚	ɦdag 바르다	虎	魚	stag 호랑이
模	魚	ɦbag 초상	御	魚	mŋag 파견하다
膚	魚	pags 껍질	褓	幽	phrug 아이
晝	幽	gdugs 한낮	籌	幽	ldug, lug
道	幽	lugs 도리	揉	幽	njug 쓰다듬다

----

88) 潘悟雲(2000)의 『漢語歷史音韻學』에서, 여러 장에 실린 어휘들 중에서 찾아 낸 예이다. 대부분 음성운 운부의 주요모음을 재구하기 위해 저자가 증거로 제시한 예에서 찾아냈다.

중국어	운부	티베트어	중국어	운부	티베트어
湊	侯	ɦtshogs 합치다	後	侯	ɦog 아래쪽
頭	侯	thog 머리, 꼭대기	樓	侯	thog 건물
螻	侯	grog 개미	候	侯	sgug 기다리다
住	侯	ɦdug 머물다	支	支	gdeg 지지하다
友	之	grogs 우정, 친구	畝	之	rmog 논밭
裘	之	klog 가죽 저고리	韭	之	sgog 마늘, 부추
理	之	sgrig 배치하다	紀	之	sgrigs 차례, 법률
理	之	rig 보다, 알다, 학문	滓	之	tshigs 찌꺼기

위의 어휘들은 모두 리 팡꾸이, 똥 통허 등이 상고 중국어에서 *-g 운미를 지녔다고 본 운부의 글자들로 평성, 상성, 거성의 글자들이 모두 포함되어 있다. 물론 이 운부들에서 기원한 어휘 가운데 개음 절인 어휘들도 많다. 그렇지만 이 예들은 확실히 중고 중국어 시기 음성운에 유성 폐쇄음 운미가 없었다고 해서 상고 시기에도 없었다고 단언할 수 없음을 보여 준다.

리 팡꾸이는 음성운 글자인 未가 중국어 자료에서 입성자와 압운하지 않고 해성 현상을 보이지도 않았지만 대만의 3개 방언에서 -t 운미로 읽힌다고 지적하고, 이는 이 어휘가 차용될 당시 자음 운미를 지니고 있었음을 보여 준다고 밝혔다. 또 중국어의 음성운자가 타이어의 폐쇄음 운미 글자와 대응되는 것을 지적했다. 예를 들면 타이어에서 霧는 mɔok, 帽는 muək, 膚는 pliak로 읽힌다.[89] 고대

---

89) 李方桂 1945. 「台語中的一些古漢語借字」(Some Old Chinese Loan Words in the Tai Languages), *Harvard Journal of Asiatic Studies*, 第8期 第3, 4號. 李方桂 1976. 「漢語和台語」(Sino-Tai, Genetic Relationship, Diffusion and Typological Similarities of East and Southeast Asian Languages), 東京. 楊劍橋

한국한자음 자료를 비롯한 이러한 모든 자료들이 상고 중국어 시기 음성운 글자들에 자음 운미가 있었음을 나타낸다.

다음에서는 입성 운미 *-p, *-t, *-k에 대응되는 음성운 운미 *-b, *-d, *-g 외에 학자들이 유음 운미 *-r, *-l과 원순 설근음 운미 *-kʷ를 재구한 상황을 살펴본다.

(다) 歌운부 운미 *-r

판 우윈(2000:179)은 음성운 歌운부와 일부 脂운부 글자들, 微운 부 글자들에 -l 운미를 재구했다. 앞에서 언급한 대로 리 팡꾸이도 歌운부 글자들, 소수 微운부 글자들에 *-r 운미를 재구했다. 이 운부 에 속하는 글자들이 -n 운미가 아닌데도 -n운미 글자들과 압운하며 성부도 같기 때문이다. 세 운부에 속하는 몇몇 글자들과 -n운미 글 자들의 해성 현상을 예로 들면 다음과 같다.

표 2-20

운부	한자	운부	한자
脂	西	文	哂
微	淮	文	準
微	揮輝煇	文	軍運葷
歌	瑞揣惴	元	端湍耑

그렇지만 학자들이 유음 운미를 재구한 것은 티베트 글말과 산스 크리트를 한자로 옮긴 자료에 근거한 것이다. 판 우윈(2000:179)에

....

(1998:67)에서 재인용.

실린 일부 음성운자의 티베트어를 옮겨 본다.

荷	歌운부	dgal	어깨에 메다
彼	歌운부	phar	저, 그
呵	歌운부	glal	입김을 불다
坐	歌운부	sdod	앉다
磋	歌운부	star	갈고 닦아 윤내다
披	歌운부	phral	분리하다
飛	微운부	ḥphir	날다
底	脂운부	mthil	밑, 바닥
邇	脂운부	njer	가깝다
茨	脂운부	tsher	납가새(식물의 일종)

위 민(兪敏 1984)도 후한과 위진시대 산스크리트를 중국어로 옮긴 자료에서 위 운부의 글자들이 다음과 같이 -r과 -l에 대응되게 쓰인 것을 언급했다.[90]

迦 gal, 陀 dhar, tar, 波 par, 和 pal, 耆 gir, gr̥, 尼 nir, 惟 vr̥

바로 위의 자료들에 근거하여 학자들은 이 운부들에 유음 운미를 재구했다.

(라) 宵운부와 幽운부의 원순설근음 운미

리 팡꾸이는 幽운부의 주요모음과 운미를 *əgʷ, -əkʷ(입성운), 宵운부의 주요모음과 운미를 *agʷ, *akʷ(입성운)로 재구했다. 리 팡꾸

90) 兪敏 1984. 『中國語言學論文選』東京: 光生館. 潘悟雲(2000:179)에서 재인용.

이는 상고 중국어 성모에도 kʷ, ŋʷ의 원순설근음 성모를 재구했고 幽운부에 대응되는 양성운 운부 冬(中)운부에도 -ŋʷ의 원순설근음 운미를 재구했는데, 음운체계의 대칭이라는 원칙에 부합한다고 할 수 있다.

판 우원(2000:182-186)은 宵운부의 운미를 *-w, 대응되는 입성운 부는 *-wk로 재구했다. 음운체계의 대칭을 강조한 그는 -w로 끝나는 운부도 6개가 있어야 한다고 보았다. 따라서 幽운부의 영운미 글자들을 제외하고 幽운부의 나머지 글자들과 宵운부 글자들의 상고 시기 운을 다음과 같이 재구했다.

| 宵운부 | aw | ew | ow | 藥운부 | awk | ewk | owk |
| 幽운부 | uw | ɯw | iw | 覺운부 | uwk | ɯwk | iwk |

이 같은 분류는 판 우원(2000:185) 자신도 인정하였듯이 음운체계의 대칭 원칙을 따라서 다른 운부의 상황에 근거해 유추한 것이다. 판 우원은 주요모음과 운미에 대칭 원칙을 적용함으로써 상고 중국어에 상당히 많은 음절을 재구했다. 허 따안(何大安 1987:255-261)은 상고 중국어의 음절 구조를 C(C)(M)(M)(M)VE로, 중고 중국어의 음절 구조를 (C)(M)(M)V(E)로 보았는데, 허 따안의 설에 따르면 상고 중국어에서 운미는 모든 음절에 존재하였고 하나만 있었다. 위에서 판 우원이 재구한 藥운부, 覺운부의 운미는 -wk로 이 음절 구조에는 맞지 않는다.

간혹 학자들은 음운체계에서 대칭을 맞추기 위해 실제로 존재했다고 증명하기 어려운 음절을 재구하기도 한다. 예를 들면 하시모토 만타로(1970)는 중고 중국어에서 설근음 운미 운섭의 일부가 다른 운미를 가지고 있었다고 주장했다. 음운체계는 평형과 대칭을 이루는 특성이 있는데, 그는 먼저 36자모에 明, 泥, 疑, 日모 네 개의 비음 성모가 있는 만큼 운미도 똑같이 네 개가 있어야 한다는 관점을 제시했다. 즉 m-, n-, ŋ-이 성모로 쓰이고 운미로도 쓰였던 만큼 日모에 상응하는 운미도 있었다는 것이다. 그는 日모의 음가를 구개음 ȵ-으로 보았고, 梗섭과 曾섭의 일부 글자들이 이 구개 비음 운미를 가졌었다고 주장했다.91) 하시모토(1973)는 이어 발표한 논문에서 음운학자들이 泥모와 실제로 음의 차이가 없었다고 보는 36자모 가운데 또 하나의 비음인 娘모를 권설 비음으로 보고 이에 상응하는 권설음 운미가 있어야 하며 바로 通섭의 글자들이 권설 비음 운미 -ɳ를 가졌었다고 주장했다. 梗·曾섭의 일부 글자들이 구개음 운미를 지녔었다는 학설은 두 운섭의 입성자들의 변화와 현대 중국어 방언, 주변 국가의 한자음 등을 살펴보면 상당히 타당한 학설이지만 通섭의 글자들이 권설비음 운미를 가졌었다는 설은 증명하기 어렵다.92)

....

91) 중고 중국어의 16攝에는 연구개음 운미를 가진 운섭韻攝이 通, 江, 宕, 梗, 曾섭으로 다섯 섭이나 된다. -m 운미 운섭은 深, 咸섭의 두 섭, -n 운미 운섭은 臻, 山섭의 두 섭이다. 또 -i(y) 운미 운섭은 止, 蟹섭의 두 섭, -u(w) 운미 운섭은 流, 效섭의 두 섭이고, 영운미 운섭도 遇, 果, 假섭의 세 섭이기 때문에 -ŋ 운미 운섭만 다섯 개나 되는 것은 확실히 균형이 맞지 않는다.

92) 梗·曾섭이 -n운미 운섭이었을 가능성을 뒷받침하는 증거는 다음과 같다. 曾섭의 글자들은 우吳 방언, 깐贛 방언, 커지아客家 방언에서 -n운미로 실현되었다. 梗섭의 글자 일부도 세 방언에서 -n운미로 실현되었다. 현대 표준중국어에서는 梗섭의 皿, 聘이 -n운미로 읽히고 曾섭의 矜, 肯, 亘이 -n운미로 읽힌다. 고대 한국한자음 자료에도 梗섭의 글자가 臻섭의 글자와 대응되게

(2) 양성운陽聲韻

현대 표준중국어에는 -m, -n, -ŋ 세 비음 운미 가운데 -m이 없다. 현대 표준중국어 양성운 글자들에 상고 시기부터 지금에 이르기까지 두 차례의 음운변화가 발생했기 때문이다. 두 번째 발생한 변화는 당대 이후 운도시기에 발생하여 근대 중국어 시기에 완성된 -m>-n으로의 변화로, 이 변화로 인해 현대 표준 중국어에는 -m 운미가 없다. 첫 번째 변화는 상고 시기 소수 -m운미 글자에 발생한 -m>-ŋ으로의 변화이다.

처음 상고음 운부의 분류를 시도한 꾸 얜우顧炎武, 지앙 용江永, 뚜안 위차이段玉裁 등의 학자들은 通섭에 속한 중고 중고어의 東운, 冬운, 鍾운을 모두 東운부로 분류하였다. 이후 콩 꾸앙썬孔廣森이 상고 중국어 東운부의 글자들에서 일부 글자들을 추려내어 冬운부를 세웠다. 지앙 요우까오江有誥, 장 삥린章炳麟, 후앙 칸黃侃 등이 이 견해에 동의하였고, 얜 커쥔嚴可均은 東운부에서 冬운부 글자들을 분리해 냈을 뿐 아니라 한 걸음 더 나아가 冬운부의 글자들을 侵운부에 넣었다(王力 1980:118).

운도의 16섭에서 通섭에 속한 운들은 『광운』의 東운, 冬운, 鍾운

쓰인 용례가 있다. 몇 개만 예시하면『삼국사기』제37권에 백제 지명 眞峴이 貞峴으로도 표기되어 있고『삼국유사』제4권에도 신라의 승려 이름이 眞慈 또는 貞慈로 표기되어 있다. 또한 고구려 안원왕의 휘가『삼국사기』제19권에는 寶延으로,『삼국유사』「왕력」에는 寶迎으로 기재되어 있다. 마찬가지로 신라 지증왕의 아내 이름이『삼국사기』제4권에는 延帝로,『삼국유사』「왕력」에는 迎帝로 기재되어 있는 등 梗・曾섭이 -n운미 운섭이었다는 설을 뒷받침하고 있다. 김태경(2011)「ŋ韻尾 韻攝에 관한 하시모토 만타로의 두 가지 학설 검토」참조.

이다. 『廣韻』에서 冬운은 1등운만 있고, 東운에는 1등운과 3등운의 글자들이 모두 존재하는데, 東운 1등과 冬운의 글자들은 모두 한국 한자음에서 'ㅗ'모음으로 읽힌다. 반면 東운 3등의 글자들은 현재 'ㅗ'모음과 'ㅜ'모음으로 읽히는데, 단모음으로 읽히기 전 조선시대 후기 자료에는 'ㅛ'모음과 'ㅠ'모음으로 표기되어 있다. 冬운과 東운 1등의 글자들은 중국어 방언에서도 독음이 차이가 나지 않지만, 운서에서 나뉘어져 있기 때문에 학자들은 두 운을 다르게 재구할 수밖에 없었다. 대부분의 학자들이 중고음에서 두 운의 차이는 주요모음의 차이로 보았다. 그러나 쉬에 펑성(薛鳳生 1999:42)은 두 운의 차이를 운미의 차이로 볼 수 없는지 의문을 제기하기도 했다. 현재 이 문제를 둘러싸고 상고 중국어에서 東운부와 冬운부는 분리되지 않았다는 설, 東운부와 冬운부는 주요모음이 달라서 구분되었다는 설, 冬운부 글자들은 東운부 글자들과는 달리 -m운미를 지니고 있었다는 학설들이 존재한다. 또한 冬운부와 東운부의 주요모음과 운미를 모두 다르게 재구한 학자도 있다. 東운부와 冬운부에 관한 학자들의 네 가지 견해를 정리하면 다음과 같다.

첫째, 상고 중국어에서 두 운부는 나뉘어져 있지 않았다. 따라서 이 학설을 지지하는 학자들은 두 운을 나누지 않는다. 스 춘즈(史存直 1997:58-62)는 "『시경』에서 東운부의 글자들끼리 압운한 예는 49번, 『초사楚辭』에서는 10번이었고, 冬운부의 글자들끼리 압운한 예는 『시경』에서는 11번, 『초사』에서는 6번이었다. 東운부와 冬운부의 글자들이 서로 압운한 예는 『시경』에서는 5번, 『초사』에서는 2번이었다."고 밝히고, 『시경』과 『초사』에서 두 운부의 글자들이 압운한 것이 일곱 차례나 되기 때문에 억지로 두 운부를 나눈 것이지 실제로 구분되었다고 할 수 없다고 주장했다.

둘째, 두 운부의 글자들은 주요모음이 달라서 분리되었고, 운미는 두 운부 모두 *-ŋ이었다. 똥 통허(1968:272-276)는 冬운부 대신 中운부라는 명칭을 사용했는데, 東운부와 冬운부가 나뉜 것은 운미 때문이 아니고 주요모음이 달랐기 때문이라고 보았다. 똥 통허는 『광운』의 東운 1등, 江운, 鍾운의 글자들을 東운부에 넣고, 東운 1등과 일부 江운의 글자들은 *-uŋ, 鍾운은 *-juŋ으로 재구했다. 『광운』의 冬운과 소수 江운의 글자들은 *-oŋ, 東운 3등의 글자들은 *-joŋ으로 재구하고 冬운부에 넣었다. 소수 『광운』의 東운 3등자들, 夢, 弓, 雄 등은 *-juəŋ으로 재구하고 蒸운부에 넣었다. 정장 상팡(1984:40)도 똥 통허처럼 東운부와 冬운부의 차이를 주요모음의 차이로 보았다. 다만 똥 통허와 달리 東운부는 *-oŋ, 冬운부는 *-uŋ으로 재구했다.

셋째, 상고 중국어에서 冬운부 글자들이 -m운미를 지니고 있었기 때문에 東운부와 冬운부는 나뉘어야 한다. 왕 리(1980)는 東운과 冬운이 나뉜다는 학자들의 학설을 계승하였지만, 冬운부를 따로 세우지 않고 앤 커쥔처럼 冬운부 글자들을 侵운부에 넣었다. 왕 리(1980:118)는 冬운부의 글자들이 너무 적은데도 『시경』에서 侵운부 글자들과 다섯 차례 압운하고 있으므로, 冬운부를 侵운부에 넣는 것이 옳다고 보았다. 또한 전한 시기까지 冬운부와 侵운부 글자들이 압운된 것으로 보아 冬운부의 글자들은 기원전 1세기까지 여전히 -m운미를 지니고 있었다고 밝혔다.

넷째, 리 팡꾸이는 東운부와 冬운부의 글자들이 운미는 물론 주요모음도 달랐던 것으로 보았다. 리 팡꾸이(1982:42-43)도 똥 통허처럼 冬운부라는 명칭 대신 中운부라는 명칭을 사용했다. 그는 冬운부는 *-əŋʷ, 東운부는 *-uŋ으로 재구했다. 그렇지만 그도 冬운부 글자들이 侵운부 글자들과 자주 압운하는 것을 지적했다. 그는 冬운부와 侵운부의 주요모음이 모두 ə이고 운미도 원순비음인 *-ŋʷ과 *-m이기 때문에 두 운부의 음이 매우 유사하여 일부 방언에서 *-ŋʷ과 *-m이 하나로 섞였을 가능성이 있다고 덧붙이고, 『절운』 시기에 이르러 원순설근음 운미가 원순음 성분을 잃으면서 앞의 모음을 원순음화시켜 冬운부의 주요모음이 원순모음이 된 것으로 풀이했다. 그는 소수 冬운부 글자들을 侵운부에 넣었는데, 이로써 冬운부 글자들 일부가 *-m 운미를 지니고 있었다는 일부 학자들의 견해를 긍정했다고 할 수 있다.

지금까지 살펴본 학설들 가운데 왕 리(1980:118)의 설이 비교적 타당해 보인다. 冬운부의 글자들은 극소수인데도 『시경』에서 侵운부 글자들과 다섯 차례 압운하고 있는 것으로 미루어 이 글자들이 -m운미를 지녔었다고 보는 것이 타당하다. 스 춘즈가 언급한 대로 東운부와 冬운부 글자들이 압운한 예가 『시경』에서 다섯 차례 있지만 東운부 글자끼리 또는 冬운부 글자끼리 압운한 예가 압도적으로 많다는 사실을 무시해서는 안 된다. 기준을 너무 엄격히 적용하면 상고 운부의 분류 자체가 어려워진다.

루오 창페이와 조우 쭈모(2007:33-34)는 청대 학자들의 학설을 검토하고 서한西漢과 동한東漢 시기 쓰인 운문韻文의 압운 상황을 살펴본 후, 東운부와 冬운부에 다음의 『광운』 운을 포함시켰다. 두 운부에 속하는 『광운』의 운과 포함되는 글자들 일부를 소개하면 다음과 같다.

표 2-21

운부	운	예자
東운부	東董送운 일부	東同工蒙動總送控空㑋㤝童送蒙叢孔弄
	鍾腫用운	重丰奉夆逢冢從用龍容甬庸封凶匈兇邕雍共茸舂竦宂<u>充</u>豐嵩
	江講絳운 일부	厖邦雙巷尨
冬운부	冬宋운	冬農宋
	東送운 일부	中沖蟲終崇戎躬宮融濃隆衆
	江絳운 일부	降絳浲夆

　표에 수록된 東운부의 글자들과 해성 현상을 보이는 글자는 東운부에 속하고 冬운부의 글자들과 성부가 같은 글자들은 冬운부에 속한다. 東운부에서 밑줄 친 充, 豐, 嵩은 왕 리가 *-m 운미로 분류하여 侵운부에 넣은 글자들이다. 왕 리는 위의 冬운부 글자들은 모두 侵운부에 넣었다.

　상고 중국어에서 冬운부에 속한 모든 글자들이 모두 *-m 운미를 지녔다고 할 수 없지만, 이 가운데 상당수가 -m 운미를 지녔던 것으로 보인다. 왕 리(1980:117-118)는 다른 학자들이 상고 중국어 冬운부에 넣은 다음의 글자들을 侵운부에 넣었다. 왕 리가 侵운부에 넣은 글자들을 『광운』의 운목, 왕 리의 재구음과 함께 옮겨 본다.

표 2-22

운목	재구음	*-m 운미 한자
冬	-uəm	冬肜農統宗宋
江	-oəm	降浲絳
東	-ĭwəm	宮躬窮中忠衷忡融沖蟲濃隆仲終螽充戎衆嵩風鳳芃豐

이 같은 분류는 리 팡꾸이(1982)의 분류와 조금 차이가 있다. 리 팡꾸이는 왕 리가 蒸운부(ïwəŋ)로 분류한 熊을 侵운부에 넣었고, 風 과 芃은 왕 리와 마찬가지로 侵운부에 넣었다. 그러나 나머지 왕 리가 侵운부로 분류한 冬, 宗, 降, 崇, 躬, 窮, 中, 終, 戎, 隆, 豊은 冬(中)운부에 넣고 *-ŋʷ 운미로 재구했다. 어떤 글자가 상고 시기 -m이었고 어떤 글자가 -ŋ이었는지를 정확하게 가려내려면 형성자 의 성부, 압운 등 타당한 증거 자료를 찾아 하나하나 검토해서 분류 해야 한다.

예를 들면 風은 『광운』에서는 東운, 운도에서는 通섭에 속한 글 자로 중고 중국어에서 -ŋ운미를 지녔고, 한국 한자음으로도 '풍'으로 읽힌다. 그런데 風은 『시경』 등의 상고음 자료에서 -m 운미 글자들 과 압운하고 있고, 중국의 소수민족 언어나 주변국가의 언어에서도 風이 -m으로 읽혀 *-m운미를 지녔던 글자로 분류된다. 따라서 상 위허(尙玉河 1981)는 한국어의 '바람'이 風의 상고음에서 유래했다 는 설을 처음으로 제기하기도 했다. 또 熊은 匣母 글자로 왕 리는 熊을 -ŋ운미 운부인 蒸운부에 넣었지만, 『시경』에서 蒸운부 글자 일 부가 侵운부 글자들과 압운하고 있어 정 런지아(鄭仁甲 1983:204)는 熊도 蒸운부에 속하기 전, 원래 侵운부에 속하는 *-m 운미 글자였을 것으로 추정했으며, '곰'이 熊의 상고 중국어에서 비롯되었을 가능성 을 제기했다.[93]

지금까지 살펴본 것과 같이 양성운 운미 -m, -n, -ŋ은 소수 *-m 운미 글자들이 상고 중국어에서 *-ŋ으로 변한 것을 제외하고 『절운』

----

93) 자세한 것은 제2편 참조.

시기까지 별다른 변화 없이 유지되었다.

(3) 입성운入聲韻

칼그렌이 상고 중국어의 입성 운미를 중고음과 같이 *-p, *-t, *-k로
재구한 이래 학자들은 줄곧 입성 운미를 -p, -t, -k로 재구했다. 그런
데 위 민(兪敏 1984), 정장 상팡(1987)이 상고 중국어의 입성운 운미
가 유성 폐쇄음 운미 *-b, *-d, *-g라는 가설을 제기했다.[94] 옮겨 보면
다음과 같다.

첫째, 위 민은 buddha를 佛로 옮긴 것과 같이 초기 산스크리트
유성음 운미 음절을 중국어 입성자로 번역한 것을 근거로 들었다.
위 민이 제시한 예는 모두 11자인데, 옮겨보면 다음과 같다. 오른편
이 해당 음절을 표기하기 위해 사용한 입성자이다.

arghya	遏迦	遏	ar
udraka	鬱頭	鬱	ud
sāgara	蔡揭	揭	gar
amgulimala	鴦掘摩羅	掘	gul
nirvāṇa	涅槃	涅	nir
puruṣa	弗沙	弗	pur
buddha	佛	佛	bud
bhadrapāla	拔陂	拔	bhad
aniruddha	阿那律	律	rud
sarvajña	薩云若	薩	sar

....

94) 兪敏 1984. 『中國語言學論文選』 東京: 光生館. 鄭張尙芳 1987. 「上古韻母系
統和四等、介音、聲調的發源問題」 『溫州師範學院學報』 第4期. 潘悟雲
(2000: 164-166)에서 재인용.

제1편 상고 중국어 음운체계

civara	震越	越 var

위 민이 제시한 입성자들은 모두 중고 중국어의 -t 운미 입성자들이다. -t 운미 입성자들이 유성 폐쇄음 -d뿐 아니라 유음 -r, -l 운미를 나타내는 데 사용되었다. 遏, 揭, 掘, 涅, 弗, 薩, 越의 7개 글자가 유음 -r, -l 운미 음절을 음역하는 데 쓰였고, 鬱, 佛, 拔, 律만이 -d 운미 음절을 음역하는 데 쓰였다. 이 같은 사실에도 불구하고 이 -t 운미 입성자들에 歌운부 글자들처럼 유음 운미 -r, -l을 재구하지는 않는다. 다른 자료들이 이 글자들이 유음이 아닌 폐쇄음 운미를 가졌음을 나타내기 때문이다.

위 민이 제시한 증거자료들과는 달리, 무성음 운미 음절을 중국어 입성자로 번역한 것도 있다. 산스크리트 Śāriputra는 舍利佛로 번역되었고, 중국의 승려인 즈치앤支謙이 번역한 『지구경持句經』에 산스크리트 mukka는 目佉로 옮겨졌다(潘悟雲 2000:145). 『후한서後漢書』에 tarmita는 都密로 표기되어 있다. 佛이 putra, 目은 muk, 密은 mita로 번역된 것을 알 수 있다. 다음은 支婁迦讖이 산스크리트를 중국어로 음역한 자료인데, 판 우윈(2000:203)이 虞운의 주요모음에 대해 설명하기 위해 Coblin(1983)에서 인용한 어휘들 중에서 찾은 것이다.

mahāsusārthavāha	摩訶須薩和	薩 sārtha
sudatta	須達	達 datta
kauśika	拘翼	翼 śika

薩의 경우 sār 다음의 th는 -t운미를 반영한 것으로 보아야 한다. 達의 운미도 무성음 -tta를 음역하는 데 쓰였다. 翼은 以모의 글자인

데, 以모 글자 일부가 위진魏晉시기 邪모로 갈라져 나갔음은 성모체계에서 살펴보았다. 이미 성모체계에서 阿育이 Aśoka로, 즉 育의 성모가 ś[ẓ], 운미는 ka로 음역된 것을 언급했다. 翼이 śika로 음역된 것도 마찬가지이다. 무성음 -k 운미 음절을 음역하기 위해 입성자 翼과 育을 사용했다. 또 Hinduka를 天竺, 身毒으로 음역했는데(潘悟雲 2000:214), 입성자 竺, 毒으로 duka를 음역했다. 이러한 예들은 상고 중국어의 입성 운미가 유성음인지 무성음인지는 산스크리트를 한자로 음역한 자료만 가지고는 판단할 수 없음을 보여 준다.

둘째, 정장 상팡은 유성 폐쇄음 성모와 유성 폐쇄음 운미가 모두 있는 언어에서 입성 운미가 -ʔ로 변하지 않았을 경우 운미는 종종 유성음의 형식을 띠며, 유성 폐쇄음 운미의 무성음화와 유성 폐쇄음 성모의 무성음화는 평행을 이룬다고 주장했다(潘悟雲 2000:165). 그는 그 예로 유성 폐쇄음 성모가 남아있는 꾸앙뚱廣東 리앤산連山어와 지앙시江西 후코우湖口어에 유성음 입성 운미가 존재한다고 밝혔다.

리앤산어

운미-g	息sɛg	賊zɑg	白bag	滴ʔdeg
운미-d	雪sod	橘koɐd	血hyd	滑ɦuad

후코우어

운미-g	角kɔg	踢dịg	各kɔg	直dzig
운미-l	割kol	拔bal	骨kuɛl	

유성음 운미와 성모의 무성음화가 평행을 이룬다면, 상고 중국어처럼 중고 중국어에도 유성 폐쇄음 성모가 존재했는데 상고 중국어 입성자의 유성 폐쇄음 운미만 중고 중국어 시기로 넘어오면서 모두

무성음이 되고 성모는 그대로 유성음으로 남아있게 된 이유를 설명할 수 없다. 이 논리대로라면 『절운』의 유성 폐쇄음 성모가 모두 무성음이 되었어야 한다.

셋째, 칼그렌이 입성 운미를 -p, -t, -k로 재구한 것은 일본한자음에서 입성 운미가 무성음으로 음역되었기 때문이다(潘悟雲 2000: 165-166). 일본한자음에서 입성 운미 -p, -t, -k 가운데, -p는 모음 u나 설근 비음 운미 -ŋ과 같이 모음 ウ(우)로 실현되었다. 그러나 -t, -k는 모두 무성음으로 실현되었다.

표 2-23

섭	한자	한음	오음
通	穀	コク(코쿠)	
通	獨	トク(토쿠)	ドク(도쿠)
通	族	ソク(소쿠)	ゾク(조쿠)
通	木	ボク(보쿠)	モク(모쿠)
通	菊	キク(키쿠)	
江	角	カク(카쿠)	
江	學	カク(카쿠)	ガク(가쿠)
宕	約	ヤク(야쿠)	アク(아쿠)
宕	略	リャク(랴쿠)	
宕	若	ジャク(쟈쿠)	ニャク(냐쿠)
梗	格	カク(카쿠)	キャク(캬쿠)
梗	石	セキ(세키)	ジャク(쟈쿠)
臻	沒	ボツ(보츠)	モツ(모츠)
臻	吉	キツ(키츠)	キチ(키치)
臻	必	ヒツ(히츠)	
山	割	カツ(카츠)	
山	滑	カツ(카츠)	ケツ(케츠)
山	別	ヘツ(헤츠)	ベツ(베츠)
山	說	セツ(세츠)	

-k 운미는 유성음 グ(구)가 아닌 무성음 ク(쿠)로 실현되었고, -t
는 유성음ヅ(드)가 아닌 무성의 파찰음 ツ(츠)로 실현된 것을 볼 수
있다. 예외를 찾기 힘들 정도로 거의 모든 입성자들의 운미가 위의
표에 수록된 글자들과 같이 무성음으로 실현되었다.

그런데 두 학자는 상고 중국어에서 기원한 소수 일본어 어휘가
다음과 같이 유성 폐쇄음 운미를 가졌다는 사실에 주목했다.

-g(-k) 麥mugi   琢togu   直sugu   削sogu   剝pagu
-d(-t) 筆hude[95](〈pude)

　　　　葛kadu   '葛羅' kadura에 보인다.

　　　　窟kude   오늘날 일본어로는 "부엌 뒤쪽의 연기가 나가
　　　　　　　　　는 구멍"을 뜻하고 한국어의 굴뚝(窟突)과 비
　　　　　　　　　교할 수 있다.

　　　　綴tudu   티베트어의 sdud(연결하다)와 대응한다.

　　　　物mono(〈-modo)

-b(-p) 甲kabu   '甲兜' kabuto에 보인다.

　　　　頜kubi   현대 일본어로는 '머리', '목'을 뜻한다.

　　　　汲kumi(〈-kubi)

　　　　蛤gama(〈-gaba) 중국어의 '蛤 〉 蝦蟆와 같은 변화과정을 거쳤다.

필자는 일본어에 대한 지식이 전혀 없어서 위의 예들이 상고 중국
어에서 기원한 어휘들이 맞는지는 판단할 수 없다. 그렇다는 전제하
에 이를 입증하거나 반증할 자료를 찾아보았다. 그런데 유성 폐쇄음
운미가 무성음으로 실현된 상반된 용례를 찾을 수 있었다. 다음의

----

95) 판 우윈은 筆의 일본어를 fude로 표기했다. 일본어에는 순치음 f가 없으므로
오류가 분명하여 h로 수정했다.

어휘들은 필자가 사전에서 찾은 말기 상고음 층에서 기원한 것으로 보이는 일본어 어휘들인데, 폐쇄음 운미가 무성음으로 실현되어 있어 위의 용례들과는 상반된다. 이 가운데 蓋, 奈, 芥는 거성이 -s 운미에서 비롯되었음을 반영하는 증거 자료로 판 우윈(2000:156)이 제시한 어휘인데, 꾸오 시리앙의 『漢字古音手冊』에는 상고 중국어에서 -t 운미를 갖는 글자들(月운부)로 분류되어 있고, 판 우윈은 이 글자들의 운미를 -ts로 재구했다. 본서에서는 이 글자들을 -d 운미를 갖는 음성운자로 분류했다. 괄호 안은 판 우윈이 재구한 운미이다.

-d운미	蓋 kasa	祭운부(-ts)	갇〉갓(笠)
	奈 nasi	祭운부(-ts)	배(梨)
	芥 kalasi	祭운부(-ts)	겨자
	矢 satsi	脂운부	'화살'의 살
	葦 asi	微운부	갈대

일본한자음에서 폐쇄음 운미 -t는 주로 파찰음 운미로 실현되었는데, 矢의 일본한자음을 살펴보면 -d도 파찰음 운미로 실현되었을 가능성이 높다. 나머지 글자들은 일본어에서 -ts〉-s의 변화과정을 거쳤다고 볼 수 있다. 앞에서 리 팡꾸이는 음성운 글자인 未가 중국어 자료에서 입성자와 압운하지 않고 해성 현상을 보이지도 않았지만 대만의 3개 방언에서 -t 운미로 읽힌다고 언급했다. 또 중국어의 음성운자가 타이어의 폐쇄음 운미 글자와 대응되는 것을 지적했다. 예를 들면 타이어에서 霧는 mɔɔk, 帽는 muək, 膚는 pliak로 읽힌다. 霧는 侯운부, 帽는 幽운부, 膚는 魚운부 글자로 상고 중국어에서 *-g 운미를 갖는 글자들로 분류된다. 위의 유성폐쇄음 운미를 가진 어휘들이 일본한자음에서 무성음으로 실현되고 대만의 방언과 타이어에

서도 무성음으로 실현되었다고 해서 이 같은 자료에 근거해 음성운 자들의 상고 시기 운미를 *-p, *-t, *-k로 재구하지는 않는다. 다수의 자료에 보이는 증거를 외면한 것으로 믿을 만하지 못하기 때문이다. 또한 한자가 도입될 당시 해당 언어의 음운체계로 인해 어떠한 영향을 받았는지 파악하기도 어렵다.

일본의 한자음 층에서 한대의 음을 나타내는 층은 한반도를 거쳐 갔다는 점에 주목해야 한다. 일본인 학자들도 일본한자음에서 찾을 수 있는 한위대漢魏代의 중국 상고음 자료는 한반도 출신의 귀화인, 즉 백제인에서 비롯된 것으로 보고 있다(沼本克明 2008:65-66). 한 반도를 거쳐 갔으므로 한국어의 음운에 영향을 받았을 것이다.

예를 들면 구덩이, 구멍을 뜻하는 조선시대 어휘로 '굳'이 있다. 필자는 '굳'이 窟의 중국어음에서 왔다고 보고 있다. 붓筆도 조선시대에는 대체로 '붇'으로 표기했다. 이 어휘들이 사용된 조선시대 문헌에서 한 문장씩만 인용해 본다.

쟝촛 큰 구데 쩌러디니라	將墜於大坑	『법화경언해(法華經諺解)』(1:168)
흔 부드로 에워 쁘룔디며	一筆句下	『금강경삼가해(金剛經三家解)』(5:38)

현재도 그렇지만 과거에도 한국어에서는 유성음 b, d, g와 무성음 p, t, k의 대립이 없었던 것으로 보인다. 성모체계에서 살펴보았듯이 고대 한국한자음 자료에는 조음 위치가 같은 무성음과 유성음이 같은 음으로 기록되어 있다. 무성자음이 모음 사이에 위치하면 유성음인 모음의 영향을 받아 유성음으로 발음된다. 즉, '굳' 또는 '붇'에

모음 조사가 붙으면 'ㄷ'은 유성음으로 발음된다. 이 어휘들을 기록한 백제인은 자신의 언어로 이 어휘들의 음도 전달했을 것이다. 또한 유성음과 무성음을 구분하지 않았으므로 자신의 말을 전해들은 일본사람들이 유성음으로 발음하든 무성음으로 발음하든 크게 신경 쓰지 않았을 것이다. 따라서 앞에서 두 학자가 제시한 소수 일본어 어휘는 입성 운미가 상고 중국어에서 유성 폐쇄음이었다는 증거 자료가 되기에는 부족하다.

그들이 주장한 네 번째 근거는 티베트글말에서 폐쇄음 운미는 -p, -t, -k가 아닌 -b, -d, -g라는 점이다. 티베트어는 오래된 문자로, 파열음 운미의 유성성은 고대 언어의 특징을 나타내므로 상고 중국어의 운미는 유성 폐쇄음이라는 논리이다. 그렇지만 중국어가 오래된 언어라고 해서 티베트글말과 완전히 동일한 음운체계를 가지고 있었다고 믿을 만한 근거가 부족하다. 더욱이 티베트글말에는 폐쇄음 운미에 유성음과 무성음의 대립이 없이 항상 유성 폐쇄음 운미만 있었고, *-b, *-d, *-g〉-p, -t, -k로의 음운변화도 발생하지 않았다. 그러므로 중고 중국어의 입성자는 -p, -t, -k였지만 상고 중국어에서는 *-p, *-t, *-k가 아니었다고 단언할 수 없다.

판 우윈(2000:166)은 위 민과 정장 상팡의 의견에 완전히 동의한다고 밝혔다. 그러나 상고 중국어의 폐쇄음 운미에 유무성의 대립이 없었으므로 -p, -t, -k로 재구하든 -b, -d, -g로 재구하든 별 차이도 없는 데다가, 중국티베트어족의 언어 가운데 티베트어를 제외한 다른 언어는 대체로 모두 -b, -d, -g가 아닌 -p, -t, -k이므로, 편의상 자신도 상고 중국어의 입성 운미를 *-p, *-t, *-k로 재구한다고 언급했다. 음운체계의 대칭이라는 원칙에서 볼 때, 상고 중국어에 무성 파열음 성모 *p-, *t-, *k-와 유성 파열음 성모 *b-, *d-, *g가 모두 있었다면, 운미에도 두 부류의 운미가 모두 존재했다고 보아야 한다. 판우원은 음운체계가 대칭을 이루어야 함을 여러 번 강조했지만, 지금까지 살펴본 바와 같이 이 원칙을 대체로 주요모음과 운미에만 적용하였다.

상고 중국어의 입성 운미가 -p, -t, -k가 아닌 -b, -d, -g였다고 볼 수 있는 근거가 부족하므로, 본서에서는 상고 중국어의 입성 운미는 중고 중국어와 마찬가지로 *-p, *-t, *-k였다고 본다.

5. 운모체계

학자들에 따라 상고 중국어의 운모체계는 다르게 재구되었다. 상고 중국어의 운모체계가 학자마다 가장 큰 차이를 보이는 부분은 음성운에 유성 폐쇄음 운미를 재구했는가와 한 운부에 하나의 주요모음만을 재구했는지의 여부이다. 칼그렌, 똥 퉁허, 리 팡꾸이 등은 음성운에 유성 폐쇄음 운미를 재구했고, 왕 리, 정장 상팡, 판 우원 등은 음성운을 개음절로 재구했다. 한편 왕 리, 똥 퉁허, 리 팡꾸이 등은 한 운부에 하나의 주요모음을 재구한 반면, 정장 상팡, 판 우원 등은 여러 개의 주요모음을 재구했다.

전술한 대로 운부의 분류 기준은 압운이다. 상고 중국어의 압운 기준이 중고 중국어와 달랐을 수도 있지만, 『시경』의 시를 살펴보면 중고 중국어와 달랐던 것으로 보이지는 않는다. 따라서 한 운부에 하나의 주요모음과 운미만을 재구하는 것이 이론적으로는 이치에 맞는다. 그러나 상고 중국어 시기가 매우 길다 보니 압운하지 않던

운이 상고 후기에는 압운하게 되었다. 일부 학자들은 이처럼 압운 상황이 변화한 것을 설명하기 위해 『절운』에서 운을 나눈 것과 친족어 등을 참고하고, 심지어 음운체계의 균형을 고려하여 한 운부에 여러 개의 운모를 재구하였다. 다음에 리 팡꾸이와 판 우윈의 운모 체계를 소개한다.

표 2-24

운부	李方桂			潘悟雲		
魚鐸陽	ag	ak	aŋ	a	ag	aŋ
宵藥	agʷ	akʷ		aw ew ow	awk ewk owk	
之職蒸	əg	ək	əŋ	ɯ	ɯg	ɯŋ
幽覺	əgʷ	əkʷ	əŋʷ	uw ɯw iw u	uwk ɯwk iwk ug	uŋ
侯屋東	ug	uk	uŋ	o	og	oŋ
支錫耕	ig	ik	iŋ	e	eg	eŋ
脂質眞	id	it	in	i il	ig its	iŋ it in
歌	ar			al el ol		
祭月元	ad	at	an	ats ets ots	at et ot	an en on
微物文	əd	ət	ən	ɯl ul	ɯts uts	ɯt ɯn ut un
葉談		ap	am		ap ep	am em

운부	李方桂	潘悟雲	
		op	om
緝侵	əp əm	ɯp	ɯm
		up	um
		ip	im

    리 팡꾸이는 31개의 운을 재구했지만 판 우윈은 두 배가 넘는 66개의 운을 재구했다. 운은 개음을 포함하지 않기 때문에 2등 개음 *-r-, 3등 개음 *-rj-, *-j-, 4등 개음 *-i-까지 합치면 운모는 훨씬 많아져서 어림잡아도 수백 개에 달한다. 앞에서 살펴본 바에 의하면 상고 중국어에는 30개가량의 어두자음이 존재했고 어두자음군인 복성모까지 합하면 성모의 수 역시 훨씬 많아진다. 현재 현대 북경어에는 36개의 운모가 있고, 21개의 성모가 있으며 400개가 조금 넘는 음절이 있는 점을 고려하면, 이렇게 많은 성모와 운모가 만들어낼 수 있는 음절의 수는 수천, 수만 개에 이를 수 있다. 더욱이 그 많은 음절들이 실제로 한 시기에 한 언어에 존재했다고는 믿기 어렵다. 현대 중국어에서는 아마 보기 드물 것이다. 따라서 판 우윈이 재구한 대로 과연 그렇게 많은 음절들이 상고 중국어에 존재했을까 하는 의문이 든다. 판 우윈은 『시경』 시기뿐 아니라 『시경』과는 다소 달라진 한대 운문의 압운까지 설명할 수 있도록 한 운부에 여러 개의 주요모음을 재구하였다. 그는 음성운, 양성운, 입성운의 모음체계가 대칭이 되도록 때에 따라서는 『절운』 시기까지 각 운이 변화된 양상도 고려하였다. 예를 들면 순음 운미 운부인 *-m, *-p 운부의 글자들이 너무 적어 운을 세분할 수 없었지만 음성운 운부, 설첨 운미 운부에 6개의 주요모음을 재구했으므로 이 운부에도 6개의 양성운과 6

개의 입성운을 재구한 후, 해성 현상, 가차, 친족어 등을 살펴보고
자신이 미리 설정해 놓은 운들이 있었음을 입증하려 했다.

제3절 성조체계

　『시경』의 시를 비롯한 상고 시기 운문을 살펴보면 대체로 같은
성조의 글자끼리 압운되어 있다. 다음은 "별꽃卷耳"이라는 제목이 붙
은 『시경』의 시이다.[96]

采采卷耳　　　　　별꽃을 캐고 캐어도
不盈頃筐　　　　　기울어진 광주리에도 차지 않네
嗟我懷人　　　　　아! 임 생각에
寘彼周行　　　　　길에 놓아버린다

陟彼崔嵬　　　　　저 높은 산에 오르려니
我馬虺隤　　　　　내 말이 지쳤구나
我姑酌彼金罍　　　내 잠시 금잔에 술 따르고
維以不永懷　　　　오래 생각 않으려 하네

陟彼高岡　　　　　저 높은 언덕에 오르려니
我馬玄黃　　　　　내 말이 병이 났네
我姑酌彼兕觥　　　내 잠시 뿔잔에 술 따르고

---

96) 卷耳를 '쑥갓'으로 번역한 책도 있고, '도꼬마리'라고 번역한 곳도 있다. 중국
　　사이트인 baidu에서 卷耳의 영어 명칭을 검색하니 grasswort 또는 field
　　chickweed였다. chickweed의 한국어가 '별꽃'인데, 별꽃이 baidu에 실린 卷
　　耳의 사진과 가장 비슷했고, 생소한 이름인 도꼬마리는 卷耳의 사진과 거리
　　가 멀었다. 따라서 '별꽃'으로 옮기게 되었다.

維以不永傷	오래 상심 않으려 하네
陟彼砠矣	저 바위산에 오르려니
我馬瘏矣	내 말이 지쳤구나
我僕痡矣	내 하인도 병이 났네
云何吁矣	아! 어찌 하리

첫 번째 연에서 筐과 行이 압운하고 있다. 두 글자 모두 陽운부에 속하고 평성이다. 두 번째 연에서는 嵬, 隤, 罍, 懷가 압운하고 있다. 네 글자 모두 微운부에 속하고 평성이다. 세 번째 연에서는 岡, 黃, 觥, 傷이 압운하는데, 네 글자 모두 陽운부 평성자이다. 네 번째 연에서는 砠, 瘏, 痡, 吁가 압운하는데, 역시 네 글자 모두 魚운부 평성자이다.

다음은 "큰 쥐碩鼠"라는 제목이 붙은 『시경』의 시 일부이다.

碩鼠碩鼠	큰 쥐야 큰 쥐야
無食我麥.	우리 보리 먹지 마라.
三歲貫女	삼년 너를 섬겼는데
莫我肯德!	내게 덕을 베풀지 않는구나!
逝將去女	이제는 너를 떠나
適彼樂國.	저 즐거운 나라로 가련다.
樂國樂國!	즐거운 나라 즐거운 나라여!
爰得我直!	거기 가면 내 곧게 살 수 있으리라!

-k 입성자 麥, 德, 國, 直이 압운하고 있다. 鼠와 2인칭 대명사로 쓰인 女도 魚운부 상성자로 압운하고 있다. 이처럼 평성은 평성끼리, 입성은 입성끼리, 상성은 상성끼리 압운하는 것으로 보아 상고

시기도 중고 중국어 시기와 크게 다르지 않았던 것으로 보인다. 그런데 다른 성조의 글자들이 압운된 예도 있다. 따라서 청대 고음학자인 뚜안 위차이는 상고 시대에 거성이 없었다고 하였고, 후앙 칸黃侃은 평성과 입성 두 가지 성조밖에 없었다고 주장하기도 했다.

1. 성조의 종류

상고 성조에 관한 연구도 운모에 관한 연구와 마찬가지로 운문韻文, 특히 『시경』의 시가 가장 중요한 연구 자료이다. 지앙 요우까오江有誥는 이 같은 상고음 자료의 압운 상황이 후대 운서의 사성과 어떠한 차이를 보이는지 세밀히 검토하고, 『당운사성정唐韻四聲正』에서 평성은 평성끼리 압운하고 상거입성은 상거입성끼리 압운했다(平自韻平, 上去入自韻上去入)는 결론을 내렸다(董同龢 1968:309-313).

지앙 요우까오는 모두 이백사오십자 가량의 다른 성조의 글자끼리 압운된 예를 들었는데, 똥 통허는 이 가운데 70개 글자는 한나라 이후의 자료에서 가져온 것이고, 20여자도 선진先秦의 자료가 아니므로 제외해야 한다고 밝혔다. 똥 통허는 이 90여자를 제외하고 나머지 150개가량의 글자가 선진의 자료에서 다른 성조의 글자와 압운되었다고 밝히고 이를 다음과 같이 분석하였다.

첫째, 평성, 상성, 거성의 글자가 서로 압운하였는데, 이는 이 글자들이 모두 음성운자로 운미가 *-d 또는 *-g였기 때문이다. 둘째, 거성과 입성은 *-d와 *-t, *-g와 *-k처럼 운미가 다른 경우에도 서로 압운하였는데, 왜냐하면 성조 값調値이 비슷했기 때문이다. 셋째, 평상성과 입성의 운미는 다르고 성조 값도 차이가 많이 나서 서로 압운 하는 예가 매우 드물었다. 이 같은 연구 결과에 대해, 똥 통허는 압 운할 때 성조는 운모만큼 그렇게 엄격히 따지지 않았던 것으로 결론 지었다.

띵 빵신(丁邦新 1998:106-117)의 연구결과에 의하면 상고 중국어 시 기에도 평상거입 네 성조체계는 중고 중국어 시기와 다르지 않았던 것으로 보인다. 띵 빵신은 여러 학자들이 『시경』에서 남북조까지 시가 詩歌의 압운 상황을 귀납한 결과를 통해 상고 시기부터 한대, 위진 남북조까지 네 개의 성조체계를 유지해 왔다고 밝혔다(최영애 2000: 289). 『양서梁書』「沈約傳」에 고조高祖가 조우 서周捨에게 사성四聲에 대해 묻자 "天子聖哲이 사성"이라고 답했다는 기록으로 보아 당시의 사성은 이미 『절운』의 성조체계와 다르지 않았음을 알 수 있다.[97]

성조는 음의 높이(pitch)에 의해 결정되고 성조 값은 음의 높낮이 를 수치로 나타낸 것으로 현실 언어가 아니면 그 구체적인 값을 알 아낼 수 없다. 운서와 운도가 갖춰진 중고 시기 성조의 값도 알 수 없는데 상고 중국어의 성조 값은 더더욱 알 수가 없다. 그나마 중고 중국어의 성조에 관해서는 일본인 승려 安然이 『실담장悉曇藏』(880) 제5권에서 사성을 묘사한 구절을 통해서 어렴풋이 짐작할 수 있 다.[98] 참고를 위해 옮겨 보면 다음과 같다.

> 평성은 낮고, 가벼운 음輕音도 무거운 음重音도 있다. 상성은 곧고 높은데, 가벼운 음은 있고 무거운 음은 없다. 거성은 조금 끄는데,

....

97) 天이 평성, 子가 상성, 聖이 거성, 哲이 입성자이다.
98) 최영애(2000:292-293)에서 재인용.

가벼운 음도 무거운 음도 없다. 입성은 급히 멈추는데, 內도 없고
外도 없다.

平聲有低, 有輕有重, 上聲直昻, 有輕無重, 去聲稍引, 無輕無重, 入
聲徑止, 無內無外.

위의 내용으로만 보면 평성에는 두 가지 조류가 있었고 나머지
상, 거, 입성은 하나씩 모두 다섯 가지 구분되는 성조가 있었던 것으
로 보인다. 최영애는 경중을 청탁淸濁과 같은 개념으로 보았는데, 그
렇다면 성모가 무성음인가 유성음인가에 따라 평성만 음양陰陽 두
음역으로 구분되었고, 다른 성조에는 하나의 음역만이 있었다는 의
미이다. 『실담장』(880) 출간 당시 중국어의 음운체계는 『절운』과는
많이 달라져 있었다. 유성음 성모 상성자들이 거성으로 변했고(濁
上變去), 거성의 음양 두 조류는 합류한 뒤였다. 安然이 묘사한 위의
성조체계는 당시의 성조에 대한 설명임을 알 수 있다.

2. 성조의 기원

프랑스 학자 오드리쿠르(André Haudricourt)는 베트남어의 성조
에 관한 연구를 중국어에도 적용하여 베트남어와 중국어의 성조 변
화가 비슷하다는 사실을 발견했다. 오드리쿠르는 자신의 연구를 통
해 성조는 언어의 내적인 변화 과정에서 발생한 것이라고 주장하고,
성조가 선천적이고 불변의 자질이라는 가설을 반박하였다.[99] 베트

---

99) 베트남어의 성조 발생과 관련한 오드리쿠르의 연구는 노먼(1996:78-85)에
   서 인용. 앙드레 조르주 오드리쿠르(André-Georges Haudricourt, 1911년
   -1996년)는 프랑스의 식물학자, 언어학자이다.

남어는 발생론적으로 성조가 없는 언어인 몬크메르어(Mon-Khmer) 등과 함께 오스트로아시아(Austroasiatic) 어족의 언어로 분류된다. 그러나 성조가 없는 오스트로아시아어족의 다른 언어들과는 달리, 베트남어에는 성조가 있고, 그 성조체계는 중국티베트어족 언어인 중국어와 타이어 등의 성조체계와 매우 유사하여 베트남어가 발생론적으로 명백하게 오스트로아시아어족에 속한다고 하기 어려웠다.

오드리쿠르는 베트남어의 특정 성조에 속하는 어휘들이 오스트로아시아어족의 다른 언어들에서 -h나 -s로 끝나는 어휘들과 대응되고 있는 사실을 발견하고, 베트남어에서 각 성조의 발생은 자음 운미의 종류와 직접적인 연관성을 갖는다고 밝혔다. 베트남어는 오스트로아시아 어족의 언어로 분류되므로 이 어족의 언어들과 함께 공통된 조어祖語에서 파생되었다고 가정할 수 있기 때문이다.

노먼(1996:83)에 실린 예를 옮겨 보면 다음과 같다.

	베트남어	몬어100)	므농어
7	bay	tpah	poh
코	mũI	muh	mũh
뿌리	rê	r3h	ries

그는 이 연구 결과를 초기 중국어 차용 어휘들에도 적용한 결과

....

100) 몬어(Mon language)는 미얀마와 타이에서 약 500만 명의 주민이 쓰는 언어이고, 므농어(Mnong language)는 베트남에서 사용하는 오스트로아시아어족과 친족관계가 있는 몬크메르 제어의 한 언어로 인구 약 5만명이 사용하고 있다. 크무어(Khmu language)는 라오스와 타이 국경의 양쪽에서 약 10만 명이 사용한다. 리앙어(Riang language)는 몬크메르어의 하나로 중국 윈난성雲南省과 버마 등지에서 약 28,000명이 사용하고 있다.

중국어의 거성 역시 말음 -h가 소실된 결과로 생겨난 것이며 -h는 훨씬 이전의 -s에서 유래되었다는 학설을 제기했다.

또한 또 다른 성조에 속하는 베트남어 어휘들은 성문폐쇄음 -ʔ에서 비롯되었다는 학설을 주장했다. 풀리블랭크(Pulleyblank, 1962)는 고대 베트남어에서 성문폐쇄음이 운미였던 어휘들에 대응되는 중고 중국어 상성자上聲字들도 성문폐쇄음 -ʔ에서 유래했을 가능성을 추론하여 이 학설을 뒷받침했다.[101]

	베트남어	크무어	리앙어
잎	lá	hlaʔ	laʔ
쌀	gạo	rənkoʔ	koʔ
물고기	cá	kaʔ	—
개	chó	soʔ	soʔ
쥐	chí	—	siʔ

오드리쿠르가 이 같은 학설을 내놓은 후, 풀리블랭크 등 서양 학자들이 이 설을 뒷받침할 수 있는 증거를 제시하며 이 학설을 보강하자, 최근에는 중국인 학자들도 이 학설에 동조하며 친족어나 주변 국가의 한자음 자료에서 증거 자료를 찾아내고 있다. 정장 상팡(2012:464)은 거성의 -s 운미 기원설을 뒷받침하는 용례를 한국어에서 찾아내어 중국어 성조의 운미 기원설을 보강하였다.[102] 정장 상

---

101) Pulleyblank, 1962. "The Consonantal System of Old Chinese", Part2. *Asia Major* 9, 206-265. 노먼(1996:83-84)에서 재인용. 상고 중국어에서 평성이 kag라면 상성은 kaʔ, 거성은 kas, 입성은 kak, kap, kat이 되어 곡선조의 성조가 발생하기 전, 중국어 음절들은 운미의 종류에 의해 분류되었다고 가정할 수 있다.

팡은 일본어 등에서도 유사한 용례를 찾아냈고, 중국어의 -s 운미와 티베트어의 -s 운미가 대응되는 용례들도 찾아냈다. 판 우원 (2000:159-163)은 정장 상팡의 연구 결과를 인용하여 거성의 -s 운미 기원설을 지지하였고, 중국어의 상성 운미는 일부 방언에서는 -q나 -ʔ의 형태로 존재하거나 또 다른 방언에서는 성문음성(glottality)을 보존하는 형태로 존재하는 등 방언에 따라 달랐던 것으로 보이지만 중국어의 성조가 운미에서 발생했다는 것만큼은 확실하다고 주장했다. 다음은 판 우원(2000:160)이 중국어의 상성이 운미 -ʔ에서 기원했음을 입증하기 위해 보드만(1980) 등에서 인용한 자료이다.

표 3-1

중국어	운부	티베트어	중국어	운부	티베트어
語	魚	ŋag 말하다	許	魚	sŋag 찬양하다
武	魚	dmag 군대	後	侯	ɦog 아래
韭	幽	sgog 부추	友	之	grog 친구
擧	魚	kjag 들다	女	魚	ɲag 여자

女는 판 우원이 추가한 어휘이다. 그런데 상성의 -ʔ 운미 기원설을 입증하기 위한 이 자료가 오히려 음성운에 유성 폐쇄음 운미가 있었음을 입증하는 자료처럼 보인다. 앞에서 살펴보았듯이 음성운의 글자들 가운데 상성 글자들만 -g운미를 갖는 것이 아니라 평성과 거성의 글자들도 -g 운미를 갖는 예가 많았기 때문이다. 다음은 티

---

102) 한국어 용례가 실린 鄭張尙芳의 논문「漢語聲調平仄之分與上聲去聲的起源」은 원래 『語言硏究』 1994년 增刊本에 게재된 논문이다. 본서에서는 2012년 간행된 『鄭張尙芳語言學論文集』에 수록된 것을 인용하였다.

베트어에서 -g 운미를 갖는 평성의 글자들이다.

표 3-2

중국어	운부	티베트어	중국어	운부	티베트어
塗	魚	ɦdag	膚	魚	pags
模	魚	ɦbag	揉	幽	njug
除	魚	ɦdag	頭	侯	thog
犯	魚	phag	樓	侯	thog
螻	侯	grog	支	支	gdeg

다음은 티베트어에서 -g 운미를 갖는 거성의 글자들이다.

표 3-3

중국어	운부	티베트어	중국어	운부	티베트어
御	魚	mŋag	晝	侯	gdugs
鑄	幽	ldug, lug	候	侯	sgug
住	侯	ɦdug	湊	侯	ɦtshogs

이처럼 상성자뿐 아니라 평성과 거성의 글자들도 -g 운미를 보존한 예가 많으므로 상성자들의 -g 운미가 상성이 -? 운미에서 비롯되었음을 입증하는 증거 자료로 보기는 어렵다. -g 운미를 가진 이 글자들이 모두 상고 중국어에서 *-g 운미를 가진 것으로 재구된 魚, 侯, 之, 幽, 支운부에 속하는 글자들이라는 사실도 이 자료들이 음성운에 유성 폐쇄음 운미가 있었음을 입증하는 것임을 보여 준다.

정장 상팡(2012:464)은 일찍이 중국어에서 차용한 어휘가 ㅅ받침으로 읽히는 용례로 다음에 열거하는 어휘들을 한국어에서 찾아내고, 이 어휘들을 거성이 -s 운미에서 비롯되었음을 보여 주는 증거로 제시하였다. 우리에게는 활용할 수 있는 조선시대 자료가 있으므로 조선시대 한글 자료를 통해 정장 상팡이 제시한 어휘들이 과연 거성의 -s 운미 기원설을 뒷받침하는 증거 자료로 쓰일 수 있는지 아니면 다른 원인 때문에 ㅅ받침을 갖게 된 것은 아닌지 검토할 수 있다.103) 왼쪽의 한자들은 정장 상팡이 오른쪽 한국어 어휘들의 기원이 된다고 본 한자들이다. 가운데는 정장 상팡이 작성한 오른쪽 한국어 어휘의 음을 그대로 옮겨 적은 것이다.

磨(石磨)	mais	맷(돌)
箆(梳子)	pis	빗
制(制作)	tsis	짓(다)
器	kɯrɯs	그릇
圃(旱田)	pas	밭
界(邊)	kas	갓(길)
芥(芥菜)	kas	갓(김치)
蓋(罩, 笠)	kas	갓
味	mas	맛
餼(分給一份)	kis	깃

위의 어휘들이 상기上記 한자의 고대 중국어음에서 기원했다는 것에는 이견이 있을 수 있지만, 이 어휘들이 정장 상팡의 주장대로 거성자에서 유래했을 가능성이 있다는 전제하에 이 어휘들이 모두

---

103) 조선시대 자료를 통해 중국어 성조의 운미 기원설이 타당한지 검토한 부분은 김태경(2014)에 실린 내용을 요약하고 첨삭한 것임을 밝혀 둔다.

운미 -s를 가진 글자들에서 비롯되었다고 보는 것이 타당한지 조선 시대의 각종 자료에 어떻게 표기되어 있는지 살펴보았다. 10개 어휘 가운데 첫 번째 어휘 맷돌은 잘못된 용례이다.

磨는 평성과 거성의 두 독음으로 읽힌다. '맷돌' 또는 '맷돌로 갈 다'의 의미로 쓸 때는 거성으로 읽는다. 그런데 조선시대 문헌에 '맷 돌'은 '매' 또는 '매돌'의 형태로만 쓰였다.

> 매 마 磨 『훈몽자회』(중11), 『주해천자문』(16)
> 매 의 磑 『왜어유해』(下3)
> 매돌 磑子 『물보』(筐筥)

현대 한국어에서도 '매'는 그대로 쓰이거나 흔히 '돌매' 또는 '맷돌' 로 쓰이는데, 위의 용례로 보아 맷돌에서 'ㅅ'은 사이시옷으로 후대 에 첨가된 것임을 알 수 있다. 따라서 '매磨'는 결코 거성의 운미 기 원설을 입증하는 용례가 될 수 없다. '매'가 磨의 상고 중국어음과 초성이 일치한다고 해서 한국어 '매'가 거성의 磨 음에서 유래한 어 휘라고 보는 것도 지나친 비약일 수 있다.

나머지 어휘들이 조선시대 자료에 수록된 상황을 간략하게 정리 하면, 갓芥菜만이 ㅅ받침으로 쓰였고 굿界은 ㅅ과 ㅿ받침으로 쓰였 으며, 머리에 쓰는 갓은 '갇'과 '갓'이 모두 상용되었던 것으로 보인 다. 나머지 빗, 그릇, 짓다, 맛은 ㅅ받침이 ㄷ받침보다 많이 쓰였으 나 두 가지가 모두 상용되었던 것으로 보인다. 밧畐은 주로 '밭'으로 쓰였고, '밭도 함께 쓰이다가 최종적으로 '밭'이 되었다. 그러나 畐 는 현재 상성으로만 읽히고, 『광운』에서는 거성뿐 아니라 동시에 상 성자로도 쓰였으므로 적절한 용례는 아니다. '무엇을 나눌 때 각기

앞으로 돌아오는 몫'을 의미하는 어휘인 '깃'은 원래 '긴'으로 유일하
게 ㅈ종성으로 표기되었다(표 3-4 참조).

정장 상팡이 거성의 -s 운미 기원설을 뒷받침하기 위해 제시한 한
국어 어휘들은 모두 현대 한국어에서 ㅅ받침을 갖는 어휘들이다.
-s 운미는 이론적으로 'ㅅ'받침에 대응되기 때문이다. 그런데 조선시
대 한글 자료를 보면 흔히 ㄷ과 ㅅ받침이 혼용되는 것을 볼 수 있
다. 이는 한국어에서 ㅅ받침은 뒤에 모음이 오지 않으면 ㄷ, ㅈ, ㅊ,
ㅌ 등의 받침과 같은 음 [-t]로 읽히기 때문인데, 위의 어휘들 뿐 아
니라 순수 한국어 및 입성에서 기원한 것으로 보이는 어휘들에서도
ㄷ과 ㅅ받침이 혼용되는 이러한 현상이 보인다. 따라서 위의 어휘
들이 ㅅ받침을 갖는 것은 -s 운미에서 비롯된 것이 아니라 다른 원
인에서 비롯된 것일 수 있다. 부적절한 두 가지 용례 磨와 圃를 제외
하고 다른 한자들의 상고 시기 운부를 살펴보면 다음과 같다.

표 3-4

	중세한국어	현대한국어	상고음 운부
箆(梳子)	빗, 빈	빗	脂운부
制(制作)	짓다, 진다	짓(다)	祭(月)운부
器	그릇, 그륫 그를	그릇	脂(質)운부
界(邊)	ᄀᆞᆺ, ᄀᆞᆮ	가	祭(月)운부
芥(芥菜)	갓	갓	祭(月)운부
蓋(罩, 笠)	간, 갓	갓	祭(月)운부
味	맛, 맏	맛	微(物)운부
餼(分給一份)	깃	깃	微(物)운부

꾸오 시리앙의 『漢字古音手冊』에는 이 글자들이 괄호 안에 표기 된 것처럼 입성자로 분류되어 있다. 簾를 제외하고 다른 글자들은 모두 상고 중국어 자료에서 -t 입성자와 압운하여 왕 리 등은 이 글 자들을 입성자로 분류했다. 본서에서는 이 글자들을 음성운자로 분 류했으므로, 이 글자들의 운미를 *-d로 본다. 그렇다면 위의 어휘들 의 종성은 -s가 아닌 -d 운미를 반영한 것일 수 있다. 실제로 최영애 (2004:211)는 '맛'이 味의 상고음 *mjəd에서 온 것으로 추정했다.[104] 또한 '빗'은 簾의 상고음 *bjid에서 온 것으로 보인다(제2편 참조).

조선시대 자료에서 동사의 경우 ㄷ과 ㅅ받침이 혼용되었지만 최 종적으로 ㄷ받침이 사용되었고 명사의 경우 ㄷ과 ㅅ받침이 혼용되 다가 ㅅ받침 표기가 일반적으로 쓰이게 되었다. 그러므로 이 어휘 들이 -d(-t)의 음가로 읽히다가 당시 사람들의 언어 습관에서 명사의 경우, 특히 단음절 명사는 ㅅ받침으로 더 많이 쓰이는 경향을 보였 으므로 ㅅ받침이 쓰이게 된 것일 가능성이 높다. ㄷ받침의 단독명 사가 거의 없다는 사실에서도 이 어휘들이 -d(-t) 운미였지만 '붇'이 '붓'이 된 것처럼 한국어 표기 경향에 따라 ㅅ으로 표기되었을 가능 성을 추론할 수 있다. 그러므로 정장 상팡이 제시한 위의 한국어 어 휘들은 거성의 -s 운미 기원설을 뒷받침하는 자료로 인용되기에는 미흡하다.

판 우윈(2000:156)은 일본어의 奈 nasi(배 梨), 芥 kalasi, 假 kasu (빌리다), 蓋 kabusu (덮다)도 거성이 -s 운미에서 비롯되었음을 반

---

104) 최영애(2004)가 참고한 상고음은 리 팡꾸이(1982)의 재구음이다. 리 팡꾸이 는 味를 -d운미 운부인 微운부로 분류했다. 왕 리(1980)는 味를 -t 입성 운부 인 物운부에 넣었다.

영하는 자료로 보았다. 그런데 奈, 芥, 蓋 모두 상고 중국어에서 -d 운미 운부인 祭운부에 속한 글자들이다. 일본어에서 -t 운미가 파찰음으로 실현된 것처럼 -d도 먼저 파찰음으로 변했다가 마찰음으로 변했을 가능성이 있다. 脂운부 글자인 矢는 satsi로 실현되었고, 祭운부 글자인 奈는 nasi로 실현된 것은 이 같은 가능성을 뒷받침한다. 또한 '빌리다'를 의미하는 중국어 어휘 假는 상성이지 거성이 아니어서 적절한 자료가 될 수 없다.

거성의 -s 운미 기원설을 부정하는 학자들도 많다. 노먼(1996:84)은 거성에 속하는 어휘들 가운데 일부가 -s 운미를 지니고 있었다고 가정할 수 있다고 해서 상고 중국어의 모든 거성 어휘들이 -s 운미를 지니고 있었다는 것을 의미하지는 않는다고 언급했다. 성조가 운미에서 유래했다고 보면, -n, -ŋ 운미를 가진 상성자와 거성자의 중고 중국어 이전의 운미 형태는 각각 -nʔ, -ns, -ŋʔ, -ŋs가 된다. 노먼은 오스트로아시아어족 언어 자료 혹은 고대 역음 자료에서 s가 ŋ, n 등의 비음 뒤에 올 수 있다는 실제적인 증거가 지금까지 전혀 발견된 적이 없다고 밝히고 성조의 운미 기원설에 회의적인 시각을 보였다.

사가르(Sagart 1986)는 거성에 대한 연구에서 산스크리트의 -h는 거성자로 음역되지 않고 -k 입성자로 음역되었음을 밝혔다.[105] 그에 따르면 산스크리트 음절 mah은 莫으로, yah는 藥으로, rah는 落으로 표기되었다. 이는 -s 운미가 -h를 거쳐 소실되면서 음절이 거성조를 갖게 되었다는 주장과 배치된다. 따라서 사가르는 거성이 -h의

....

105) Sagart, L. 1986. "On the Departing Tone", *Journal of Chinese Linguistics* Vol. 14 Number1. 潘悟雲(2000:183)에서 재인용.

단계를 거친 적이 없다고 밝히고, 만일 거성이 -h를 거쳤다면 거성의 -h로 산스크리트 -ḥ를 음역했을 것이라고 덧붙였다.[106]

지앙 띠(江荻 2007:458-462)는 여러 지역의 티베트어를 대상으로 자음 운미가 성조 발생에 영향을 미쳤는지 조사하고, 그 같은 운미 변화는 일부 지역에 국한된 변화이며 운미가 성조 발생에 영향을 미쳤는지는 언어에 따라 다르므로 똑같이 취급할 수 없다고 밝혔다. 예를 들어 티베트어에서는 성모의 청탁이 성조를 발생시켰고 운미는 성조의 변화를 야기했다고 덧붙였다. 성조의 기원이 어찌 되었든 『시경』이 반영하는 상고 중국어에 성조는 이미 있었으며, 중고 중국어의 성조체계와 크게 다르지 않았던 것으로 보인다.

---

106) 판 우원은 거성 음절의 운미를 *-ts, -ls 등으로 재구했다. 상고 중국어 자료에서 거성이 입성과 압운하는데다가 거성이 -s 운미에서 기원했다고 보기 때문이다. 그는 사가르의 위와 같은 연구에 대해 *-ts로부터 변화된 *-ih에서 -h가 -i의 영향으로 설면음 성질을 띠게 되어 ɕ나 ʑ로 변화했을 것으로 추정했다.

고대 한국한자음 자료 및 한국어 어휘의 어원

한국한자음은 상고 중국어음에서 근대 중국어음까지 시기적으로 다양한 층을 반영한다. 한국한자음이 반영하는 중국어음 층을 시기에 따라 분류한다면 한대漢代의 음을 나타내는 층과 6~8세기 중고음을 나타내는 층, 소수 어휘에 반영된 송대 이후의 음을 나타내는 층으로 나눌 수 있다. 현재 우리가 한자를 읽을 때 쓰는 대부분의 한자음은 6~8세기 중고 중국어음이지만, 한자음이 확립된 이후에도 한국한자음은 끊임없이 중국어음의 영향을 받은 것으로 보인다. 이 같은 사실은 설상음舌上音 知계 글자들의 한국한자음에 잘 반영되어 있다.

설상음 知계 글자들이 상고 중국어에서 설두음舌頭音과 같은 음으로 읽혔음은 이미 언급했다. 중고 중국어 시기에도 설상음은 여전히 파열음이었다.[1] 다만 조음위치가 설두음보다 후설의 권설 파열음이

----

1) 성모체계 부분에서 언급했듯이 설상음의 음가에 대해 칼그렌, 루 즈웨이陸志韋 등은 치조경구개 파열음으로 보았고, 루오 창페이羅常培, 조우 파까오周法高, 리 팡꾸이李方桂, 풀리블랭크 등은 권설 파열음으로 보았다(최영애

었던 것으로 추정된다. 파열음이므로 조선시대 자료에 설상음 글자들은 모두 ㄷ, ㅌ 초성으로 기록되어 있다. 그런데 설상음 知계 글자 가운데 두 가지 독음으로 읽히는 한자들이 있다.

知계 글자 가운데 澄모 글자인 茶는 우리말로 '다' 또는 '차' 두 가지 음으로 읽힌다. 지금은 커피숍이라는 단어에 밀려 잘 쓰이지 않는 다방茶房, 다과茶菓에서는 '다'로, 홍차紅茶, 녹차綠茶에서는 '차'로 읽힌다. '다'는 중국어에서 茶가 파열음으로 읽히던 때의 음이고, '차'는 그 후 파찰음으로 변화된 때 도입된 음이다.

조선시대 실제 한자음을 표기한 것으로 알려진 『전운옥편全韻玉篇』에는 卓, 宅, 咤, 撞, 樘, 綻, 濯 등의 설상음 글자들 다수에 정음과 속음이 병기되어 있는데, 정음은 ㅈ 또는 ㅊ, 속음은 ㄷ 또는 ㅌ의 초성으로 기록되어 있는 것을 볼 수 있다. 예를 들면 卓은 '착俗탁', 宅은 '칙俗틱', 咤는 '차俗타', 撞은 '장俗당', 樘은 '징俗팅', 綻은 '잔俗탄', 濯은 '착俗탁'으로 표기되어 있다. 徹모 글자인 攄는 파찰음이 되기 전의 파열음 '터'로 지금까지 읽히고 있다. 왼쪽의 정음은 모두 설상음 글자들이 중국어에서 파찰음이 된 이후의 중국어음에 맞게 표기된 음이고, 오른쪽 속음은 모두 중고 중국어 시기 이전의 음가를 나타내고 있음을 알 수 있다. 즉 이미 확정된 한자음보다 변화된 중국어음을 정음으로 보급하려 했던 것으로 보인다. 이렇듯 知계 글자들의 한자음을 통해 한국한자음이 중국어음의 영향을 끊임없이 받았음을 알 수 있다.

위의 글자들을 제외하고 현재 한국어에서 설상음 글자들은 대부분 ᄌ, ᄎ의 파찰음 초성을 갖는다. 그러나 이것은 중국어와 관계없이 우리말 자체에 발생한 구개음화로 인한 것으로 우리말에서는 설상음뿐 아니라 설두음 글자들도 파찰음으로 읽힌다.

제1절 개별 한자에 반영된 상고 중국어음

고대 한국한자음 자료 가운데 상고 중국어음 체계에 입각해 그 유래를 설명할 수 있는 한자음 자료를 모아보았다.

(1) 嗜

嗜는 『광운廣韻』 반절反切이 常利절 하나뿐인 禪모 글자이고 현대 표준중국어에서도 shi[ʂ]로 읽힌다.[2] 嗜의 음은 『전운옥편』에 '시俗기'로 되어 있고 현대 한국한자음은 '기'이다. 성모체계에서 살펴보았듯이 羣모와 성부가 같은 禪모는 상고 중국어에서 羣모에 속했었던 것으로 추정된다. 嗜는 羣모 글자 耆와 성부가 같다. 그러므로 嗜의 독음 '기'는 상고 중국어음을 반영한 독음임을 알 수 있다.

(2) 筠

『광운』 반절이 爲贇절 하나뿐인 筠의 한국한자음 '균' 역시 상고음의 영향을 받았을 가능성이 높다. 『동국정운東國正韻』에는 筠의 음이 '윤'으로만 기록되어 있고[3] 현대 표준중국어로도 영성모로 읽

---

2) 현대 표준중국어의 음은 한어병음자모와 국제음성문자(IPA)를 병기했다.
3) 『동국정운』의 음은 중국어음과는 달라진 한국 한자음을 교정하기 위해 중국 운서韻書 『고금운회거요古今韻會擧要』에 맞게 기록한 규범음이다.

힌다. 그렇지만 『전운옥편』에는 筠의 음이 '윤俗균'으로 표기되어 있다. '윤'이 규범 음이고 '균'이 실제 음이다. 물론 見모 글자인 均과 성부가 같기 때문에 均의 음에서 유추하여 읽었을 가능성도 있다. 그러나 均과 성부가 같은 云모 글자인 筠은 다른 云모자와 마찬가지로 한국 한자음에서 영성모인 '윤'으로 실현되었다.

(3) 逞

상고 시기 透모(徹모) 글자로 『광운』 반절이 丑郢절 하나뿐인 逞은 以모자인 郢과 定모(澄모)자인 呈, 程 등과만 성부가 같다. 성모 체계 부분에서 살펴보았듯이 端모와 성부가 같지 않고 以모, 定모와만 해성 현상을 보이는 透모자의 상고음은 *hl-로 재구된다. 따라서 逞의 상고 성모는 *hl-()tʰ-)로 재구된다. 현대 표준중국어로는 chěng[tʂʰəŋ]으로 읽힌다. 그런데 한국 한자음이 '령'이다. 以모자인 郢이 '영'으로 읽히고 다른 定모, 透모 글자들은 'ㄷ', 'ㅌ', 'ㅈ', 'ㅊ'으로 읽히는 것과 비교하면 逞이 '령'으로 읽히는 것은 상고음(*hl-)을 반영하는 것으로 보인다.

(4) 吒

吒는 현재 '타'로 읽히지만, 1485년 간행된 불경 자료인 『오대진언 五大眞言』에는 음이 '탁'으로 기록되어 있다.[4] 『오대진언』은 그 이전에 나온 한글로 음이 표기된 불경자료인 『석보상절釋譜詳節』이나 『월인석보月印釋譜』보다 산스크리트 주문(진언)을 정확하게 표기한 문헌

----

4) 咤로도 쓰는데, 吒가 本字이다.

으로 알려져 있다. 주문은 불경이 전래되던 당시의 음에서 크게 벗어나지 않은 것으로 보아야 한다. 사람들은 주문의 발음을 잘못하면 오히려 불행을 초래할 수 있다고 믿어 왔다. 그러므로 주문은 들어오던 당시의 음으로 전해 내려왔을 것이다. 그런데 주문 '咋泮吒' 아래에 ':훔바·탁'이라고 음이 표기되어 있다. 吒의 음이 '탁'으로 표기된 것은 상고음에 기원한 것으로 보아야 한다. 吒는 상고 중국어에서 설음 성모자로 鐸운부에 속한, 즉 운미 *-k를 지닌 입성자였다.5) 吒와 같은 운부에 속했던 託은 중고 중국어에서도 鐸운에 속해 그 입성 운미를 잃지 않았으나, 반면 吒는 입성 운미를 잃고 중고 중국어에서 禡운으로 들어갔으며 설상음 知계에 합류하였다. 현재 한국 한자음으로 '타'로 읽히고 있고 현대 표준중국어로도 zhà[tʂa]로 읽힌다. 『광운』에는 陟駕절 한 개의 반절만 있고 『월인석보』에는 그 음이 '재'로 표기되어 있다. 그러므로 吒가 '탁'으로 표기된 것은 『오대진언』의 주문이 상고 중국어 시기 한대의 음을 반영한 것임을 보여 준다.

(5) 岐

우리나라에서만 쓰이는 한자이다. 사전에 '산 이름 기'로 뜻과 음이 수록되어 있다. 중국에서 간행된 『漢語大詞典』에도 수록되어 있지 않다. 중국어 검색 사이트인 百度(baidu)에 岐가 한국 한자로 소개되어 있고 산 이름山名으로 뜻풀이가 되어 있으며, 한어병음자모漢

....

5) 託, 托, 侘, 佗, 砳, 飥, 魠 등 乇 성부를 가진 한자들 대부분은 현재 한국 한자음에서 ㄱ 종성으로 읽히고 있다.

語拼音字母로 음이 gi[ki]로 표기되어 있다. 현대 표준중국어에는 gi[ki]라는 음절 자체가 없다. 가야산의 다른 명칭으로 기달산㤼怛山이 있다. 가야산의 이름은 가야산 외에도 우두산牛頭山, 설산雪山, 상왕산象王山, 중향산衆香山, 기달산 등 여섯 가지가 있었다고 한다(『新增東國輿地勝覽』 제30권). 이 㤼자가 상고 중국어음에 근거하여 만들어졌다고 보는 이유는 성부인 只가 章계 글자이기 때문이다. 只는 『절운』 시기에 파찰음이었고 '기'로 읽힌 것은 상고 중국어 시기이므로 㤼는 상고 중국어음에 근거하여 만들어진 한자라고 할 수 있다.

(6) 忮

『광운』 반절이 支義절이고 현대 표준중국어로 zhi[tʂ]로 읽힌다. 성부인 章모 글자 支가 고대 한국한자음 자료에서 '기'였음은 제1편 성모체계에서 살펴보았다. 규범음을 표기한 『동국정운』에 음이 '지'로 표기되어 있지만 『전운옥편』에는 음이 "지俗기"로 표기되어 있다. '지'가 규범음, '기'가 속음, 즉 실제 음으로, '기'는 상고 중국어음을 반영한 음이다.

(7) 肜

肜의 현대 한국한자음은 '융'이다. 『광운』 반절은 以戎절로 以모 글자이다.[6] 그런데 『전운옥편』에 '융俗륭'으로 표기되어 있다. 융으로 읽혀야 하지만 당시 실제 음은 '륭'이었다. 以모는 상고 중국어에

---

6) 肜에는 또 하나의 반절又切로 徹모의 음인 丑林절이 있다. 丑林절의 음은 '침'으로 실현되었다.

서 유음 *l-로 읽혔다. 따라서 '륭'은 상고음을 반영한 것으로 보인다.

(8) 肜

『광운』에는 수록되어 있지 않은데, 『집운』에 余中절로 음이 표기되어 있다. 『전운옥편』에 실린 한자음은 '융俗륭'이다. 以모의 글자이므로 '륭'은 상고음을 반영한 음으로 보아야 한다. 현대 한국한자음으로는 '융'과 '륭'이 모두 쓰인다.

(9) 次, 涎

次, 涎은 『광운』 반절이 夕連절로 邪모의 글자이다. 현대 표준중국어로 xián[ɕiεn]이라 읽는데, 한국한자음은 '연'이다. 『전운옥편』에 '션正연'으로 음이 표기되어 있다. '션'이 정음이고 '연'이 실제 음이라는 뜻이다. 邪모의 글자이므로 중고 중국어음에 의하면 현 한자음은 선(〈션)이어야 한다. 한자사전에는 次이 涎의 본 글자本字로 풀이되어 있다. 중국어에서는 주로 涎이 쓰이고 次이 이체자로 간주된다. 次은 반절이 하나뿐이지만 涎에는 予線절의 우음이 있다. 따라서 涎이 '연'으로 읽히는 것은 이 우음을 따른 것이거나 성부인 延의 음을 따른 것일 수 있다. 반면 次이 '연'으로 읽히는 것은 涎의 영향을 받은 것일 수도 있지만 以모 글자인 次이 邪모로 변하기 전 영성모로도 읽혔음을 반영한 것으로 해석할 수 있다.

(10) 기지枝指

枝는 『광운』에 章移절 외에 渠羈절의 반절이 있다. 리 팡꾸이(李方桂 1982)는 枝의 상고음을 *krjig로 재구했는데, 본서에서는 章계 글자의 상고 중국어 시기 개음은 모두 *-j-로 보았으므로 枝의 상고음은 *kjig로 재구된다. 그렇다면 章移절의 음은 개음 *-j-에 의해 k-가 구개음화하여 생겨난 성모라고 볼 수 있다. 육손이의 덧붙은 손가락을 의미하는 우리말 어휘 '기지'의 '기'는 상고음을 반영한 것으로 보아야 한다.

(11) 도량道場

중국에 불교가 전래된 것은 1세기 후한後漢시대이다.[7] 한국에는 불교가 4세기에 전래되었지만, 불경은 중국을 거쳐서 들어왔기 때문에 후한이나 서진西晉 시기의 음을 반영하는 용어들이 소수 남아 있다. 도량道場을 예로 들 수 있다.[8] 불도를 닦는 곳을 의미하는 불교 용어 도량에서 場은 定모(중고음 澄모) 글자이다. 場은 湯 등의 透모자와 陽 등의 以모자와만 성부가 같다. 앞에서 端모와 성부가 같지 않고 以모와만 해성 현상을 보이는 定모자는 원래 *l-이었다고 보았는데, 道場을 '도장'이 아닌 '도량'으로 읽는 것은 상고음을 반영

....

7) 경전을 처음으로 중국어로 옮긴 사람은 파르티아인 安世高라는 사람으로 148년에 수도인 루오양洛陽에 와서 소승경전을 번역했고, 비슷한 시기에 支婁迦讖도 루오양에 와서 대승경전을 번역했으며, 이후 서진의 쓰法護가 약 150부 300권의 불경을 번역하여 중국 불교의 기초를 닦았다고 한다. 출처: 브리태니커 백과사전.
8) 도량 외에 석가가 그 아래 앉아서 도를 깨달아 불도를 이루었다는 나무인 '보리수'를 한자로는 菩提樹라고 한다. 提는 定모의 글자이다. 그러나 提는 端모 글자인 堤 등과도 성부가 같아서 *l-이었다고 보기 어렵다. '보리菩提'는 부처의 지혜를 뜻하는 산스크리트 'Bodhi'를 한자로 옮긴 것이므로 당시 提는 *d-였음을 알 수 있으며, '보리', '보리수'는 활음조 현상에 의한 것으로 풀이된다.

한 것으로 보인다. 道場이 '도량'으로 음역된 것은 일부 定모자가 후
한시기에도 *l-였음을 보여 준다.

(12) 거량擧揚

'거량擧揚'은 승려가 설법할 때 죽은 사람의 영혼을 부르는 것을
뜻한다. 이 용어도 상고 중국어음에 의한 표기로 볼 수 있다. 揚은
以모 글자로 성모 *l-이 영성모가 되기 전의 음을 반영한 것으로 보
인다.

(13) 탱화幀畵

불교에서 신앙의 대상인 부처, 보살 등을 그린 그림을 탱화라 한
다. 한자로는 '幀畵'로 쓴다. 幀은 한자사전에는 뜻이 '그림 족자'로
실려 있고 한국한자음은 '정' 또는 '탱'이다. 현대 표준중국어로 幀은
[tʂən]으로 읽히며, 幅과 같이 서화를 세는 단위로 쓰인다. 그런데
幀은 『광운』에 수록되어 있지 않다. 『집운』에는 수록되어 있는데,
반절이 猪孟절이다. 猪는 『광운』 반절이 陟魚절로 知모 글자이다.
幀의 성부인 貞도 知모 글자이다. 따라서 이론적으로 한국한자음은
'ㄷ'계열의 초성으로 실현되어야 하며, 猪孟절은 조선시대 한자음으
로 '딩'으로 실현되어야 한다. 조선시대에는 탱화를 '팅'으로 표기했
는데, '딩'과는 유기음이냐 무기음이냐의 차이만 있다.

　　팅 그려 魂帛 뒤헤 두니 『가례언해(家禮諺解)』 5:20
　　그듸 집 가온딕 미타팅을 셔벽에 노피 걸고 『왕랑반혼전(王郎返
　　魂傳)』 29)

전술한 대로 설상음은 상고 시기에는 설두음과 같은 치두음이었지만『절운』시기에는 권설 파열음이었던 것으로 추정된다. 따라서 상고음에 의거하든『절운』음에 의거하든 '탱'은 幀의 중고 중국어 이전의 음이고 '정'은 幀이 파찰음이 된 이후의 음이다.『절운』음에 의거해도 '팅'으로 실현되었겠지만, 불교가 전래된 시기 및 도량, 거량 등의 불교 용어가 한대의 음을 반영하는 것으로 보아 탱화도 한대의 음이 이어져 내려온 것일 가능성이 높다.

제2절 옛 지명과 인명에 반영된 상고 중국어음

상고 중국어음으로 풀이할 수 있는 고대 한국한자음 자료 가운데 鴨綠을 鴨淥으로 표기한 것과 같이 쉽게 알 수 있는 명칭은 제외하고 그 밖의 지명, 인명, 국명 등에 대해 알아본다. 제1편에서 살펴본 지명이나 인명은 제외한다.

1. 고구려의 지명, 인명

(1) 高麗, 句麗, 高夷

나라 이름인 고구려高句麗는 사서에 여러 이름으로 기재되어 있다.『삼국사기三國史記』제29권에는 고려高麗,『삼국사기』제37권에

---

9)『가례언해』는 1632년에 신식이『주자가례朱子家禮』를 한글로 옮겨 간행한 책이고,『왕랑반혼전』은 조선 중기의 불교소설이다. 이 소설의 작자로 보우 普雨를 꼽기도 하나 확실하지는 않다. 현존하는 최고본은 1637년(인조 15) 화엄사에서 펴낸『권념요록勸念要錄』이라는 불교설화집에 실려 있다. 출처: 다음백과사전.

는 구려句麗, 중국 문헌인 『주서周書』10)에는 고이高夷로 기재되어 있다. 고구려에서 '고'는 성씨를 가리킨다. 『삼국사기』 제37권에 "국호를 句麗라 하고 성씨를 高라 하였다"라고 기재되어 있다. 선진先秦의 사적인 『주서』에는 高夷도 나오는데 진晉의 콩 차오孔晁가 『일주서逸周書』「王會解」에 "高夷는 동북 오랑캐인 고구려를 가리킨다(高夷東北夷高句麗)"라고 주를 달았다. 이는 고구려의 옛 명칭 가운데 하나가 高夷라는 뜻이다. 夷는 以모 글자로 상고음은 *lid이다. 麗의 상고음은 *rig이다. 따라서 고대 한국한자음에서는 高麗와 高夷가 종성을 제외하고 음이 같았음을 알 수 있다.

(2) 波害平吏, 波害平史

파해평리波害平吏는 『삼국사기』 제35권에, 파해평사波害平史는 『삼국사기』 제37권에 보인다. 이 지명은 경덕왕 때 파평현波平縣으로 개명했다. 莊계 성모 가운데 生모 글자인 史가 來모자인 吏에 대응되게 쓰였는데, 류렬(1983:273)은 平史는 平吏를 잘못 적은 것으로 보았다. 한국 한자음에서 吏와 史는 음의 차이가 크기 때문에 오류로 본 것이다. 그러나 상고 중국어에서는 두 글자 모두 之운부에 속하고 3등자로 운모가 같고 성부도 같다. 앞에서 來모와 성부가 같은 3등자는 중뉴 3등자로 개음 *-rj-를 갖는 것으로 보았다. 따라서 來모자 吏와 성부가 같은 史의 상고음은 *srjəg로 재구되며, 吏는

<hr>

10) 『주서』는 수당隋唐 이후에는 『급총주서汲冢周書』라고도 칭했다. 汲郡(河南省 新鄕市에 위치)의 옛무덤에서 나온 고문 죽서 가운데 하나이다. 이미 전하지 않지만 『일주서逸周書』가 고증을 거쳐 『주서』와 내용이 같은 것으로 알려져 『일주서』라고도 불린다.

*rjəg로 재구된다. *s-를 제외하고 상고 중국어에서 두 글자의 음이 같은 것을 알 수 있다. 그러므로 이 지명은 잘못 기재된 것이 아니라 확실히 상고 중국어음에 근거한 것이다.

(3) 平淮押, 平唯押

지금의 김포시 월곶면을 가리키는 지명으로『삼국사기』제37권에 수록되어 있다. 평회압平淮押에 "淮는 唯라고도 쓴다(淮一作唯)"라고 설명이 달려 있다. 류렬(1983:273)은 평회압이 평유압平唯押의 오기誤記로 보았지만 두 글자의 성부가 같은 것으로 보아 상고 중국어에서 두 글자의 음이 비슷했을 것이라고 추정할 수 있다. 중고 중국어에서 淮는 皆운, 唯는 脂운으로 분류되었다. 그러나 淮와 唯는 성부가 같기 때문에 두 글자는 상고 중국어에서 모두 微운부에 속한다. 淮는 匣모의 합구 2등자이고 唯는 以모의 3등자이므로 상고음은 각각 *gʷrəd, *ljəd로 재구된다. 상고 중국어에서 두 글자의 음은 차이가 크지 않았다.

(4) 河西良, 何瑟羅

하서량河西良, 하슬라何瑟羅는『삼국사기』제35권에 실린 지명으로 지금의 강릉이다. 西와 瑟이 대응되고 良과 羅가 대응되고 있다. 河와 何는 상고 중국어 이래로 줄곧 동음이었다. 西는 脂운부 글자로 상고음은 *sid, 瑟도 脂운부에 속하며 상고음은 *srjit이다. 良은 *rjaŋ, 羅는 *rar로 재구된다. 대응되는 두 글자의 음이 유사함을 알 수 있다. 따라서 상고 중국어음에 따른 표기로 볼 수 있다.

(5) 各連城, 客連城

경덕왕 때 연성군連城郡으로 개명한 각련성各連城 또는 객련성客連城은『삼국사기』제35권에 실린 지명이다. 各은 중고 중국어에서 鐸운의 개구 1등자이고 客은 陌운의 개구 2등자로 한국한자음도 '각', '객'으로 모음의 차이만 있다. 상고 중국어에서 客은 *kʰrak으로 성모가 유기음이지만 유기의 연구개음 성모는 한국한자음에서는 모두 무기음으로 실현되었다. 各은 見모의 글자이지만 落, 洛 등의 來모 글자들과 성부가 같아서 리 팡꾸이는 各을 *klak의 복성모 글자로 재구했다. 본서에서는 來모의 상고음을 *r로 보았으므로 各의 상고음은 *krak가 되어, 두 글자의 상고음이 보다 비슷했음을 알 수 있다. 그런데 洛 등 파열음 글자들과 성부가 같은 來모 글자는 앞에서 *k·rak로 재구했다. 各도 이 유형에 속해 *k·rak로 재구되어야 한다. 복성모 *Cr- 유형이 모두 來모가 되지 않고 예외가 생겼듯이 各도 예외로 볼 수 있다.

(6) 于烏, 郁烏

우오于烏, 욱오郁烏는『삼국사기』제37권에 실린 지명으로 현現 평창의 옛 지명이다. 于와 郁이 대응되고 있는데, 두 글자의 뜻이 다르므로 음차일 가능성이 높다. 郁은 중고 중국어에서 -k운미를 가진 입성자로 屋운자였다. 반면 于는 음성운자였다. 그러나 상고음의 경우 于는 음성운 魚운부 글자로 *gʷjag, 郁은 之운부의 음성운자로 *ʔʷjəg으로 재구되어 상고 중국어 시기 두 글자의 음이 매우 비슷한 것을 알 수 있다.

(7) 朱蒙, 鄒牟

고구려의 시조인 동명성왕東明聖王의 이름이 주몽朱蒙인데, 『삼국
사기』제13권, 제23권에는 朱蒙이 추모鄒牟로도 표기되어 있다. 朱
는 鄒와, 蒙은 牟와 대응되고 있다. 朱는 章모 侯운부의 글자이고,
鄒는 莊모 侯운부 글자이다. 朱의 상고음은 *tjug, 鄒의 상고음은
*tsrjug로 재구되어 두 글자의 상고음이 비슷했다. 반면 蒙의 상고음
은 *muŋ으로 재구되는데, 牟는 상고 시기 幽운부 글자로 *mjəgʷ으
로 재구되어 중성과 종성이 蒙과 다르다. 그렇지만 운모체계 부분에
서 살펴보았듯이 幽운부 글자들이 고대 베트남한자음과 티베트글말
에서 주요모음이 u로 실현되었기 때문에 판 우원 등 일부 학자들은
幽운부의 주요모음을 *u로 재구한다. 그렇게 보면 蒙과 牟의 주요모
음은 거의 같아진다.[11] 또한 두 글자의 운미도 조음 위치가 같아서
음차로 보인다. 그러나 두 글자 모두 '사리에 어둡다'라는 의미가 있
어서 훈차로도 볼 수 있다.

(8) 大谷郡, 多知忽

『삼국사기』제37권에 실린 고구려 지명 대곡군大谷郡은 다지홀多
知忽과 함께 실려 있는데, 大와 多가 대응하고 있다. 최남희(2005:
162)는 大와 多의 중세 한국어의 훈이 '하-'라는 점을 들어 대응하는
두 글자를 모두 훈차로 보았다. 그는 "고대국어에서는 '하-'의 의미
분화가 되기 전으로 보이고, 5세기경의 고구려어에 'ㅎ'이 쓰였을 가
능성이 희박하다. 그래서 중세 국어 '크-'의 고대 국어가 '그-'일 것으

....
11) 蒙은 東운부 글자로 리 팡꾸이는 東운부 글자들의 주요모음을 *u로, 판 우원
은 *o로 재구했다.

로 추정한다"라고 언급했다. 그는 知의 기능은 확실하지 않은데 知
는 토씨로, 多知가 함께 '큰'을 의미하는 것으로 보았다.

그런데 왜 大와 多, 谷과 知, 郡과 忽이 대응되는 것으로 보지는
않았을까? 忽은 고구려 지명에 흔한 표기로 縣, 城, 郡에 대응되는
표기로 쓰였다.

買忽	一云	水城
十谷縣	一云	德頓忽
五谷郡	一云	于次呑忽

위의 두 번째와 세 번째 지명을 보면 谷이 頓, 呑과 대응되고 있음
을 알 수 있다. 학자들은 谷의 고구려어를 '단(최남희 2005:164)' 또
는 '다나(류렬 1995:248)' 등으로 추정한다. 세 번째 지명에서 谷이
呑에 대응되므로 郡은 忽에 대응된다. 그러므로 '大谷郡 多知忽'에
서 大는 多에, 谷은 知에 대응되는 것을 알 수 있다. 상고음으로 분
석하면 大와 多가 대응되는 것은 매우 분명해 보인다. 大는 祭운부
에 속하며 리 팡꾸이의 재구음은 *dad이다. 多는 歌운부에 속하며
*tar이다. -d에 대응되는 -t 운미가 한국어에서 'ㄹ'로 실현되었음은
주지의 사실이다. -r 역시 'ㄹ'로 실현되었을 것이다. 大, 多 모두 음
차 표기로 볼 수 있다.

2. 백제의 지명, 관직명

(1) 欲乃, 谷城, 浴川

욕내欲乃는『삼국사기』제36권에 실린 원래 지명이고, 곡성谷城은

신라 경덕왕 때 바뀐 지명이며, 욕천浴川은 『신증동국여지승람新增
東國興地勝覽』에 실린 이 지명의 별칭이다(류렬 1995:358). 川의 훈이
'내'이므로, 위의 세 지명으로부터 谷, 欲, 浴이 대응되고 있고, 乃,
川, 城이 대응되고 있음을 알 수 있다. 乃는 음차, 川은 훈차, 城 역
시 훈차로 보인다. 성부가 같은 欲, 浴, 谷은 모두 음차로 보인다.
谷은 『광운』의 屋운에 古祿절(*kuk)과 盧谷절(*ruk) 두 개의 반절을
포함하여 燭운에 余蜀절(*ljuk), 藥운에 其虐절 모두 네 개의 반절이
있다. 세 글자 모두 상고음에서 屋운부에 속했고, 欲과 浴은 상고
중국어와 중고 중국어에서 동음同音이었다. 欲, 浴의 『광운』 반절은
谷의 우절又切과 같은 余蜀절로 欲, 浴이 중고 중국어에서는 영성모
로 변했지만, 리 팡꾸이(1998:122)는 이 글자들의 상고음을 *grjuk과
같이 설근음 *g-로 재구했다. 본서에서는 以모를 *l-로 보았으므로
수정하면 *gljuk이 된다. 欲, 浴이 상고 중국어에서 영성모로 읽혔다
면, 경덕왕 때 이 글자들을 谷으로 바꿀 필요는 없었을 것이다. 리
팡꾸이의 재구음처럼 欲, 浴 두 글자는 설근음 성모로 읽혔던 것으
로 보이며, 경덕왕 때는 더 이상 설근음 성모로 읽히지 않게 되자
谷으로 바꾼 것으로 보인다. 그러므로 이 세 글자가 상고음에서 같
은 음으로 읽혔을 가능성은 높다. 실제로 谷은 미얀마어로 kʰlok의
복성모로 읽히며 계곡의 의미를 갖는다(潘悟雲 1998:310). 그렇다면
이는 위의 지명이 상고음에 근거했음을 보여 준다.

(2) 智異山

한글이 없던 시대에는 우리말을 적기 위해 한자를 사용했다.[12]
따라서 예로부터 사용되어 오던 지명도 한자를 빌려 표기했다. 현재

대부분의 지명은 우리가 쓰고 있는 한자음과 일치하는데, 간혹 지리산을 '지이산' 즉, 智異山으로 표기하는 것처럼 한자음과 한글이 맞지 않는 지명을 찾을 수 있다. 지리산은 소리 나는 대로 地理山이라고 쓰기도 하지만 智異山이 정확한 표기이다.

『한민족문화대백과사전』에 지리산의 명칭에 관한 내용이 다음과 같이 정리되어 있다. "'智異'는 지리라는 우리말을 소리대로 옮긴 것일 뿐이며 지리는 산을 뜻하는 '두래'에서 나온 이름이다. 두래는 돌을 이음절인 '두리'·'두류' 등으로 옮겨 '頭流'·'豆流'·'頭留'·'斗星'·'斗流' 등의 한자를 붙여 지명이 된 것이 많다.……『신증동국여지승람』, 『호남읍지湖南邑誌』, 신경준申景濬의 『산수고山水考』, 『대동지지大東地志』 등에도 모두 智異山이라 표기되어 있다."

그렇다면 지리라는 산의 이름이 먼저 있었고, 이 이름을 당시 한자로 옮겼다는 설명인데, '리'를 나타내는 한자는 어림잡아도 수십 자이다. 처음부터 지리라는 이름이었다면 왜 음이 맞지 않는 '異'로 표기했는지 의문이 생긴다. 漢拏山이 한라산으로 읽히는 것은 활음조 현상이지만[13] 지리산의 '리'가 異로 표기된 것은 상고음에 의한 차자借字 표기로 보아야 한다. 먼저 '지리'라는 말이 있고 이 말에 맞는 한자를 썼기 때문이다.

지리산의 異는 以모의 글자로 翼 등의 입성자와 성부가 같아 職운부로 분류되었다. 본서에서는 以모 글자의 상고음을 *l-로 보았으므로, 상고음은 *ljək로 재구된다. 지리산을 智異山으로 표기한 것은

---

12) 智異山은 김태경(2015)에 실린 내용이다.
13) 滑音調(euphony) 현상이란 곤난困難이 곤란이 된 것처럼 음이 연속될 때 발음하기 쉬운 다른 음으로 변하는 음운 현상을 이른다.

한자를 정할 당시 異가 *lj-로 읽혔기 때문인 것으로 보인다. 종성
-k는 발음상의 편의를 위해 탈락한 것으로 추정된다.

(3) 達率, 大率

달솔達率은 『삼국사기』 제24권에, 대솔大率은 『삼국사기』 제40권
에 수록된 백제 관직명이다. 達과 大가 대응되고 있다. 大는 음성운
글자이나 상고 중국어에서 達과 유사한 운미를 갖고 있던 것으로
보인다. 리 팡꾸이가 재구한 達의 상고음은 *dat, 大는 祭운부 글자로
*dad이다. t는 d와 무성음과 유성음이라는 차이만 있을 뿐 조음 위치
가 같다. -t는 한국 한자음에서 'ㄹ'종성으로 실현되었다.[14] 두 관직명
이 상고 중국어에서 같은 음으로 인식되었을 가능성을 보여 준다.

3. 신라의 지명, 인명, 관직명

(1) 于尸山國

『삼국사기』 제44권에 실린 지명인 '우시산국于尸山國'의 于尸山은
'울산'을 표기한 것으로 잘 알려져 있다. 고대 한국한자음 자료에서
書모 글자인 尸를 'ㄹ'표기에 활용한 것도 尸의 상고 중국어음 *hljid
에 근거한 것으로 보인다.

(2) 選干, 撰干

『삼국사기』 제40권에 선간選干이라는 신라의 관직 이름이 찬간撰干

....

14) 왕 리王力는 상고 중국어 음성운에 유성 폐쇄음 운미가 없었다고 보았으므
로 大를 입성자로 보고 *dāt로 재구했다.

으로도 병기되어 있다. 두 글자 모두 상고 중국어에서 元운부에 속하고 해성 편방이 같다. 해성 편방이 같은 이름이 대응되는 예는 많다. 신라의 제16대 왕인 흘해왕訖解王은 『삼국유사』에 걸해乞解로도 기록되어 있다. 또 선화善花공주는 선화善化로도 기록되어 있다. 그런데 대체로 한국한자음이 같거나 중국어 독음이 유사하여 음차인 것을 바로 알 수 있지만 選과 撰은 한국한자음도 중국어 독음도 차이가 있다. 撰은 崇모, 濟운의 글자로 한자음이 '찬'이다. 選은 心모 글자로 獮운에 속하며 한자음은 '선'이다. 그런데 撰에 우음으로 土免절의 음이 있고 이 음이 '선'으로 실현되었다. 또한 撰에도 選과 같이 '가리다'의 의미가 있어 두 글자는 훈차로도 또는 음차로도 풀이된다.

(3) 花郞 花娘

고대 한국어 자료에서도 來모자가 아닌데도 來모자에 대응되게 쓰인 글자를 찾을 수 있다. 바로 신라의 화랑이다. 花郞이 『삼국사기』에는 花郞으로만 표기되어 있는데, 『삼국유사三國遺事』 제3권에는 花娘으로도 표기되어 있다.

> 다시 명령을 내려 좋은 집안의 남자 가운데 덕행이 있는 사람을 뽑아 화랑이라 고치고, 먼저 설원랑을 받들어 국선으로 삼았다. 이것이 화랑 국선의 시초다.
> 更下今選良家男子有德行者. 改爲花娘. 始奉薛原郞爲國仙. 此花郞國仙之始.

화랑에 쓰인 이 아가씨 '娘'자로 인해 화랑에 대해 많은 추측이 나왔다. 『삼국사기』 제4권 신라본기 진흥왕편에 나오는 화랑의 기원에 대한 설명으로 인해 화랑이 남창男娼이었다는 설이 등장했고, 이 같은 견해에 반대하는 사람들은 花娘은 잘못 표기된 것이라고 주장했다.[15] 뒤에는 花娘이 아닌 花郎이 쓰였기 때문에 잘못 표기된 것으로도 보인다. 그런데 花郎이 花娘으로도 표기된 것은 음운론적 측면에서 볼 때 음이 같거나 유사했기 때문이라고 해석할 수 있다. 앞에서 來모와 해성하는 글자들은 모두 중뉴 3등자이며, 중뉴 3등자는 *-r-개음을 지녔다고 밝힌 바 있다. 娘은 來모 글자들과 성부가 같고, 娘과 郎 모두 상고 중국어에서 陽운부에 속했다. 중고음을 살펴보면 郎은 一등의 唐운이고 娘은 三등의 陽운이다. 그렇다면 상고음은 다음과 같이 재구된다.

郎   *raŋ
娘   *nrjaŋ

위의 두 음을 발음해 본다면 같은 음으로 인지될 수 있었음을 알 수 있다. 운도의 36자모에서 娘모는 知徹澄모와 함께 설상음에 수

....

15) 신복룡 2001. 『한국사 새로 보기』 43-51쪽 참조. 역사학자인 신복룡은 "화랑이 당초 여자였다는 것은 학계에서도 인정하고 있는 사실"이며 "삼국 중에서 신라에만 특유하게 존재하던 모계 중심 사회가 점차 퇴조를 보이면서 화랑도 남자로 바뀌기 시작했다"고 주장했다. 신복룡은 『삼국유사』에 '花娘'으로 기록되어 있는데, 花娘을 花郎이라고 표기한 한국의 역사학자들은 『삼국유사』도 읽어보지 않았거나 의도적으로 문헌을 왜곡했다고 볼 수밖에 없다고 지적했다. 그는 "화랑이 여성에서 남성으로 바뀌었다고 해서 그것이 곧 상무尙武정신과 같은 남성 문화로 바뀐 것이 아니고, 화랑의 선발 기준은 여전히 '얼굴이 고운 남자'였다. 화랑이 진정 무사도였다면 우람한 남자를 뽑았을 것이며, 얼굴이 고운 남자를 뽑지 않았을 것이다. 그리고 이것은 모계 사회의 풍습 때문이었다."고 주장했다.

록되어 있다. 대부분의 학자들이 娘모를 설두음 泥모에 대응되도록 설정한 자모로 泥모와 같은 음으로 재구한다. 그러나 리 팡꾸이 (1982:15)는 娘모가 상고 중국어에서 다른 설상음 성모 글자들처럼 *-r-개음을 가졌었고, 이 개음은 일부 방언에서는 사라지고 성모에 아무런 영향을 주지 않았지만 일부 방언에서는 비음 성모 n이 ɳ[n] 으로 권설음이 되게 했을 것으로 추정했는데, 운서나 운도는 과거의 음운현상을 수록하는 경우가 종종 있으므로 이 같은 추정도 가능하다고 본다. 아무런 이유 없이 운도에서 그것도 설상음과 함께 수록하지는 않았을 것이다. 이렇게 본다면 花郎이 花娘으로 표기된 것은 상고 중국어음에 따른 것일 가능성이 크다.

사전에 실린 花娘의 용례 가운데 시기적으로 가장 이른 것은 당나라 때 리 허李賀가 쓴 『신호자필률가申胡子觱篥歌』의 서序에 실린 花娘인데, 리 허의 생몰연도가 약 790년에서 817년이므로 신라의 원화가 폐지되고 화랑이 도입된 576년과는 시간상으로 크게 차이가 난다. 花郎 외에도 『삼국유사』에는 여러 인명이나 지명이 음이 비슷한 두 가지 이상의 한자로 표기된 예가 많고, 그 인명이나 지명들은 시기적으로 상고 중국어음을 반영한다. 따라서 이 같은 사실을 고려하면 『삼국유사』에서 花郎을 花娘이라 표기한 것은 단순히 상고 중국어음이 비슷해서 사용한 것일 가능성이 크다.

(4) 奴同覓, 如豆覓

『삼국사기』 제34권에 실린 지명으로 "노동멱은 여두멱이라고도 한다(奴同覓一云如豆覓)"고 실려 있다. 泥모 글자인 奴와 日모 글자인 如가 상고 중국어 시기 음이 거의 같았다는 것은 이미 성모체계를 다루면서 언급했다. 여기서는 同과 豆의 상고음만 비교한다. 同은 東운부 定모 글자로 상고음은 *duŋ으로 재구된다. 豆는 侯운부 定모자로 상고음은 *dug이다. 두 글자의 초성과 중성이 같고 운미만 다른데, 두 글자의 운미가 모두 조음위치가 같은 연구개음이다. 그러므로 두 글자는 상고음에 의거해 쓰인 것을 알 수 있다.

(5) 脫解齒叱今, 吐解尼師今

신라의 제4대 왕인 탈해왕은 『삼국유사』 제1권에 탈해치질금脫解齒叱今과 토해이사금吐解尼師今으로 기록되어 있다. 齒가 훈차이므로 치질금은 이질금으로 읽어야 한다. 대응되는 니尼는 이齒에 대응되는 음차이다. 師는 叱과 대응된다. 師는 脂운부에 속하며 재구음은 *srjid로 *-d운미 글자이다. 叱은 *-t운미 글자로 師와 叱 모두 음차로 보인다. '이사금'이라는 명칭에 대해서 『삼국유사』 제1권에 이사금은 '잇금'을 의미하며, 유리왕이 탈해에게 왕위를 물려주려 하자 탈해가 성스럽고 지혜가 많은 사람은 치아가 많다며 떡을 물어 시험하자고 제안했다는 이야기가 실려 있다. 결국 유리왕의 치아 수가 탈해왕보다 많아 먼저 유리왕이 왕이 된 것이라는데, 그렇다면 師나 叱은 온전한 한 음절이 아닌 어말 자음 'ㅅ'을 표기한 것으로 師나 叱의 초성만을 취했을 가능성이 크다. 이사금은 화랑세기에서 치리齒理, 즉 '이 자국'의 방언으로 소개되어 있는데, 이 같은 유래를 통해 이사금이 한자어가 아닌 신라의 고유어임을 알 수 있으며, '이사금'이라는 표현은 현대 한국어의 '임금'이라는 표현의 원형으로 전해진다(위키백과사전).

脫과 吐의 경우 훈차인지 음차인지 다소 애매하다. 脫은 상고 중국어 재구음이 *tʰuat, 吐는 透모 魚운부 글자로 상고 중국어 재구음은 *tʰag으로 운미의 조음위치는 다르지만 음은 상당히 유사하다. 脫의 경우 '옷이나 껍질을 벗다'의 뜻을 지니는데, 吐에도 '드러내다'의 의미가 있어서 훈차일 가능성도 있다.

(6) 弩禮, 儒禮, 儒理

신라의 제3대 왕은 유리왕儒理王으로 알려져 있다. 그런데 『삼국유사』에는 신라의 제3대 임금이 노례왕弩禮王으로 되어 있다. 「왕력王曆」에 노례이질금弩禮尼叱今으로 기록되어 있고 弩는 儒라고도 한다는 설명이 붙어 있다. 또한 제14대 임금도 유례이질금儒禮尼叱今으로 기록되어 있다. 『삼국사기』 제2권에는 제3대 임금이 유리이사금儒理尼師今으로 기록되어 있다. 제14대 임금은 유례이사금儒禮尼師今으로 기록되어 있고, 그 옆에 "古記, 第三第十四二王同諱, 儒理或云儒禮, 未知孰是"라는 설명이 붙어 있다. 즉, "옛날 기록에는 제3대왕, 제14대 왕의 휘가 모두 儒理 또는 儒禮로 되어 있는데, 어느 것이 옳은지 모르겠다"라는 내용이다.

어쨌든 弩와 儒가 대응되고 있다. 弩는 泥모, 儒는 日모로 상고 중국어에서 두 글자의 성모는 같았다. 운모의 경우 儒는 侯운부, 弩는 魚운부 글자이다. 루오 창페이와 조우 쭈모(羅常培·周祖謨 2007)는 한대漢代 운문에 쓰인 운자를 귀납해 보고 『시경』의 31개 운부를 27개로 줄였는데, 侯운부를 魚운부에 넣었다. 이것은 侯운부와 魚운부가 『시경』 시기에는 분리되어 있었지만 한대에는 압운하였음을 의미하는 것이다. 따라서 儒禮王, 弩禮王은 한대 이후의 음에 의거하였음을 알 수 있다.

(7) 加倻, 駕洛國

가야는 加耶(『삼국사기』제41권), 伽耶뿐 아니라 『삼국사기』제2
권에는 가라국加羅國, 『삼국유사』에는 가락국駕洛國 등의 명칭으로
기재되어 있다. 가량국加良國이라는 명칭도 사전에 수록되어 있다.
耶는 以모의 魚운부 글자로 상고음은 *ljiag으로 재구된다. 羅는 來
모, 歌운부 글자로 *rar로 재구된다. 洛은 입성운자로 상고음은 *rak
이고, 良은 *rjaŋ으로 재구된다. 洛-k, 耶-g, 良-ŋ의 종성은 조음위치
가 같지만 羅-r는 나머지 셋과 다르다. 운미가 제각각인 것으로 보아
이 글자들에서 종성을 제외한 '라'의 음만 취했을 가능성이 있다. 즉
가야의 당시 명칭은 가라국이었던 것으로 추정된다. 따라서 현재 우
리가 알고 있는 부족국가 가야는 원래 가라국이라는 국명을 상고
중국어음에 따라 표기했을 가능성이 높다.

(8) 徐羅伐, 徐耶伐

신라의 옛 이름인 서라벌徐羅伐은 『삼국사기』제1권에 서나벌徐那
伐로 기록되어 있다. 『삼국유사』제1권에는 徐羅伐, 서벌徐伐 또는
사라斯羅, 사로斯盧라고도 기록되어 있다. 국어사전에는 서야벌徐耶伐
도 보인다. 앞에서 살펴본 것과 같이 耶는 *ljiag, 羅는 *rar로 재구된
다. 서라벌에서 耶, 羅의 종성은 발음되지 않았던 것으로 추정된다.
那는 泥모 글자로 那 *nar는 羅와 초성이 다르지만 那가 徐와 伐
사이에서 활음조 현상으로 인해 초성이 'ㄹ'로 읽힌 것으로 풀이된다.

(9) 閼英, 娥英, 娥伊英
알영閼英은 『삼국유사』제1권에, 아영娥英과 아이영娥伊英은 『삼국

유사』「왕력」에 실린 박혁거세의 아내 이름이다. 閼은 -t입성자이고 대응되는 娥는 중고 중국어에서 음성운에 속한 글자이다. 娥는 상고 중국어에서 歌운부에 속한 글자로, 閼의 상고 시기 주요모음과 운미는 *-at이고 娥의 주요모음과 운미는 *-ar이다. -t는 한국한자음에서 ㄹ종성으로 실현되었고, -r도 ㄹ로 실현되었을 수밖에 없다. 閼英과 娥英은 상고 중국어음에 근거해 표기한 인명임을 알 수 있다.

(10) 居瑟邯, 居西干

거슬한居瑟邯, 거서간居西干은 『삼국유사』 제1권에 실린 위호位號로 신라에서 왕을 지칭하던 명칭 가운데 하나이다. 고구려 지명 "河西良, 何瑟羅"에서 살펴본 것과 같이 瑟 *srjit과 西 *sid가 대응되고 있다. 또한 邯과 干이 대응되고 있다. 邯은 『광운』 반절이 胡甘切로 -m 운미 운인 談운에 속하지만 『광운』에 또 다른 음又音이 '寒'으로 표기되어 있다. 寒의 『광운』 반절은 胡安切이다. 匣모 글자이지만 상고 중국어에서 匣모는 干과 같이 見계에 속했다. 干의 『광운』 반절은 古寒切이다. 두 글자의 운모도 같으므로 두 글자는 동음으로 인식되었을 것이다.

(11) 繼烏夫人, 知烏夫人

중세 한국어 자료에도 知계 글자는 모두 설두음으로 기록되어 있는데, 중국의 소수민족 언어에는 知계 글자들이 설근음 또는 설근음 계열의 복성모로 읽히는 예가 많다. 雉가 普沃語, 斯戈語로 kʰliʔ, 肘가 티베트어로 gru, 佤語로 krauŋ, 長이 佤語로 glaŋ이다(楊劍橋 1996:172). 이 가운데 肘만이 知모의 글자이고, 나머지는 澄모의 글자이다. 또 瑤語로 역시 澄모인 直은 glaŋ, 雉는 gli, 腸은 glaŋ, 蟲은 klɛ, 燭은 klan이다(鄧方貴·盤承乾 1998:213). 이 글자들이 대부분 澄모이기 때문에 떵 팡꾸이·판 청치앤(鄧方貴·盤承乾)은 澄모는 상고 중국어에서 定모와 구분되었을 것이라고 추정했다. 그렇지만 端계 글자들도 塘이 瑤語로 glaŋ, 跳가 베트남한자음으로 kʰieu, 佤語로 gʰrau, 擔이 克慕語로 klam, 景頗語로 kʰap, 脫이 티베트어로 glod, 미얀마어(Burmese)로 klwat, 佤語로 glot이며, 踏이 티베트어로 glebs, 讀이 티베트어로 glog, 梯는 仡佬語로 klai, 侗語로 kwe이다(楊劍橋 1996:171). 이러한 예들은 상고 중국어에서 설음자들이 설근음 성모를 갖고 있었을 가능성을 시사한다. 또 흥미롭게도 설근음 뒤에 유음인 l, r이 위치해 복성모를 이루고 있다. 소수민족 언어에서 설음 성모 글자들이 gr-, gl-, kl-, kr- 등의 초성으로 읽히는 위와 같은 예들은 知계 글자 일부가 설두음뿐 아니라 다른 성모, 즉 설근음에서 유래했을 가능성을 보여 준다.

『삼국사기』 제10권에 실린 신라 제38대 임금 원성왕의 어머니인 계오繼烏부인은 『삼국유사』 「왕력」에는 지오知烏부인으로 기재되어 있다. 繼와 知는 한국한자음과 중국어로는 음이 비슷하다고 할 수 있을 정도로 유사하지는 않다. 그렇지만 상고음을 살펴보면 繼는 脂운부 見모 글자로 *kid로 재구되고 知는 *trig로 재구된다. 운미가 같지 않지만 知의 성모가 설음으로 변하기 전에 **krig(>*trig)였다고 본다면 초성과 주요모음이 같아진다. 두 어휘가 동일인의 인명이므로 知의 성모는 설근음이었을 가능성이 있으며, 그렇다면 지오부인은 상고 중국어음에 의한 표기이다.

2 한국어 어휘의 어원

중국에서는 십여 년 전까지도 서울을 한청漢城이라고 불러왔다. 2004년 서울시에서 서울의 새 중국어 명칭을 공모하여 채택한 '소우얼首爾'이 2005년부터 정식으로 사용되기 시작하여 서울의 중국어 명칭으로 자리매김했다. 또 최근에는 우리의 대중문화가 중국에 전해지면서 歐巴[ouba](오빠), 歐尼[ouni](언니) 같은 어휘들이 자연스럽게 중국인들 사이에서 쓰이기 시작했다. 이 어휘들은 최근에 쓰이기 시작해서 그 유래를 바로 알 수 있지만, 고대 두 나라간의 교류로 인해 중국어에 차용된 우리말은 그 흔적을 찾기가 어렵다. 당시 우리는 문자가 없어서 한자를 차용해 썼는데, 우리말의 음뿐 아니라 각 한자의 중국어음도 많이 달라졌기 때문에 그 유래를 밝히는 것은 매우 어려운 일이다.

고대에 중국어로 차용된 것으로 보이는 우리말 어휘로 '심(삼)'이 있다. 우리가 건강을 위해 즐겨 먹는 홍삼紅蔘, 인삼人蔘의 '삼'이 한자에서 유래한 말처럼 보이지만 순수 우리말 '심'에서 유래했을 가능성이 있다. 서정범(2000:393)은 중국에서도 인삼을 고려인삼이라 하며 우리나라의 특산물로 여겼던 것에 근거하여 중국어 인삼參은 한국어의 '심'에서 기원했을 것으로 추정했다. 우리말로 산삼을 캐는 사람들을 심마니라 부르고 심마니들은 산삼을 심이라 부른다. 산삼을 발견한 사람이 "심봤다"라고 외치는 장면을 드라마나 영화에서 한 번쯤은 본 적이 있을 것이다. 심마니가 산삼을 발견했을 때 주위에 알리기 위해 세 번을 외치면서 하는 말이다. '심봤다'는 삼을 발견한 사람이 삼을 혼자서 가지는 경우 외치는 소리이고, '심 있다'는 삼을 발견한 사람이 함께 삼을 캐러 온 심마니들과 공동으로 삼을 나눠가지는 경우 내는 소리이다.

한국한자음이 대체로 7~8세기 중국어음을 반영하기 때문에 우리는 당시의 중국어음에 맞춰 어원을 추정하는 데 다소 익숙해져 있다. 예를 들면 김민수(1997:848)에서는 '인삼'의 어원을 중국어 人參에서 기원한 것으로 보고 『번역노걸대』에 실린 '인삼'의 중국어음이 '싄슨/싄슴'임을 언급했다. 그렇지만 조선시대 후기에도 삼은 '심'으로 불렸다. 『유씨물명고柳氏物名攷』에 '심'의 뜻풀이가 人蔘으로 되어 있다.[1] 『구급간이방언해救急簡易方諺解』에서도 人蔘을 '심'으로 풀이했고 '싄슨 또는 싄슴'이라고 표기하지 않았다.

  심과 므른 싱앙 人蔘乾薑 『구급간이방언해』(1:29)
  심 흔 량을 머리 업게 ᄒᆞ니와 人蔘一兩去蘆頭 『구급간이방언해』
  (6:23)

....

1) 남광우(2008:929)에서 재인용. 『유씨물명고』는 조선시대 23대 순조(純祖) 때, 유희(柳僖)가 지은 책이다. 여러 가지 사물을 한글로 설명한 책으로, 총 5권 2책이다.

상고 중국어음에 입각해 살펴보면 중국어 인삼은 두 학자 가운데 서정범이 추정한 대로 한국어 '심'에서 유래했을 가능성이 매우 높다. 우리는 한자로 人蔘을 쓰지만, 중국어로는 人參이다. 參자가 약초 인삼의 뜻으로 수록된 중국의 문헌으로는 명대明代의 『정자통正字通』과 『본초강목本草綱目』을 들 수 있다.

> 삼은 인삼으로 약초 이름이다. 본래 薓라 썼는데, 흔히 參이라 쓰기도 한다.
> 參, 人參, 藥草名, 本作薓, 俗作參。『正字通』

> 인삼은 오래되고 점점 자랄수록 뿌리가 사람의 모습 같고 신묘하여, 그것을 인삼이라 한다. 薓은 漫을 따르기에 점차의 뜻도 가지고 있다. 漫이 바로 浸이다. 후세 사람들이 글자가 쓰기 번잡하여 參星의 參자로 그것을 대체했는데, 이는 간편함을 따랐을 뿐이다.
> 人薓年深浸漸長成者, 根如人形, 有神, 故謂之人薓, 神草。薓字從漫, 亦浸漸之義, 漫卽浸字, 後世因字文繁, 遂以參星之字代之, 從簡便爾。『本草綱目』

요약하면 약초 삼의 뜻으로 參이 쓰이기 전 薓이 먼저 쓰이다가 薓이 쓰기 복잡해서 參자를 대신 사용하게 되었으며 삼의 모양이 사람의 형상과 비슷하여 人參이라 불리게 되었다는 내용이다. 薓과 參은 모두 『광운』 반절이 所今절로 生모 글자이다. 상고 중국어에서는 侵운부에 속했다. 학자들의 재구음을 살펴보면, 왕 리는 參의 상고음을 *ʃĭəm으로 재구했고 리 팡꾸이는 *srjəm으로 재구했다. 두 학자의 재구음에서 운모 *-jəm은 '암'이 아닌 우리말 '임'에 대응된다. 따라서 상고음은 '삼'보다 '심'과 유사함을 알 수 있다. 따라서 우리말 '심'이 산삼과 함께 중국으로 전해져 당시 '심'과 음이 유사했던 薓, 參으로 표기되었다가 '삼'의 모양이 사람의 형체를 닮아서 人參이라 일컫게 된 것으로 보인다. 그렇다면 산삼을 캐는 심마니들이 삼을 '심'이라 한 것은 예로부터 전해 내려온 명칭을 그대로 쓴 것임을 알 수 있다. 나중에 우리나라에서 인삼이라 부르기 시작한 것은 다시 중국어 어휘의 영향을 받은 것이다.

이처럼 고대에 한국어에서 중국어로 흘러들어간 어휘는 '심' 외에도 더 있을 것이다. 다만 시간이 흘러 영향을 주고받은 것이 불분명해져서 그러한 어휘들을 찾아내기가 쉽지 않다. 이에 비해 우리나라는 기원전부터 한자를 들여와 사용해 왔기 때문에 현재 우리말에는 한자로 구성된 어휘가 상당한 비중을 차지하고 있고, 어떤 어휘가 한자 또는 중국어에서 유래했는지 쉽게 알 수 있다. 대다수 한자어 어휘들이 우리가 배우는 7~8세기의 중국어음대로 읽히기 때문이다. 한자를 공부한 사람이라면 국가, 사회, 경제, 교육, 농사 같은 이음절 합성어뿐 아니라 귤橘, 먹墨, 병甁 등 단음절 낱말도 한자에서 유래했음을 쉽게 알 수 있다.

그러나 상고 중국어에서 유래한 어휘는 쉽게 알아낼 수 없다. 상고 중국어 당시 차용되었다 하더라도 상고 시기 이후 중국어뿐 아니라 한국어도 끊임없이 변화해 왔기 때문이다. 여기서는 앞에서 살펴본 상고중국어 음운체계에 입각해서 중국어에서 유래한 것으로 추정되는 어휘들과 중국어에서 유래했지만 한자어임이 쉽게 드러나지 않는 어휘들을 살펴보려 한다.

또한 한국어의 어원을 연구할 때는 발생학적으로 같은 조어祖語에서 갈라져 나온 몽골어, 만주어, 일본어 등과 어원을 비교하는 것도 매우 중요하다. 일부 어휘들, 그리고 문법은 확실히 같은 어족에 속하는 몽골어, 일본어와 흡사하다.[2] 그러므로 몽골어, 만주어, 일본어 등의 어휘와도 비교할 것이다. 본서에서 인용한 몽골어는 조선시대 간행된 『몽어유해蒙語類解』, 만주어는 『동문유해同文類解』를 참조하였다.[3]

제1절 선행 연구

1. 연구 개황

20세기 초부터 '실'이 영어의 silk와 마찬가지로 絲의 상고 중국어음에서 비롯되었다는 학설이 동서양의 학자들에 의해 제기되었다 (최영애 2004:208). 실은 만주어로는 '실거', 몽골어로는 '실컥'인데 우리말은 만주어, 몽골어뿐 아니라 영어의 silk와도 상당히 비슷하다. '실' 이외에 우리말의 어원을 중국어에서 찾은 연구는 그리 많지 않다. 한국어 어원에 관한 연구는 국어학자들을 중심으로 이루어졌기 때문이다. 상고 중국어에서 유래했을 가능성이 높은 어휘들에 관

----

2) 우리말에는 사람을 낮잡아 이르는 말로 '치'가 쓰인다. 동냥치, 가라치, 갖바치, 벼슬아치, 이치, 저치의 치가 여기에 해당한다. 『몽어유해蒙語類解』를 보면 몽골어에서도 '치'가 같은 의미로 쓰인 것을 볼 수 있다. 중매인은 '쟈구치', 거지는 '괴란치', 의사는 '엄치', 목수木手는 '모도치' 등으로 기록되어 있다.
3) 『몽어유해』는 조선시대 몽골어 학습을 위해 사역원司譯院에서 간행한 몽골어 어휘집이다. 편찬연대는 정확히 알 수 없으나, 1768년(영조 44) 이억성李億成이 이 책을 개정하여 간행하였다는 기록이 있다. 『동문유해』는 1748년(영조 24) 현문항玄文恒이 편찬한 만주어 어휘집이다. 만주어 통역관들의 학습서로 사역원에서 간행되었다.

한 연구는 1981년 상 위허(尚玉河)가 바람이 風의 상고 중국어음에서 유래했다는 학설을 처음 제기한 후, 정 런지아(鄭仁甲 1983), 최영애 (2004), 엄익상(2008) 등이 이 분야에 관한 논문을 발표했다. 재중在 中동포 학자 정 런지아는 졸업논문에서 다음과 같은 어휘들이 한자 의 중국어음과 관련이 있다고 밝혔다.[4]

뵈 布	싸 地	씌 帶
피리 觱篥	배 舶	부처 佛
놈 戎	즘승 衆生	좀 蟲, 螽
오금 五躬	곰 熊	벼로 筆
밀 來(麥)	길 路	처마 檐
되 夷	망 磨子	붕어 鮒魚
몽 霧	방송 方所	날 日
발 把	뎔 寺	빗 篦
나 我, 吾	너 汝, 乃	뎌 之
다르 他	제 自	아모 某
이 是	그 其	양 羊
말 馬	돋 猪	가히 狗
톳기 兎	올히 鴨	거유 鵝
노새 騾	나귀 驢	가마 坩
키 箕	움 窨	그릇 器
부뚜막 庖廚	독 陶器	지네 地蜈

한자음에서 유래한 것이 확실하거나 논란의 여지가 적은 어휘를 먼저 간략하게 살펴보면 다음과 같다. 중고음은 꾸오 시리앙(郭錫良

....

4) 鄭仁甲의 졸업논문은 1983년에 간행된 『語言學論叢』 제10집에 실려 있다.

2000)을 참조했다.

한자	상고음	중고음	한국한자음	한국어 어휘
其	*gjəg	gi	긔	그
箕	*kjəg	ki	긔	키
兎	*tʰag	tʰuo	토	토끼
窨	*ʔjəm	iem	음	움
刷	*sruat	ʂwat	쇄	솔
鮒魚	*bjug ŋjag	biuo ŋio	부어	붕어

양¥의 몽골어는 '호니', 만주어는 '호닌'으로 우리말 양은 한자어에서 온 것임을 바로 알 수 있다. 토끼의 몽골어는 '톨래', 만주어는 '굴마훈'으로 토끼의 몽골어는 중국어, 한국어와 연관되어 있는 것으로 보인다.

다른 동물들, 개, 돼지, 거위, 오리 등이 狗, 猪, 鵝, 鴨의 상고 중국어나 중고 중국어에서 왔는지는 더 연구되어야 한다. 예를 들면 鵝는 疑모의 歌운부 글자로 상고음은 *ŋar이다. 거위는 『훈몽자회訓蒙字會』(상16) 등의 조선시대 자료에 '거유'로 수록되어 있는데, *ŋar에서 거유를 떠올리기는 쉽지 않다. 그러나 疑모는 연구개 비음으로 일본한자음에서 'ㄱ'초성으로 실현되었다는 점을 고려하면 몽골어 '가라구'와 연결 지을 수도 있다. 그렇지만 이 역시 음의 차이가 있어서 단언할 수 없다. 또한 '오리'의 조선시대 어휘인 '올히'와 鴨도 음의 차이가 크다. 돼지의 옛말 '돝'과 개의 옛말 '가히' 역시 猪와 狗의 상고 또는 중고 중국어음과 대체로 초성만 완전히 일치한다.

붕어의 경우, 정 런지아는 鮒에 분절음 ㅇ이 붙어서 '붕'이 되었고 의미를 분명히 하기 위해 魚가 첨가되어 '붕어'라는 낱말을 형성하게 되었다고 주장했다. 鮒는 상고 중국어에서 侯운부 글자로 운미는 *-g이다. 상고음을 반영한 것은 아닌 것으로 보인다. 최영애(2004: 212)는 물고기 이름에서 첫음절이 종성이 없이 모음으로 끝나면 魚의 성모가 앞 음절의 종성이 되어 나타난다고 보았다. 魚가 疑母의 글자이므로 중고음은 ŋ-인데, 지금은 소실되고 없는 초성이지만 이 성모가 부鮒와 결합하면 '붕어'가 되었다는 뜻인데, 이 설명이 더 합당해 보인다. 몽골어로 붕어는 '컬터거', 만주어로는 '옹고숀'으로 확실히 '붕어'는 중고 중국어에서 유래한 것으로 보인다.

길은 몽골어로 '쟘', 만주어로는 '쥬군'으로 우리말과는 차이가 크다. 밀은 만주어로 '매스', 몽골어로 '부구대'로 우리말 '밀'과는 초성이 유사하다. 학자들은 路가 各, 客 등의 k-성모 글자들과 성부가 같고, 麥은 來 등 l-성모 글자들과 성모가 같아서 이 글자들의 상고 시기 성모를 복성모로 재구한다. 최영애(2004)는 路와 麥의 상고 시기 음을 *klag(본서에서는 *k·rag으로 표기), *mrək으로 보고 우리말 '길'과 '밀'이 路와 來(麥)의 상고 중국어에서 왔다는 정 런지아의 주장을 긍정했다.

이밖에 최영애(2004:209-211)는 설, 탈, 맛 등의 우리말이 각각 歲, 祟, 味의 상고 중국어음에서 온 것으로 추정했다. '맛'은 만주어로 '암탄', 몽골어로 '암타'로 우리말과 다소 차이가 있다. 味의 상고 중국어음은 *mjəd이므로 우리말 '맛'은 味의 상고음에서 기원했을 가능성이 있다. 또한 최영애는 歲의 상고음이 *sjad로 재구된다고 밝히고 명절의 '설'과 나이를 셀 때의 '살'이 歲의 상고음에서 왔을 가능성이 있다고 보았는데, 歲의 의미와 음이 우리말과 대체로 일치한다. '뜻밖의 변이나 사고'를 의미하는 '탈'은 祟의 상고음 *stjəd에서 접두음 s-가 탈락되어 변화된 것으로 보았는데, *st-복성모의 존재를 인정하지 않는 학자도 있는 만큼 이 가설은 보다 검증이 필요하다.

엄익상(2008:249-254)은 눈이 眼의 상고 중국어음에서 온 것으로 보았고, 현재 비속어로 사용되고 있는 '년'이 人의 상고 중국어음에서 왔을 가능성을 제기했다. 눈의 상고음은 *ŋrən〉*ŋeən이다. 疑모 ŋ-은 현대 표준중국어에서 영성모가 되었지만, 逆, 凝, 倪, 臬 등 일부 疑모의 글자들은 n-성모로 변화되었다. 눈은 몽골어로 '니두'이고 만주어로 '야사'인데, 우리말 '눈'은 후기 상고 중국어음과 조금 더 비슷하다. 人의 상고음은 *njin, 중고음은 ɲjen으로 필자가 보기에는 중고음이 비속어 '년'에 더 가깝게 발음된다. 지금은 비속어이지만, 조선시대까지도 여성을 이르는 말이었지 현재와 같은 비속어는 아니었다. 그러므로 가능성 있는 학설이다.

이밖에도 우리말 어원을 연구한 학자들은 많은데, 물론 대부분 국어학자들이다. 본서에서는 순수 우리말 어휘의 어원이 아닌, 중국어음에 입각해 우리말의 어원을 추정한 중국어 학자들의 선행 연구로 고찰범위를 제한했다. 다음에서는 중국어음에 근거하여 우리말 어원을 추정한 선행연구를 중점적으로 살펴본다.

2. 논의가 필요한 어휘들

선행 연구자들 가운데 정 런지아는 앞쪽에 실린, 자신이 한자에서 비롯되었다고 추정한 많은 어휘들을 하나하나 자세히 고찰하거나 근거를 제시하지는 않았다. 일부 어휘는 자세히 고찰하고 일부 어휘에 대해서는 한자와 우리말의 독음이 일치하지 않지만 어느 정도 연관되어 있다는 견해를 제시했으며, 일부 어휘는 한자와 대응되는 우리말만 제시했다. 그런데 근거가 불충분하거나 본서의 견해와 다른 어휘들이 더러 있다. 최영애(2004), 엄익상(2008) 등은 위의 어휘 가운데 벼로, 밀, 길, 날, 너, 나 등의 어휘가 상고 중국어음에서 비롯되었다는 보다 상세한 근거를 제시하기도 했다. 다음에서는 본서의 견해와 다르거나 추가 설명이 필요한 어휘들을 위주로 자세히 살펴본다.

(1) 처마櫩

櫩은 『광운』 반절이 余廉절로 以모 글자이다. 현대 표준중국어로 영성모로 읽히지만, 한국한자음은 '첨(〈쳠)'이다. 본서에서는 以모 글자들과 성부가 같은 定모 및 透모 글자들이 상고 중국어에서 유음 *l- 또는 *hl-이었다고 보았지만, 정 런지아는 以모의 상고음을 설음으로 보았기 때문에 櫩이 상고 중국어에서 透모인 *tʰǐəm으로 읽혔고 tsʰǐəm의 변화과정을 거쳤으며, 이 tsʰǐəm에서 우리말 '처마'가 온 것이라고 주장하고, 櫩이 상고 중국어에서 以모가 설음이었던 흔적을 여전히 가지고 있다고 덧붙였다.

이 같은 주장은 상고 중국어에서 以모가 定모 및 透모에 속했다는 학설에 따른 것이다. 그런데 앞의 성모체계 부분에서 살펴보았듯이 以모와 성부가 같은 定모자와 透모자 일부가 원래 以모에 속한 것으로, 본래 以모자인 櫩은 상고 중국어에서 *tʰǐəm으로 읽힌 적이 없이 원래부터 以모였다. 그러므로 '처마'가 櫩의 상고 중국어음에서 유래했다고 볼 수 없다. 더욱이 櫩이 상고 중국어에서 *tʰǐəm으로 읽혔고 한국한자음이 상고음을 반영했다면 조선시대 문헌에 'ㅌ' 초성으로 수록되어 있어야 한다. 또한 정 런지아의 주장이 성립하기 어려운 또 하나의 이유는 *t-(*tʰ-)에서 *ts-(*tsʰ-)로의 성모 변화가, 즉 端계에서 精계로의 성모 변화가 상고 중국어 성모체계에 발생했다는 증거가 없다는 것이다. 端계와 精계는 해성 현상을 보이지도 않는다(潘悟雲 2000:120). 心모의 글자들만이 설음과 해성 현상을 보인다. 또한 한국어에서 ㄷ, ㅌ 〉 ㅈ, ㅊ으로의 변화는 조선시대 후기에 발생했다.

　그렇지만 처마가 櫩의 한자음에서 유래했을 가능성은 있다. 다음은 櫩과 성부가 같은 한자들이다.

한자	한자음	광운반절
櫩簷	첨	余廉절
噡詹瞻	첨	職廉절
幨襜	첨	處占절
韂	첨	昌豔절
譫	섬	之廉절
蟾	섬	視占절
贍	섬	時豔절

　詹이 성부인 글자들의 한국한자음이 '첨'과 '섬'으로 나뉘는데 '첨'인 글자가 수적으로 훨씬 많다. 아마도 櫩의 한국한자음 '첨'은 성부가 같은 글자들에서 유추한 음일 가능성이 높다. 처마의 조선시대 표기는 '쳠하' 또는 '쳠아'이다. 『역어유해譯語類解』(상18),[5] 『동문유

....

5) 조선시대 사역원司譯院에서 신이행愼以行 등이 만든 중국어 어휘사전. 1690

해』(상35)에 滴水簷의 우리말이 '첨하'로 표기되어 있다. 『아학편兒學編』(상9)에는 宇에 '첨아 우'라고 뜻과 음이 표기되어 있다.6) 성부가 같은 글자에서 유추한 음인 '첨'에 모음이 첨가되어 '첨아' 또는 '첨하'가 되었을 가능성은 있다.

(2) 배舡

배의 몽골어는 '옹고챠', 만주어는 '챤'이다. 만주어는 船의 근대 중국어음 tsʰuan을 반영하는 것으로 보인다. 조선시대 문헌에 배는 '빈'로 표기되어 있다. 舡의 현 한자음은 '박'으로 배와는 차이가 크다. 그렇지만 舡의 『광운』 반절은 傍陌切로 한국한자음으로 옮기면 '백'이다. 『전운옥편』에는 '빅'으로 수록되어 있는 것으로 보아 '박'으로 바뀐 지 오래 되지 않은 것으로 보인다. '빈'는 舡의 중고 중국어음에서 종성만 소실된 형태이므로 중국어에서 유래했을 가능성이 있다.

(3) 피리觱篥

피리를 나타내는 한자는 觱, 篥 외에도 管, 笛 등이 있었다. 이 가운데 『훈몽자회』(중32)에 笛과 管은 '뎌'로 뜻풀이가 되어 있고, 觱과 篥에는 '피리'로 뜻풀이가 되어 있다. 『몽어유해』와 『동문유해』

년에 간행되었다.
6) 『아학편兒學編』은 조선 후기의 실학자 정약용丁若鏞이 아동의 한자학습을 위하여 엮은 문자교육용 교재이다. 상하 두 권으로 나누어 각각 1,000자씩 2,000자를 수록하였다. 저자는 당시 대표적인 한자학습서인 『천자문』이 학습의 단계성이나 난이도와 상관없이 글자가 배열되어 있음을 지적하고, 이를 보완하기 위해 이 책을 편찬하였다.

에는 管의 우리말이 '피리'로 풀이되어 있는데, 피리는 몽골어로 '관스', 만주어로 '보호론 비챠쿠'로 풀이되어 있다. 우리말과는 차이가 있다. 우리말 피리는 觱篥의 상고음이나 중고음 *pjit rjit, pĭĕt lĭĕt에서 종성이 소실된 형태로 보이는데, 중고음보다 상고음 재구음에 더 가깝다.

(4) 가마坩

坩은 '도가니 감'자이다. 쇠붙이를 녹이는 데 쓰는 그릇을 의미했다. 가마는 "숯이나 질그릇, 기와, 벽돌 등을 구워 내는 구덩이 모양의 시설"이나 '가마솥'을 이르는 말로 쓰인다. 의미의 연관성으로 보아 '가마'가 坩의 한자음 '감'에서 유래했을 가능성이 있다. 坩은 見모의 談운부 글자로 상고 시기부터 '감'이었다. 여기에 '감'의 중성과 같은 모음이 첨가되어 '가마'가 되었을 가능성이 있다.

(5) 부처佛陀

정 런지아는 부처가 佛에서 유래한 것으로 언급했지만, 정확히 말하면 산스크리트 Buddha를 한자로 음역한 佛陀에서 유래했다고 해야 할 것이다. 佛에서만 유래했다면 모음이 서로 다른 '부처'라는 이음절어로 실현되지 않았을 것이다. Buddha는 佛, 佛陀 외에도 위진魏晉 이전에는 浮圖, 浮屠 등으로도 음역되었다. 陀는 歌운부 定모 글자로 상고음은 *dar이고, 圖와 屠는 魚운부 定모 글자로 상고음이 *dag로 재구된다. 浮의 상고음은 *bjəgʷ로 재구된다. 조선시대 자료에 부처는 '부텨'로 표기되어 있다. 한국어에서는 陀만이 유기음으로 실현되었고 圖, 屠는 무기음으로 실현되었다. 佛陀, 浮圖, 浮屠 어느 어휘이든 우리말 '부텨'로 변화될 수 있었겠지만, 두 번째 음절이 유기음 '텨'가 된 것으로 보아 佛陀가 가장 가능성이 크다. 불교가 전래된 한 말기에 陀는 圖, 屠와 마찬가지로 유성음 *d였지만, 浮의 종성이 유성음 *-gʷ였고 佛의 종성은 무성음 *-t였다. 이 -t가 뒤 음절 d에 영향을 미쳐 두 번째 음절이 무성음인 '텨'로 음역되었을 가능성이 있다. 우리말에서는 유성과 무성의 구별이 뚜렷하지 않고, 일반적으로 ㄱ, ㄷ, ㅂ이 단어의 처음 위치에서는 무성음으로 발음되지만 유성 자음과 모음 사이에서는 유성음으로 발음된다고 보고 있다. 따라서 '부뎌'라고 발음하면 ㄷ이 유성음이 된다. 반면 유기음은 반드시 무성음이므로 ㅌ은 어떤 위치에서든 무성음으로 실현된다. 그러므로 佛陀가 '부텨'가 된 것은 佛의 무성음 운미 *-t의 영향을 받은 것으로 보인다.

(6) 바람風[7]

상 위허(1981)가 한국어 바람이 風의 상고 중국어음에서 유래했을 가능성을 제시한 후로 현재 중국어 학계에서는 바람이 風의 상고 중국어에서 유래했다는 설을 거의 기정사실화하고 관련 논문과 문헌에 인용하고 있다. 그러나 風의 상고 중국어음 기원설은 정작 국어학자들에게는 알려지지 않은 것으로 보인다. 예를 들면 서정범(2000:283)은 바람이 '발'에 '암' 접미사가 붙은 형인데, 어근 '발'은 명사로 흙이 본뜻이며 밭田, 벌原과 동원어同源語라고 언급했다. 백문

----

7) 바람, 놈, 곰, 짐승, 오금, 좀, 날, 발은 김태경(2014)에 실린 내용을 수정한 것이다.

식(1998:183)과 안옥규(1996:179)는 바람은 '불다'吹의 어근 '불'(〈블)에 명사 형성 접미사 '-암(음)'이 붙어 형성되었다고 보았다. 그렇지만 바람이 '불다'가 '블다'로 표기된 조선시대 문헌이 없어서 '불다'의 원형이 '블다'였는지도 단언할 수 없다. 바람은 일본어로는 '카제', 몽골어로는 '살킨', 만주어로는 '어둔'으로 알타이어와의 연관성보다 風의 상고 중국어음과 유사해 보인다.

風은 『광운』에서는 東운, 운도에서는 通섭에 속한 글자로 중고 중국어에서 -ŋ 운미를 지녔고, 한국 한자음으로도 '풍'으로 읽힌다. 그런데 風은 『시경』 등의 상고음 자료에서 -m 운미 글자들과 압운하고 있다. 싱 꽁완(邢公畹 1998:202)에 의하면 風은 『시경』「녹의綠衣」에서 心과 압운하고 「신풍晨風」에서는 林, 欽과 압운했으며, 『관자管子』「판법版法」에서는 心, 任과 압운하고 『한비자韓非子』「양권楊權」에서는 역시 心, 吟과 압운했다. 『석명釋名』에도 風을 "입술을 합해 발음하며 風은 凡이라"고 풀이해 놓았다. 현재 중국어학계에서는 風이 상고 중국어에서 *-m운미를 지녔다고 보고 있다.

또 風은 凡, 汎, 梵, 芃, 楓, 諷 등 순음 운미를 가진 글자들과 성부가 같고, l- 성모 글자인 嵐, 葻과도 성부가 같다. 중국의 소수민족 언어나 주변국가의 언어에서도 風이 l-성모로 읽히는 사례를 찾을 수 있다. 싱 꽁완(1998:202)에 의하면 風은 侗台語로는 양조陽調의 lum으로 읽히고 水語로는 음조陰調의 lum으로 읽히며 타이어로는 lom으로 읽힌다. 이러한 이유에서 학자들은 風이 상고음에서 복성모 pr-(pl-)로 읽혔다고 보고 있으며, 한국어에서 이음절어인 '바람'으로 실현되었다고 본 것이다.

(7) 놈戎

정 런지아는 우리말 '놈'이 戎의 상고음에서 비롯된 것으로 보았다. 왕 리는 戎을 侵운부에 넣었지만 리 팡꾸이는 戎이 -ŋ 운미를 가진 것으로 재구했다. 앞에서 風의 상고 시기 운미를 *-m으로 보았는데, 風의『광운』반절이 方戎절이므로 반절하자 戎은 *-m 운미를 가졌던 것으로 추정할 수 있다. 또 상고 중국어 시기에 日모는 泥모와 같았다. 그렇다면 戎의 상고음은 '놈'과 매우 비슷하다.

리우 시劉熙의『석명釋名』에 의하면 風의 운미가 *-m으로 읽힌 지역이 있었고 *-ŋ으로 읽힌 지역도 있었으므로[8] 戎 역시 지역에 따라 *-m으로 읽혔거나 *-ŋ으로 읽혔을 것이다.

(8) 곰熊

熊은 匣모 글자로 왕 리는 熊을 -ŋ 운미 운부인 蒸운부에 넣었다. 리 신쿠이(1999)는 후음인 曉·匣모가 상고 중국어에서 見계 성모와 분리되지 않았고, 위진 이후에야 비로소 상고 중국어의 見계에서 갈라져 나왔다고 보았는데,『삼국사기』등 고대 한자음 자료에서 曉·匣모 글자들은 見계 글자들과 같은 음을 표기하기 위해 사용되었다. 따라서 熊의 상고 성모를 *g-로 재구할 수 있는데, 리 팡꾸이 (1982: 45)는 熊을 -m운미 운부인 侵운부에 넣고 상고음을 *gʷjəm으로 재구했다.

정 런지아(1983:204)에 의하면『시경』에서 蒸운부 글자 일부가 侵운부 글자들과 압운하고 있다. 예를 들면「진풍秦風」에서 膺, 弓,

---

8) 제1편 제1장 제2절의 4. 성훈 참조.

滕, 興이 音과 압운하고, 「대아大雅」에서는 興이 林, 心과 압운하며 「노송魯頌」에서는 乘, 滕, 弓, 增, 膺, 懲, 承이 綅과 압운한다. 왕 리는 이에 대해 상고 중국어에서 蒸운부의 글자들과 侵운부 글자들 의 주요모음이 같아서라고 풀이했지만, 정 런지아는 蒸운부에 속하 는 騰, 滕 등의 글자들이 모두 侵운부 글자인 朕이 성부라는 사실로 미루어 蒸운부 글자 일부가 侵운부에서 갈라져 나왔다고 보았고, 熊 도 蒸운부에 속하기 전, 원래 侵운부에 속한 *-m운미 글자였을 것으 로 추정했다.

판 우원(2000:346)은 熊의 상고음을 *Gǔm으로 재구하고, 정 런지 아처럼 '곰'이 일본어에서 くま(쿠마), 한국어로는 '곰'이라는 사실을 자신의 재구음이 타당하다는 증거로 삼았다. 곰은 몽골어로는 '워터 거', 만주어로는 '러붖'로 우리말과 차이가 크다. 반면 곰은 熊의 상 고 중국어음과 대체로 비슷하므로 熊의 상고 중국어에서 왔을 가능 성이 있다.

(9) 짐승衆生

짐승은 衆生이라는 한자어에서 비롯되어 '즁생'에서 '짐승'이 되었 다고 보는 학자들이 많다. 서정범(2000:513)도 짐승이 중생에서 비 롯되었다고 보고 "즁싱이 즘싱으로 되는 것은 즁싱은 말음에 ㅇ이 겹치기 때문에 이화작용으로 '즁'이 즘으로 바뀌었다"고 추정했다. 정 런지아는 '즁'이 '즘'으로 바뀐 것이 아니라 衆이 원래 -m 운미 글자였다고 보았다. 그는 衆을 상고 중국어 侵운부에 넣고 짐승이 衆生의 상고음에서 비롯되었다고 보았다. 그는 侵운부에 속했던 衆, 農, 降 등의 글자들이 전국戰國시대에 冬운부로 분화했고 *-ŋ 운미를 갖게 되었지만 이 글자들에서 유래한 한국어 어휘들은 여전히 *-m 운미를 지녔으며, 짐승이 바로 이 같은 예에 속한다고 언급했다. 衆은 章모의 글자이므로 상고 중국어에서 *t-성모 글자였다. 상고음을 반영한다면 조선시대 한자음 자료에 'ㄷ'초성으로 수록되어 있어야 하는데, 한결같이 '즁'으로 수록되어 있다. 따라서 상고 중국어음을 반영한 것이라고 단언할 수 없다. 그보다 국어학자들의 주장대로 '즁 싱'에서 종성의 이화작용으로 즘싱이 되었을 가능성이 있다.

(10) 오금五躬

정 런지아는 한국어 낱말 '오금'이 '五躬'의 상고음에서 유래했을 가능성을 제시했다. 그는 한국어 사지四肢, 사체四體처럼 躬 앞의 '오'는 아마도 '五'일 것이며, '몸'을 의미하는 躬에 五를 붙여 전신을 나타냈을 것이라고 추정했다. 한국어 금[kɯm]은 躬의 상고음 [kĭwəm]과도 기본적으로 동일하다고 덧붙였다.

그렇지만 한국어 오금이 五躬의 상고음에서 유래했다는 설은 타당성이 부족하다. 근거로는 첫째, 한국어에서 온몸을 나타낼 때 五를 사용하는 경우는 별로 없다. 오관五官은 다섯 가지 감각기관을 이르는 말이지만 눈, 귀, 코, 혀, 피부까지 문자 그대로 다섯 개의 기관을 나타내기 때문에 五를 쓴 것이다. 반면 우리말에서 온몸을 나타낼 때는 육신六身, 사대육신四大六身과 같이 六을 사용했다. 둘째, 오금의 중세 한국어는 '오곰'이다. 『훈몽자회』(上28)에서 腘에 '오곰 츄'로 뜻과 음이 기록되어 있다. 오곰은 주로 무릎 관절 안쪽의 오목한 부분이나 팔꿈치의 안쪽, 또는 활의 구부러진 안쪽을 이르는 말이다. 중세 한국어로 '오골아지다'라는 동사가 있는데, '오골아지다'는 현대어로 '오그라지다'이며, '오그라지다'에는 '물체가 안쪽으로 오목하게 옥아들다'라는 뜻이 있다. 필자는 '오금'은 '오골아지다'의 명사형 '오곰'에서 유래한 것으로 보는 것이 더 합당하다고 생각한다. 남광우의 『고어사전』에도 오금이 '오곰'에서 변화된 것으로 명시되어 있다.

(11) 좀蟲螽

국어학계에서는 벌레 '좀'이 '조금'에서 어중 'ㄱ'이 탈락하면서 '좀'이 되었다는 견해가 있다(김민수 1997:935). 정 런지아는 벌레의 하나인 '좀'이 蟲, 螽의 상고음에서 유래한 것으로 보았는데, 그가 이렇게 추정한 것은 왕 리가 蟲을 *-m운미 운부인 侵운부에 넣었기 때문이다. 그런데 이 경우 종성은 일치하지만 초성이 상고음을 반영한다고 보기 어렵다. 蟲의 상고음은 定모, 중고음은 澄모로 분류된다. 따라서 상고음이나 중고음을 반영한다면 한국어로는 'ㄷ'초성으로 실현되어야 한다. 그런데 『훈몽자회』 등 조선시대 자료에 모두 '좀'으로 표기되어 있다. 重病이 '듕병'(『인조대왕행장』9)으로, 中旬이 '듕슌'(『가례언해』9:30)으로 기록된 것처럼 다른 설음 글자들이 당시 모두 'ㄷ' 초성으로 기록된 것과는 다르다. 따라서 좀이 蟲이나 螽에서 왔다는 견해는 더 검토되어야 한다.

(12) 다르다他

他는 透모 글자로 歌운부에 속하며 상고음이 *tʰar로 재구된다. 정 런지아는 他에서 우리말 '다르'가 유래한 것으로 보았다. 『몽어유해』에 他人의 우리말이 '다른 이'로 풀이되어 있다. 한국어에서 溪모는 무기음으로 실현되었지만 透모는 유기음으로 실현되었다. 따라서 *tʰar는 '타르'가 된다. 유기음과 무기음의 차이는 있지만 의미가 비슷하여 가능성이 있다.

(13) 붓, 벼로筆

우리말 붓이 筆의 중고음 pjĕt에서 왔다는 설은 이미 잘 알려져 있다. 붓의 몽골어는 '빌', 만주어는 '븨'로 역시 중국어에서 유래한 것으로 보인다. 그런데 정 런지아는 벼루의 어원 역시 筆에서 비롯되었다는 학설을 제기했다. 『계림유사鷄林類事』에는 벼루와 붓의 한국어가 모두 皮盧로 표기되어 있는데,9) 그는 이를 근거로 筆이 상고음에서 *pl-의 복성모로 읽혔을 것으로 보고 우리말 벼루도 筆의 상고음에서 왔다고 보았다. 筆의 성부인 聿은 以모의 글자이므로 筆의 상고음은 *pljiət로 재구된다. 음이 비슷하고 의미상으로도 연관되어 있어 筆의 상고음에서 벼루가 유래했을 가능성이 있다. 벼루의 몽골어는 '쥬루굴'로 중국어 및 우리말과 차이가 크지만 만주어는 '완'으로 硯의 중국어와 유사하다.

(14) 나我, 너汝

나와 너는 가장 기본적인 인칭대명사로 조어가 같은 언어에서 유래했을 가능성이 높다. 이를 뒷받침하듯 몽골어와 만주어로 '나'는 똑같이 '비'이다. 너는 몽골어가 '치', 만주어는 '시'로 역시 동일한 조

---

9) 『계림유사鷄林類事』는 중국 송나라의 쑨 무孫穆가 고려의 풍습, 제도, 언어 등을 소개한 책으로, 고려 시대의 어휘 360여 개가 수록되어 있어 당시의 우리말 연구에 귀중한 자료가 되고 있다.

어에서 유래했음을 보여 준다. 이와 비교하면 한국어의 나와 너는 몽골어나 만주어와는 다소 거리가 있다.

정 런지아는 나는 我*ŋar 또는 吾*ŋag의 상고 중국어에서, 너는 汝*njag 또는 乃*nəg의 상고 중국어에서 유래했을 가능성을 제기했다. 我, 吾는 疑모자이다. 疑모 ŋ-이 초성으로 쓰이면 n-으로 실현되기도 한다. n과 ŋ은 조음위치만 다른 비음의 파열음이다. 현대 표준 중국어에서 ŋ성모는 영성모가 되었지만, 擬, 𡡅와 같이 일부는 n-로 실현되었다. 따라서 가능성 있는 학설이다.

汝는 日모자인데, 상고 중국어에서 日모는 泥모와 같았으므로 '너'는 汝와 乃의 상고음에서 유래했을 가능성이 있다. 엄익상(2008: 246-247)은 汝외에 日모자인 爾, 而, 若 등에서도 우리말 '너'가 유래했을 가능성이 있다고 보았다. 爾, 而, 若은 모두 옛 문헌에서 '너'의 의미로도 쓰였고, 음도 비슷해서 우리말 '너'의 어원이 되는 한자일 가능성이 있다. 그런데 爾를 제외하고 '너'가 유래했을 가능성이 있는 한자 汝, 乃, 而, 若의 운미가 모든 설근 파열음이다.

汝 *njag   若 *njak
乃 *nəg   而 *njəg

爾의 상고음은 *njid이다.[10] 爾의 상고음 *njid는 너의 모음인 'ㅓ'와 차이가 있고, 종성도 나머지 한자들의 상고음과 차이가 크다. 나머지 글자들이 모두 설근 파열음 운미를 가진 것으로 보아 상고 중

....
10) 爾는 脂운부 글자로, 리 팡꾸이와 판 우윈은 脂운부의 음성운 운부를 각각 *-id와 *-i로 재구했지만, 똥 통허는 ed로, 왕 리는 *-ei로 재구했다.

국어에서 이인칭대명사로 만들어진 글자가 없어서 汝외에도 음이 비슷한 위의 글자들을 가차해 썼던 것으로 보인다. 우리말에서 이인 칭을 일컫는 '이녁'이란 어휘의 '녁'과 음이 비슷한데 연관이 있는지 는 현재로서는 단언하기 어렵지만, 중국어에서도 상고 시기 이인칭 대명사의 음이 '넉', '녁'과 크게 다르지 않았던 것으로 보인다.

(15) 이是

정 런지아는 是가 이두에서 지시대명사 '이'를 나타내는 데 사용된 것을 근거로 한국인들은 상고시기에 是를 [i]라고 읽었고 是는 상고 중국어에서 지시대사였으며, 한국어 지시대사 [i]는 是에서 온 것으 로 보았다. 그런데 이두는 글자의 음을 빌리기도 하지만 뜻을 빌려 서 쓰기도 하는데, 是는 禪모의 글자로 영성모로 읽힌 적이 없다. 是가 중국어에서 '이것'이라는 의미로 쓰였기 때문에 뜻을 빌려 쓴 것이지 是의 음차 표기는 아니다. 이두 표기에서 爲를 '하'로 읽거나 '삼'으로 읽는 것과 같다. '이'의 만주어는 '어러', 몽골어는 '어너'이다.

지시대사 '저'(⟨뎌)의 몽골어와 만주어가 '터러'인데 우리말 '저'의 원형인 '뎌'와 비슷하다. 정 런지아는 之에서 한국어 '뎌'가 유래했다 고 보았지만 갑골문에서 之는 땅에서 뒤꿈치가 들린 발 모양을 묘사 한 것으로 본래의 뜻은 '가다'로 추정되고 있다. 상고 중국어에서 당 시 사용되던 3인칭 대명사가 '가다'의 之와 음이 비슷해서 나중에 대명사로, 또 조사로 가차해 쓴 것으로 보인다. 리 팡꾸이의 상고음 체계에 의하면 之의 상고음은 *tjəg로 '뎌'와 유사하지만, 우리말의 지시대사 '이'와 '저'는 몽골어, 만주어와도 어원이 같은 것으로 보인 다. 따라서 중국어에서 한국어, 몽골어, 만주어 등으로 전해졌다고

단언할 수 없으며, 오히려 이 언어들에서 중국어로 전해졌을 가능성
도 있다.

(16) 부뚜막庖廚

안옥규(1996:198)는 부뚜막이 불의 옛말인 '붗'과 '으막'으로 이루
어진 단어로 보았다. 안옥규에 의하면 '붗'은 불(불길), 붗(부지깽
이), 붓(부싯돌), 부(부엌) 등 불을 뜻하는 여러 형태로 변하였다. 막
은 움막의 막과 같은 것으로 집을 뜻한다. '으'는 붗의 ㅿ이 'ㅿ〉ㅅ〉
ㄷ〉ㄸ'으로 변하여 '뚜'가 되었다. 그에 따르면 부뚜막은 '부스막〉부
스막〉부드막〉부뚜막'의 변화과정을 거쳤다.

정 런지아는 부뚜막의 '부뚜'가 庖廚의 중국어음에서 유래한 것으
로 보이는데, '막'은 어디에서 유래했는지 알 수 없다고 언급했다.
庖는 幽운부 2등자로 상고음은 *brəgʷ으로 부엌의 옛 표기 '브석'과
거의 일치한다.[11] 庖의 상고음은 '부'와 다소 차이가 있다. 중고음을
반영하는 한국한자음은 '포'로 『훈몽자회』에 '브석 포'로 수록되어
있다. 廚는 澄모 虞운자로 중고음은 dju이다. 한국한자음은 '듀'로
『훈몽자회』에도 '브석 듀'로 수록되어 있다. 본서에서는 庖廚의 중
고음에서 '부뚜'가 왔을 가능성이 있다고 본다. 원래 '부뚜'는 부엌을
의미했을 것이다. 이 부뚜에 '움막', '소막'의 '막과 같이 장소를 의미
하는 접미사 '막'이 붙어서 부뚜막이 되었고, 부엌에서 가장 중요한
불을 사용해 조리할 수 있는 공간인 아궁이 위에 솥을 걸어두는 곳

....

11) 조선시대 한글 자료에는 부엌을 나타내는 말로 '브석' 외에 '브섭'도 쓰였다.
부엌은 庖의 상고 중국어음과, 부뚜막의 '부뚜'는 庖廚의 중고 중국어음과
유사하다.

을 의미하게 된 것으로 추정된다.[12]

(17) 날, 낮日

정 런지아는 한국어 '낮'이 日의 상고음 *nĭĕt에서 왔으며, '날'도 日의 상고음에서 온 것으로 보았다. 한국어에서 일반적으로 -t운미는 ㄹ종성으로 실현되었다. 그러므로 日의 상고음에서 '낮'도 유래할 수 있고, '날'도 유래할 수 있다. 정 런지아는 고대 한국어에 복모음도 없었고, 어말 자음도 없었다고 보았으므로, 낮은 원래 이음절어인 nati에서 natsi가 되었고, 이후 한국어에서 음절 수가 줄어듦에 따라 nats이 되었다고 풀이했다. '날'에 대해서는 -t 운미가 소실된 후 na로 변화했고 na를 길게 발음하면 분절음 l이 첨가되어서 nal이된 것으로 풀이했다. -t 운미가 한국 한자음에서 ㄹ종성으로 실현된 것을 고려하면 굳이 na에 분절음 l이 첨가되었다고 풀이할 필요가없다. 날日은 몽골어로는 '어둘', 만주어로는 '이넝기'로 우리말과는차이가 크다. 따라서 우리말 '날'은 상고 중국어에서 유래한 것으로보인다.

정 런지아(1983:211-213)는 성모만 비슷하면 운미가 일치하지 않아도 ㄹ이나 ㅇ, ㅅ등의 분절음이 받침으로 생길 수 있다고 보았다. 따라서 위에서 日이 '날'로 실현된 것도 '나'에 ㄹ이 첨가된 것으로분석했다. 그는 고대 한국어는 복모음과 어말 자음이 없어서 음운체계가 매우 단순했다고 언급했는데, 이는 북한 국어학계의 설과 일치한다. 정 런지아는 한국어는 음소가 많지 않은 다음절 언어이므로

----

[12] 외양간을 뜻하는 우사牛舍를 남부 지방에서는 '소막'이라고 한다.

상고 중국어음을 받아들일 때 분절음을 길게 늘여 발음하여 음소 수를 늘리고 의미의 변별기능을 높였다고 주장했다. 그는 地, 磨, 鮒, 霧, 方所의 상고음에 분절음 ㅇ이 붙어서 땅, 망, 붕어, 몽, 방송 (큰 마을을 이르는 북한의 서북 방언)이 유래했고, 日, 把, 寺에 분절 음 ㄹ이 붙어서 날, 발, 뎔(〉절)이 유래했다고 보았다. 또 ㅅ이 붙은 어휘로는 篦에서 온 '빗'을 들었다. 그러나 篦는 상고 중국어에서 *-d 운미를 지닌 음성운 글자이며, '빗'은 조선시대 자료에 '빗'뿐 아니라 '빋'으로도 수록되어 있으므로 이 운미를 반영한 것으로 보아야 한 다. 상고음과 함께 이 어휘들을 하나씩 살펴본다.

(18) 절寺

절의 어원에 대해 국어학계에 알려진 학설은 대략 세 가지 정도 로 요약된다.[13] 첫째, 양주동(1955)은 '절'의 고형 '뎔'은 절을 뜻하 는 한자 '刹'(*tjəl)에서 비롯된 것으로 보았다. 둘째, 신라에 불법을 전한 묵호자墨胡子가 모례毛禮의 집에 묵게 되었는데, 毛禮의 이두 식 발음 '털래', '털'에서 '뎔'이 유래했다는 속설이 있다. 셋째, 일본 어로 寺를 '데라'라 하는데, '데라'는 사찰을 뜻하는 산스크리트 [dera]에서 온 것이라는 설이 있다. 여기에 일본어의 '데라'에서 '데 라〉뎔〉절'의 과정을 거친 차용어라는 주장도 있는데, 당시 불교가 전파된 순서로 보면 한국어의 '뎔'이 일본으로 전해져 '데라'가 된 것 이 이치에 맞는다.

절의 만주어는 '스'로 근대 중국어 si[sɿ]와 매우 비슷하다. 몽골어

---

13) 김민수(1997:907-908) 참조.

로는 '수머'이다. 따라서 우리말과는 다소 차이가 있다.

寺는 상고 중국어 之운부 邪母 글자이다. 정 런지아는 寺의 상고음은 *ziə가 되어야 하지만, 『설문』에 '從寸之聲'이라고 풀이되어 있어 寺의 상고음은 *tĭə 또는 *dĭə로 재구된다고 보았다. 성부인 之가 章母 글자이기 때문이다. 그는 寺의 중세 한국어 '뎔'은 tĭə를 길게 발음해 분절음 l이 첨가된 것으로 풀이했다. 寺는 입성자 特, 양성운자 等, 음성운자 待등과 성부가 같은데, 상고 중국어에서 이 글자들의 운미는 *-k, *-ŋ, *-g의 설근음 운미로 寺의 운미도 *-g로 보면 운미가 일치하지 않는다. 刹의 상고음이 김민수(1997:907)에 재구된 것과 같이 *tjəl이라면 가능성이 있겠지만 刹은 莊계인 初母 글자여서 상고음은 파찰음 성모 글자인 *tsʰrat로 재구된다. *tjəl이 어떠한 재구 과정을 거친 음인지는 알 수 없지만 *tsʰrat과 '뎔'은 성모의 차이가 여전히 존재한다. 그러나 寺보다는 오히려 가능성이 커 보인다.

(19) 발把

'발'은 길이를 잴 때 두 팔을 잔뜩 벌린 길이를 일컫는 말이다. 정 런지아는 이 '발'이 把의 상고음에서 온 것으로 보았다. 把는 魚운부 글자이다. 앞 장에서 살펴본 것과 같이 魚운부의 상고음 운미는 *-g이다. 홍기문이 『이두연구』에서 증거는 제시하지 못한 채 발이 把에서 기원한 것일 수도 있고, 아마도 발은 팔臂의 고음이며 把와 무관할 수도 있다고 언급한 것에 대해, 정 런지아는 발은 把*pa를 길게 늘여 발음해서 생긴 어휘일 수 있다고 보았다. 그러나 상고 시기 把의 운미와도 일치하지 않을 뿐 아니라 把가 중국의 고대 문헌에서 두 팔을 벌린 길이를 나타내는 의미로 사용된 적이 없어 근거가 부

족하다. 把는 중국어에서 대상을 한 손으로 움켜쥘 수 있는 분량을
나타내거나 묶음, 다발의 의미로 쓰였다.

(20) 몽霧

고려시대 한국어 어휘를 당시 중국어로 기록한 『계림유사』에 '霧
曰蒙'으로 기재되어 있다. 따라서 정 런지아는 霧의 중국어음에 분
절음 ㅇ이 붙어서 '몽'이 된 것이라고 주장했다. 안개의 몽골어는 '부
당', 만주어는 '탈만'으로, 몽은 몽골어나 만주어보다는 霧의 중고 중
국어음과 초성이 유사하다. '몽'은 霧의 한국어 '안개'와 차이가 크
다. 또한 霧는 侯운부 글자로 상고 중국어에서 *-g운미를 가졌던 것
으로 추정되어 '몽'과는 종성도 일치하지 않는다. 그렇지만 당시 霧
의 우리말이 '몽'이었을 가능성도 있고, 霧를 음이 비슷한 蒙으로 표
기한 것일 수도 있다. 또 안개가 몽롱하게 낀 모양을 형용한 기록일
가능성도 있다. 『계림유사』에는 '몸'이 ㄴ종성인 門으로(身曰門), 손
님의 '님'이 ㅇ종성인 命으로(客曰孫命), 귀신의 '신'이 ㅁ종성인 沁
으로(鬼曰幾沁) 기재되어 있는 등 종성이 분명히 잘못 표기된 예들
이 많아서 '안개'의 당시 우리말이 '몽'이었다고 그대로 받아들이기
도 어렵다.

한편 타이어에서 霧가 mɔɔk로 실현되었다. mɔɔk가 霧의 상고음과
유사함을 알 수 있다. 이 같은 사실들로 미루어 霧의 중국어음에
분절음 ㅇ이 붙어서 '몽'이 된 것이라는 설은 근거가 부족하며 자세한
검증이 필요하다.

(21) 망磨, 방송方所

맷돌을 강원도와 평안도 방언으로 '망'이라고 한다. 홍기문에 의하면 방송은 큰 마을을 이르는 북한 서북 방언이다(鄭仁甲 1983: 212). 정 런지아는 두 단어 모두 磨와 方所의 한자음에 분절음 ㅇ이 첨가되어 형성된 어휘로 보았다.

그런데 이렇게 초성이 비슷하다고 해서 모두 상고 중국어에서 유래했다고 보려면 두 가지 짚고 넘어가야 할 문제가 생긴다. 첫째, 어떤 경우에 분절음 ㄹ이 붙고 어떤 경우에 ㅇ이 붙었는지는 어떻게 설명할 것인지의 문제가 생긴다. 둘째, 정 런지아(1983:210)는 음운체계가 단순한 다음절어인 한국어가 음운체계가 복잡한 단음절어인 중국어 음절을 수용하기 위해 단음절이 흔히 이음절의 형식으로 받아들여졌으며, 이 같은 경향은 후대로 갈수록 더 흔했다고 언급했다. 그렇다면 대다수 한자의 한국한자음이 6~8세기의 중국어 음운체계와 일대일 대응되는 것은 어떻게 설명할 것인지도 의문이다. 그 많은 한자들이 이음절로 받아들여졌다가 한국어의 음운체계가 복잡해지면서 다시 단음절로 된 한국어 독음을 갖게 되었다고 보는 것도 무리이다.

예를 들면 우리말 '섬'의 조선시대 표기인 '셤'은 嶼의 조선시대 한자음과 종성을 제외하고 일치한다. 嶼는 『훈몽자회』(상4)에 '셤 셔'로 수록되어 있다. 嶼는 현대 중국어에서 영성모로 읽히지만 『광운』 반절이 徐呂절로 중고음은 zǐo로 재구되고, 우리말로는 '셔'로 실현되었다. 편의대로 嶼의 한자음에 'ㅁ'이 첨가되어 형성된 어휘로 본다면, 어휘마다 다른 종성이 첨가되는 이유를 설명할 수 없다. 섬의 일본어로는 '시마'와 '도'가 쓰이는데 '도'는 島에서 온 어휘이고 '시마'가 우리말 '섬'과 어원이 같은 것으로 보인다. 우리말 '섬'은 고유어일 수 있다. 그러나 고유어가 아니라면 嶼의 중고 중국어음에서 유래했을 가능성도 있지만 종성이 달라서 확언할 수 없다.[14] 이를 입증하려면 증거자료가 더 필요하다.

제2절 한국어 어휘의 어원

대다수 한자의 한국한자음이 중고 중국어에서 유래했기 때문에 중고음에서 유래한 어휘들은 쉽게 알 수 있다. 본서에서는 중고 중국어에서 유래한 것인지 쉽게 알 수 없는 어휘들이나 논란이 되는 어휘들을 먼저 소개한 후, 상고 중국어에서 유래한 것으로 보이는 어휘들을 소개하려 한다.

1. 중고 중국어에서 기원한 어휘

(1) 화냥花娘

화냥의 사전적 의미는 '서방질하는 여자'이다. 일설에는 병자호란 때 청나라에 끌려갔다 돌아온 여성들을 환향還鄉년이라고 비하한 데서 비롯되었다는 말이 있지만, 당송 이후 중국 문인들의 시와 저서에서 花娘은 노래를 잘 하는 기녀를 의미했다. 사전에 실린 화냥의 용례 가운데 시기적으로 가장 이른 것은 당나라 때 리 허李賀가 쓴 『신호자필률가申胡子觱篥歌』의 서문에 실린 화냥이다.[15]

....

14) 섬은 몽골어로는 '아랄', 만주어로는 '툰', 터키어로는 'Ada'로 우리말과 차이가 크다.

朔北에서 온 손이 크게 기뻐하며 잔을 들고 일어서서, 花娘에게 장막에서 나와 와있는 손님들께 두루 인사를 올리도록 했다.
朔客大喜, 擎觴起立, 命花娘出幕, 裴回拜客『申胡子觱篥歌』의 序

花娘은 12세에 가무를 할 수 있었기에, 妓院에서 엄청난 명성을 얻었다네.
花娘十二能歌舞, 籍甚聲名居樂府『花娘歌』

그래서 자식은 어머니를 '娘'이라 부르고 세상에서는 산파를 '老娘'이라 부른다. 무녀는 '師娘'이라 부르는데, 수도(京師)와 강남에서는 박수무당도 師娘이라고 부른다. 창부는 花娘이라 하고 타타르(韃靼)에서는 草娘이라고도 한다.[16] 묘족 사람들은 아내를 夫娘이라 하는데, 남방에서는 부녀자 가운데 행실이 단정치 못한 이 역시 夫娘이라고 한다.
故子謂母曰娘, 而世謂穩婆曰老娘, 女巫曰師娘, 都下及江南謂男覡亦曰師娘, 娼婦曰花娘, 達旦又謂草娘, 苗人謂妻曰夫娘, 南方謂婦人之無行者亦曰夫娘。『南村輟耕錄』제14권「婦女曰娘」

『花娘歌』는 송나라 메이 야오천梅堯臣이 쓴 것으로 당시 화냥은

----

15) 朔北에서 온 손이 리 허李賀에게 그대는 七言詩만 잘 짓지 五言詩는 잘 짓지 못한다고 지적하자, 리 허가 바로『신호자필률가申胡子觱篥歌』라는 오언시를 지었다. 이를 주위 사람들과 노래로 부르니 朔北에서 온 손이 크게 기뻐하며 자신이 데려온 가기歌妓를 불러 리 허가 지은 이 오언시를 부르게 했다. '申胡子'는 朔北에서 온 손이 데려온 노복으로 성씨가 申이며 '수염'이란 별명을 지닌 인물이고 '觱篥'이란 서역 유목민의 피리 곡으로 구슬픈 곡조로 유명했다.『신호자필률가』란 '수염 기른 申씨의 피리 곡에 맞춰 지은 노래'란 뜻이다.
16) 達旦은 韃靼의 다른 표기이다. 원래는 유목민 중 타타르를 지칭했지만, 명나라 때부터 타타르를 멸망시킨 몽골까지 韃靼이라고 칭했다. 유목민을 폄하하는 범칭으로도 사용된다.

가무에 능한 기녀를 칭한 말임을 알 수 있다. 『철경록輟耕錄』은 명대에 타오 쭝이陶宗儀가 쓴 것으로 화냥의 의미가 송대와는 달리 '창부'가 되었음을 보여 준다. 당시 조선과 명나라의 교류가 빈번했음을 고려하면 화냥은 중국어 花娘에서 온 것으로 보인다. 娘은 중고 중국어 시기부터 줄곧 niaŋ(〈*nrjaŋ)으로 읽혀 왔다. 화냥은 花娘의 중국어음과 일치한다. 병자호란 당시 청나라에 끌려갔다 돌아온 여성들에게 화냥이라고 비난했다면 명대에 이미 우리말로 자리 잡은 이 어휘를 사용한 것일 가능성이 크다.

『몽어유해』에는 花娘이라는 어휘가 수록되어 있지 않지만 『동문유해』에는 수록되어 있는데, 우리말로 '화냥이'라고 뜻풀이가 되어 있고 만주어는 '배쿠'라고 표기되어 있다. 妓女의 경우 우리말로는 '기싱', 만주어로는 '기스 허허'로 표기되어 있어 화냥이 기녀가 아닌 창부의 의미로 쓰였음을 알 수 있다. 몽골어로 화냥은 수록되어 있지 않지만 기녀는 '다구치 어머'로 표기되어 있다. 娘은 현대 한국한자음으로 '낭'이지만, 18세기 말에 간행된 것으로 추정되는 『전운옥편』에는 '냥'이었던 것으로 보아 '냥'에서 '낭'으로 바뀐 것은 그리 오래되지 않았음을 알 수 있다. 그러므로 화냥은 還鄕女에서 비롯된 것이 아닌 花娘에서 유래한 어휘라고 할 수 있다.

(2) 죽粥

죽은 만주어로 '우얀 부다', 몽골어로는 '싱건 부다가'이다. 몽골어로 밥이 '부다가'이다. '싱건'은 묽다는 의미의 형용사로 쓰였음을 알 수 있는데, 우리말에서 음식이 짜지 않을 때 쓰는 표현 '싱겁다'와 관련 있어 보인다. 서정범(2000:504)은 조粟의 만주어가 čyə로, čyə

는 tyə, tə, tər, tət로 소급된다고 보고, tət를 죽의 어원으로 추정했지만 확실하지는 않다.

『훈몽자회』에 粥은 뜻과 음이 모두 '쥭'으로 표기되어 있다. 粥은 章모 합구 3등자로 상고 중국어 시기 章모는 파찰음 성모가 아니었다. 知계 글자가 『훈몽자회』 같은 한국한자음 자료에 모두 'ㄷ'초성으로 표기되어 있는 것과는 달리 죽은 '쥭'으로 표기되어 있는데, '쥭'은 粥의 중고 중국어음과 정확히 일치한다. 서정범은 죽은 둔〉둘〉둁〉쥭〉쥭〉죽의 변화를 거쳤다고 보았다. 'ㄷ'초성으로 읽혔다면 조선시대 자료에 'ㄷ'초성이 남아있을 가능성이 높은데, 조선시대 자료에는 'ㅈ'초성만 보인다. 죽은 물론 '쥭'이라는 단어가 쓰이기 전부터 있었을 것이다. 아마 죽을 나타내는 다른 어휘가 粥의 중고 중국어음 '쥭'으로 대체된 것일 가능성도 있다. 타이완臺灣에서도 죽을 가리키는 말로 '粥' 외에 '묽은 밥'이라는 의미의 '稀飯'을 널리 사용한다.

(3) 굿(구덩이)窟

굴은 몽골어로 '아귀', 만주어로 '둥'으로 우리말과는 다소 차이가 크다. 땅이나 바위 밑의 패어 들어간 곳이나 길을 의미하는 우리말 굴은 窟의 중국어음에서 유래했다. 窟은 상고 중국어에서 物운부, 『광운』에서는 沒운에 속하며 상고음에서 중고음까지 음의 변화가 거의 없었다. 리 팡꾸이의 상고음체계에 의하면 窟의 상고음은 *khwət인데, 중고음은 khuət로 중고음과도 가깝다.

그런데 땅이 움푹하게 팬 곳을 이르는 굿, 구덩이도 이 窟의 중고음 또는 상고음에서 유래한 것으로 보인다. 조선시대 문헌에는 이 어휘가 '굳'과 '굿'으로 기록되어 있다. 『훈몽자회』에 '굳'으로 표기되어 있고, '굳'이 쓰인 용례도 '굿'보다 많은 것으로 보아 '굳'이 보다 인정을 받았던 표기로 보인다. 현대 한국어에서는 '굿'만 '구덩이'와 함께 쓰이고 있다.

(4) 검다黔

서정범(2000:42)은 우리말 '검다'의 조어형은 '걷'으로 몽골어에서 불의 뜻을 지니는 'gal'과 어원이 같은 것으로 보았다. '검다'는 몽골어로는 '하라', 만주어로는 '사하랸'이다. 그런데 '검다'의 뜻을 지닌 한자 黔의 중고음이 우리말과 매우 비슷하다. 黔은 侵운부, 鹽운 글자로 중뉴 3등자이다. 따라서 黔의 상고음은 *grjəm이고 중고음은 gjəm이다. '검다'의 어간 '검'은 중고 중국어음을 반영하는 것으로 보인다. 黔의 한국한자음도 '검'이다.

(5) 거지(거러지)乞

거지의 몽골어는 '괴란치', 만주어는 '교호토'이다. 우리말과는 다소 차이가 크다. 일설에 의하면 우리말 거지는 '거둬드리다'라는 의미의 동사 '걷다'의 어간에 사람을 나타내는 '이'가 붙고 다시 이 '걷이'가 구개음화하여 거지가 되었다고 전한다.

조선시대 문헌에 거지는 '거ᅀᅵ지', '것바ᅀᅵ' 등으로 기록되어 있는 것으로 보아 순수 우리말일 수도 있다. 그렇지만 전라도 지방에서는 거지를 걸뱅이, 경기도 지방에서는 거렁뱅이 등으로 일컫는다. 이들 사투리의 어근은 '걸'이므로 이 경우 한자 乞의 중국어음에서 유래했을 가능성도 있다. '乞'은 微운부 글자로 상고음은 *kʰjət으로 재구되며, 중고음도 이와 다르지 않다. 溪모 *kʰ는 한국한자음에서 'ㄱ'초성으로 실현되었다. 따라서 한국한자음은 '걸'이다. 음이 비슷하여 방언의 걸뱅이, 거러지 등이 모두 乞의 중국어음에서 유래했을 가능성이 있다.

(6) 무늬紋

몽골어로는 '아락'이다. 무늬는 조선시대 자료에 '문'으로만 기록되어 있다. 1931년에 간행된 『한영대자전韓英大字典』에도 무늬의 표제어로 '문'이 한자 紋과 함께 실려 있다. 그렇지만 영어로 뜻풀이를 하고 "문의라고도 한다(*Also* 문의)"는 설명을 달아놓았다. '문의'를 찾아보니 한자로 紋이 쓰여 있고 "The pattern ; the color and design"이라고 뜻풀이가 되어 있다. 1890년에 나온 『한영ᄌᆞ뎐』에는 '문'이라는 어휘 자체가 수록되어 있지 않다.[17] 위의 사실로 미루어 볼 때, 무늬는 '문의'에서 온 단어이며 '문의'는 '문'에서 유래했고, '문'은 '紋'이 순치음화하기 이전의 중국어음에서 유래했다고 할 수 있다. 紋은 순치음으로 변하기 이전까지 중고음과 상고음이 크게 차이가 나지 않았다.

(7) 항缸

전라도 지역에서는 '항아리'의 방언으로 '항'이 쓰인다. '항아리'도 '항'에서 파생된 어휘로 보인다. '항'의 한자어 缸은 중국어로 현재 [kaŋ]으로 읽히지만 『광운』 반절은 下江절로 匣모의 글자이다. 따라

---

17) 『한영ᄌᆞ뎐』은 '한영'과 '영한' 두 부분으로 나뉘는데, '한영'부분에도 수록되어 있지 않고 뒤의 '영한' 부분에서 design, figure 등으로 검색해도 '문紋'이라는 어휘는 나오지 않는다. 영어 단어 pattern도 아예 수록되어 있지 않다.

서 '항'은 중고 중국어음과 정확히 일치한다. 서정범(2000:547)은 '아리'는 우리말에 흔히 붙는 접미사로 작은 느낌을 주는 어휘에 사용되며, 따라서 항아리는 항缸 가운데 비교적 작은 것을 가리키는 것으로 보았다.

(8) 다대韃靼, 되狄

과거 이민족을 낮잡아 흔히 되, 되놈 등으로 불렀다. 서정범(2000:193)은 되놈의 '되'는 '도이'가 줄어든 말로, 돋〉돌〉돌이〉도이〉되로 변화했고, '돋'은 사람의 뜻을 지닌다고 풀이했다. 그런데 이민족을 낮잡아 부르는 '오랑캐'의 의미로 '되' 외에 '다대'도 많이 쓰였다.

請 드른 다대와 노니샤 受賂之胡與之遊行 『용비어천가』52장
이제 다대 놀애 부르며 뎌 불라 如今唱達達曲兒吹笛兒着 『번역박통사』(상7)

『용비어천가』(5:33)에 달단동韃靼洞을 '다대골'로 옮긴 것으로 보아 다대는 달단韃靼에서 유래한 것으로 보인다. 韃靼은 원래 유목민 중 타타르를 지칭했지만, 명나라 때부터 타타르를 멸망시킨 몽골까지 韃靼이라고 칭했고 유목민을 낮잡아 부르는 말로도 사용되었다.[18] 위의 『번역박통사飜譯朴通事』에는 타타르를 達達이라고 표기

----

18) 타타르인들은 튀르크어를 쓰며, 인구는 약 500만 명이다. 러시아의 동부, 남부와 시베리아 남부에 산다. 10세기에 러시아 남부의 투르크계 유목민이 유입되어 타타르족을 구성하였고 몽골 제국이 건설되면서 그밖에 다른 민족이 추가되었으며, 19세기에 인근 부족들이 타타르족에 흡수되었다. 8~19세기에 러시아 제국 하에서 타타르족은 상인·교사·관료 등 유력한 지위를 차지했다. 최고 통치자는 타타르의 칸이었으며 그 가족 가운데 일부가 16세

했는데, 이외에 達旦, 塔塔兒도 韃靼의 다른 표기로 쓰였다.

韃靼의 한국한자음은 '달단'으로 '다대'와는 거리가 있다. 『漢語大詞典』에 의하면 韃靼은 당말唐末에 처음으로 문헌에 기재되었고, 주로 송대 이후의 문헌에 보인다. 靼은 한국한자음으로 '단'이지만 원래 *-t 운미 입성자로 『광운』 반절은 當割절이며, 중고음이 tat로 재구된다. 韃 역시 입성자로 『용감수감龍龕手鑑』에 他達절로 음이 표기되어 있다.[19] 그러므로 韃靼이 '다대'로 옮겨진 것은 두 입성자 모두 -t 운미를 잃은 송대 이후의 음을 반영한 것으로 보인다.

'다대'처럼 '되'도 이민족을 지칭하는 한자에서 유래했을 가능성이 있다. 사전에는 '되'가 옛날 두만강 북쪽과 그 근방에 살던 여진족 일파를 일컫는 말로 풀이되어 있는데, 조선시대 자료인 『훈몽자회』와 『신증유합新增類合』에는 夷, 蠻, 狄, 羌, 虜, 戎, 胡, 羗 등의 글자들에 모두 '되'라고 뜻이 표기되어 있다.

위의 글자들 가운데는 狄의 음이 *dik〉diek로 '되'와 가장 비슷하며, 東夷, 西戎, 南蠻, 北狄이라고 할 때 지리적으로 여진족이 북쪽에 살았으므로 狄에서 '되'가 유래했을 가능성이 높아 보인다. 狄은 '되'와 의미도 일치하고, diek에서 종성이 탈락했다고 보면 음도 매우 비슷하다. 그러므로 우리말 '되'는 狄의 한자음에서 유래했을 가능성이 있다.

....

기에 러시아의 귀족이 되었다. 이러한 계층 구조는 러시아 혁명기까지 존속되었다. 타타르족은 14세기에 수니파 이슬람교로 개종하여 투르키스탄에 이슬람 신앙이 전파되는 데 큰 역할을 했다. 9~15세기 경제생활의 기초였던 유목과 농경의 혼합형태가 오늘날까지 계속되고 있다. 출처: 다음백과사전.

19) 원래 他達反으로 표기되어 있다. 反은 切과 같다.

2. 상고 중국어에서 기원한 어휘

(1) 수기, 장끼雉[20]

앞에서 繼烏부인이 知烏부인으로도 수록되어 있는 이유를 설명하며 중국 소수민족 언어에서 설음은 종종 gr-, gl-, kl-, kr- 등의 어두자음군이나 kʰ-, gʰ-등의 설근음 성모로 읽히고 있음을 밝혔다. 雉는 우리말로 '꿩'을 뜻한다. 雉는 確, 推, 榷의 見계 글자 및 淮, 匯의 匪모자와 성부가 같다. 또한 雉는 普沃語, 斯戈語로 kʰli?, 瑤語로 gli이다(楊劍橋 1996:172). 이 같은 사실로 미루어 수꿩을 일컫는 우리말 수기의 기, 장끼의 끼는 雉의 상고 중국어음에서 유래했을 가능성이 있다.

(2) 봄卉[21]

계절을 나타내는 봄의 어원에 대해서는 대략 세 가지 설이 있다. 국어학자 양주동은 봄의 어원을 "겨우내 언 땅 밑에 갇혀 살던 만물이 날씨가 풀리고 얼음이 녹으면 머리를 들고 대지를 나와 세상을 다시 본다고 해서 봄"이라 부른다고 풀이했다(대전일보 2012. 3. 7일). 백문식(1998:203)도 "사물의 모양을 눈을 통하여 안다는 뜻의 동사 '보다見'의 어근에 접사 '-(으)ㅁ'이 결합된 파생 명사"라고 풀이했다.

또한 봄은 '불火'과 '오다來'가 축약된 형태로 '봄'은 따뜻해지는 계절이라는 견해도 있다(백문식 1998:203).

....

20) 수기, 장끼雉는 김태경(2010)에 실린 내용을 요약한 것이다.
21) 봄卉, 굼躬, 버금副, 못未은 김태경(2014)에 실린 내용을 수정한 것이다.

서정범(2000:315)은 봄의 어원에 대해 봄은 본〉볼〉볼옴〉보옴〉봄
으로 변화된 것으로 '볻'은 볕의 조어 '벋'과 어원이 같으며 해의 뜻
을 지닌다고 밝혔다. 이를 뒷받침하기 위해 일본어에서 봄이 haru임
을 인용하였다. 그에 따르면 "일본어 두음 h는 국어 p와 대응된다.
… 따라서 일본어 haru는 paru가 되며 어근은 par(pat)이다. 이는 봄
의 조어형祖語形 '볻'과 동원어로서 해의 뜻을 지니는 말이다"라고 덧
붙였다. 만주어로 봄은 '녕녀리', 몽골어로는 '하불'로 우리말과는 차
이가 크다.

이처럼 봄의 어원에 대해서는 정설로 자리매김한 학설은 없다.
필자는 봄의 어원이 冬운부(즉 侵운부) 글자인 芃의 상고 중국어음
에서 비롯되었을 가능성이 있다고 본다. 芃은 並母 글자로 성부가
凡이다. 같은 성부를 가진 風이 상고 중국어에서 *-m운미를 지니고
있었음은 대부분의 학자들이 긍정하는 학설이다. 상고 중국어에서
芃은 風과 함께 *-m〉*-ŋ으로의 운미 변화를 겪었던 것으로 보인다.
리 팡꾸이(1982:45)의 재구음은 *bəm이다. 성부가 같은 帆은 베트
남 한자음으로 buôm이다(王力 1980:118). 芃의 상고 중국어음은 우
리말 '봄'과 음이 매우 비슷하며, 무엇보다도 芃의 뜻이 '풀이 무성하
다'는 의미로 계절인 봄을 묘사하는 데 매우 적합하다.

(3) 굼躬

한국어 어휘 '굼뜨다'의 '굼'은 躬의 상고음에서 유래했을 가능성
이 있다. 躬의 뜻은 전술한 대로 '몸'이다. 리 팡꾸이는 躬을 中운부
(*-ŋ)에 넣었지만, 躬의 성부인 弓은 『시경』「진풍秦風」에서 音과 압
운하고, 「노송魯頌」에서는 綏과 압운한다. 이로 미루어 躬이 *-m으

로 읽혔을 가능성이 매우 높다는 것을 알 수 있다. 그렇게 보면 躬의 상고음은 *kjəm으로 재구된다.

'뜨다'에는 '행동이나 변화가 느리고 더디다'라는 의미가 있다. '굼뜨다'는 '동작이 매우 느리다'는 의미로 쓰이는데, '굼'은 몸을 의미하므로, '굼뜨다'는 몸이, 즉 '움직임이 매우 느리다'라는 의미로 쓸 수 있다.

(4) 버금副

'버금'은 등급이나 서열에서 으뜸의 바로 다음을 의미한다. 서정범(2000:299)은 버금에 대해 "벅다의 어근 '벅'은 벋〉벌〉벍〉벅의 변화다. 일본어에서 수사 2를 huta라고 한다. huta는 puta가 원형이고, 어근 put은 국어 '벅다'의 고형 '벋다'의 '벋'과 동원어가 된다"고 밝혔다.

백문식(1998:193)도 "버금은 버금가다의 15세기 어형 '벅다'의 어근에 명사화 접사 -음이 결합된 파생어이다. '벅다'는 바르다正가 아닌 그르다不正 곧 副, 次를 뜻한다. 토이기어(터키어) iki二의 재구형 *peki가 우리말 pək(벅)과 대응하는 것으로 보인다."고 밝혔다. 몽골어로 버금은 '뎟', 만주어로는 '일히'로 우리말과는 차이가 크다.

버금의 어원을 알아내기 위해서는 먼저 버금이 들어간 옛 문헌을 살펴볼 필요가 있다. 조선시대 문헌에서 '벅'은 분명히 '다음가다'의 의미로 쓰였다. 예를 들면 '벅게'는 '버금가게'의 의미로 쓰였는데, '벅'이 '버금'의 의미로 사용된 것을 알 수 있다.

聖果애 벅게 코져 ᄒ살딘댄 亞次聖果者 『圓覺經諺解』(上一之二75)

조선시대 문헌을 살펴보면 '버금가다', '다음가다'라는 뜻으로 쓰인 '버그다'라는 어휘를 쉽게 찾을 수 있다.

버글 부 副『훈몽자회』(中1),『신증유합』(下61)
버글 싀 二『훈몽자회』(下33)

『고어사전』에 의하면 버근 며느리는 둘째 며느리, 버근 부인은 둘째 부인, 버근 쏠은 둘째 딸, 버근 아들은 둘째 아들의 의미로 쓰였다. 위의 용례들에서 '버그다'의 의미가 '둘째가다'임을 알 수 있다. 따라서 '벅+으다'에서 '버그다'가 된 것으로 추정할 수 있다. 명사형인 '버금'도 조선시대 문헌에서 쉽게 찾을 수 있다. 버금은 '버곰', '버굼', '버거'등으로도 쓰였는데, '버거'는 '다음으로'라는 의미의 부사로도 쓰였다.

버금 副『왜어유해』(下40)
버금 슉 叔 少也『주해천자문』(15)
버금 ᄎ 次 亞也『주해천자문』(16)
버금 즁 仲『兒學編』(上1)

위의 용례에서 副, 次, 叔, 仲, 亞가 모두 '둘째', 즉 버금, '벅'을 의미하는 것을 알 수 있다. 이 글자들 가운데 副의 상고음을 살펴볼 필요가 있다. 副는 滂모 개구 3등의 글자로 중고 중국어에서는 거성 宥운에 속하지만 상고 중국어에서는 입성 職운에 속한다. 副는 逼, 偪, 福, 匐, 幅, 輻 등 여러 입성자들과 성부가 같다. 상고음은 *pʰjək 으로 재구된다. 중국어의 유기음 성모가 한국어에서는 대부분 무기음으로 실현된 점을 고려하면 副의 상고음은 '벅'과 매우 유사하다. 따라서 '버금'이라는 어휘는 副의 상고 중국어음에 명사형 접미사

'음'이 붙어서 생겨난 어휘로 추정된다.

(5) 못未

서정범(2000:261)은 어휘 '못하다'의 어원에 대해 "'몯'은 어근으로 명사이며, 사람의 행동은 주로 손으로 이루어지기 때문에 '몯'은 손의 본뜻을 지닐 개연성이 높고, 못하다의 반대어 '잘하다'의 '잘'도 손의 뜻을 지닌 것으로 추정했다.

우리말에서 부정 부사로 사용되는 '못하다'는 조선시대 자료에는 '못ᄒ다'로 '몯ᄒ다'와 함께 쓰였다. 부정의 의미를 가진 한자로는 不, 否, 未, 勿, 沒, 無가 있다. 필자는 '못하다'의 어원이 중국어에서 부정 부사로 사용되는 이 한자들의 상고음과 관련이 있다고 본다. 다만 不, 否는 초성이 'ㅁ'이 아닌 'ㅂ'이므로 제외하고 無는 초성은 일치하나 종성이 일치하지 않으므로 제외한다. 한국어에서 -t 종성으로 실현되려면 한자의 상고음이 *-t 또는 *-d여야 한다. 無는 상고 중국어 魚운부에 속하는 글자로 *-g운미로 재구된다. 따라서 不, 否, 無를 제외한 나머지 한자들의 상고음을 살펴보려 한다.

리 팡꾸이의 상고음 재구음에 의하면 未는 物운부 합구 3등자로 *mjəd이고, 勿도 物운부 합구 3등자로 *mjət, 沒은 物운부 합구 1등자로 *mət이다. 따라서 세 글자 모두 부사 '못'의 어원이 되었을 가능성이 있다. 그렇지만 세 글자의 용례는 조금 차이가 난다. 勿은 '못하다'라는 의미보다는 대부분 '~하지 말라'라는 의미의 중국어 '不要', '別'의 의미로 쓰였다. 沒은 '물에 빠지다', '사망하다' 등의 의미로 주로 쓰였다. '~하지 말라'의 뜻으로 쓰인 예도 있지만 이 같은 용례는 비교적 적고, '못하다'의 의미로 쓰인 용례도 보이지만 근대

작품에 보인다.[22)]

반면 未는 중국의 고대 문헌에서 '못하다', '~한 적이 없다'의 의미
로 많이 쓰였다. 이밖에 '아니다', '~하지 말라'의 뜻으로도 쓰였다.

> 가을에 곡식이 익었으나 수확하지 못했는데, 천둥 번개가 치고 바
> 람이 불어 벼가 모두 쓰러졌다.
> 秋, 大熟, 未穫, 天大雷電以風, 禾盡偃。『書 金縢』

> 나는 깊은 골짜기에서 나와 높은 나무로 옮기는 사람에 대해 들었
> 으나 높은 나무에서 내려와 깊은 골짜기로 들어가는 사람에 대해
> 서는 듣지 못했다.
> 吾聞出於幽谷遷於喬木者, 未聞下喬木而入於幽谷者。『孟子』「滕
> 文公上」

> 후발군이 미처 성에서 출발하지도 못했건만, 선발군은 벌써 교외
> 에서 돌아오네
> 殿未出乎城闕, 旆已反乎郊畛『東京賦』(漢 張衡)

未는 이와 같이 '못하다', '아니다'의 의미로 쓰였다. 의미뿐 아니
라 음도 비슷하여 우리말 어휘 '못'은 未의 상고음에서 유래했을 가
능성이 있다고 본다.

....

22) 예를 들면 『紅樓夢』제10회에 "他聽了這事, 今日索性連早飯也沒吃"라는 구절
   이 있다. 한국어로 옮기면 "그는 이 일에 대해 듣고서, 오늘 아예 아침밥도
   먹지 못했다."라고 풀이되는데 沒의 용법이 현대 중국어에서 과거의 행위를
   부정할 때 쓰는 용법과 일치하는 것을 알 수 있다.

(6) 닥楮

『훈민정음해례본』에 '닥 爲楮'로 기재되어 있다. 이 닥나무의 '닥'
도 楮의 상고 중국어음과 매우 비슷하다. 楮는 魚운부 글자로 상고
음은 *tʰrjag으로 재구된다. 중국에서는 종이의 원료로 오랫동안 닥
나무를 사용해 왔다. 우리나라도 이 제지술을 받아들여 사용했기 때
문에 자연스럽게 한지의 원료인 '닥'을 그대로 차용해 썼던 것으로
보인다. 이 기술이 우리나라에 전해진 것은 고구려 소수림왕 시대인
372년, 불교와 함께 전래된 것으로 알려져 왔으나 낙랑 고분樂浪古墳
에서 닥종이 뭉치 등이 출토되었다고 한다.[23] 낙랑 고분은 평양 근
교와 황해도에 산재되어 있는 낙랑 시대의 무덤으로 낙랑군은 평양
일원을 중심으로 BC 108~AD 313년까지 존재했다. 따라서 닥종이가
생산된 시기는 372년 이전으로 볼 수 있다. 楮는 중고 중국어에서
자음 운미를 잃었으므로 '닥'은 상고음을 반영한 것임을 알 수 있다.

(7) 칼枷[24]

옛날 죄인에게 씌우던 형틀인 칼은 만주어로 '설헌', 몽골어로 '둥
거'이다. 우리말과는 차이가 크다. 枷는 歌운부 개구 2등자로 상고
음은 *krar이다. 중국의 법학자인 펑 위쥔(馮玉軍 2013:110)에 의하
면 칼은 중국의 상商나라와 주나라 때부터 사용되기 시작했다. 그렇
다면 고대 한국에서 쓰이던 칼도 규격이나 모양은 다소 차이가 있었
다 하더라도 그 명칭과 함께 중국에서 도입되었을 가능성이 크다.

....

23) 경남도민신문 2014년 5월 12일자.
24) 칼枷, 칼칼割, 劍은 김태경(2010)에 실린 내용을 수정한 것이다.

제2편 고대 한국한자음 자료 및 한국어 어휘의 어원

(8) 칼劙, 劍

칼의 우리말은 원래 '갈'이었다. 칼 모양을 닮은 생선을 일부 방언에서 '칼치'로 지칭하지만 표준어는 '갈치'이다. 고려시대 송의 사신인 쑨 무가 고려를 방문하고 쓴 『계림유사』에 '刀子曰劙'이라고 되어 있다. 劙(벨 할)은 '베다', '자르다', '가르다'의 의미로 쓰인다. 물론 당시의 중국어음에 따라 중국어 刀子에 해당하는 한국어 어휘의 음을 劙자로 표기한 것이지만 劙의 의미나 중고 중국어 시기 이전 劙의 중국어음을 고려하면 劙에서 '갈'이 왔을 가능성이 있다. 劙은 한국 한자음에서 ㅎ초성으로 실현되었지만, 見모 글자로 상고 중국어음은 *kat()kɑt로 재구된다. 상고음뿐 아니라 중고음도 유사하다. -t 운미는 한국 한자음에서 ㄹ받침으로 실현되었다. 그러므로 劙은 고대 한국 한자음에서 '갈'로 실현되었을 것이다. '갈'에 동사형 어미 '다'가 붙어 '갈다〉가르다'가 되었을 수도 있고, 같은 의미를 가진 명사 '칼'의 어원이 되었을 수도 있다.

또한 칼에 해당하는 한자에는 刀와 劍이 있는데, 刀는 한쪽에만 날이 있는 칼이고, 劍은 양쪽에 날이 있는 칼이다. 劍은 성모가 설근음인 글자들, 來모인 글자들과 성부가 같다.

ʨ-(《k-)	ʨʰ	x-	영성모	ㅣ-
檢儉劍瞼臉撿	嶮簽	險嶮獫	驗	斂殮匳瀲瀲薟

현재 파찰음 ʨ-로 읽히는 글자들은 명대 이후 -i- 개음 앞에서 설근음이 구개음화되는 음운 변화 과정을 거쳤기 때문이며, 상고 중국어 당시 이 글자들은 설근음 *k-로 읽혔다. 현재 표준중국어에서 영

성모로 읽히는 驗은 한국 한자음으로는 險, 嶮, 獫, 譣 등의 글자와
함께 'ㅎ' 초성으로 읽힌다. 疑모인 驗을 제외한 險, 嶮, 獫, 譣은 曉
모의 글자들이다. 전술한 대로 曉·匣모 글자들은 고대 한국어 자료
에서 ㄱ초성으로 실현되었다.

그러므로 위의 해성 현상은 劍이 상고 중국어에서 복성모 *kr-로
읽혔을 가능성을 보여 준다. 그렇다면 劍의 훈인 한국어 '갈(칼)'이
이 복성모 *kr-에서 왔을 가능성이 있다. 상고음은 *krjiam으로 재구
된다.25) 결론적으로 한국어 '칼'은 割, 劍의 상고 중국어음에서 유래
했을 가능성이 있다.

(9) 골谷

'골'은 산과 산 사이에 움푹 들어간 골짜기를 이르는 말이다. 한자
谷의 훈이 '골'인데, 우리말 골은 谷의 상고 중국어음에서 유래했을
가능성이 있다. 谷은 欲, 慾, 浴, 裕등의 以모 글자들과 성부가 같다.
以모의 상고음은 *l-이므로 학자들은 이 글자들의 상고음을 *kl-의
복성모로 재구한다. 실제로 谷은 미얀마어로 kʰlok의 복성모로 읽히
며 계곡의 의미를 갖는다(潘悟雲 1998:310).

(10) 옷衣26)

서정범(2000:451)은 옷이 평안도 방언으로 '오티'이며, 오티의 어
근은 '옫'이라고 보았다. 만주어 '어투쿠'의 어근 ət가 국어 옷과 어원

....

25) 리 팡꾸이(1982:57)가 劍과 성부가 같은 檢의 상고음을 *kljiam으로 재구한
   것에서 유추했다.
26) 옷衣, 박表은 김태경(2013)에 실린 내용을 수정한 것이다.

이 같다고 보았지만 옷이 한자 차용어라는 설은 객관성이 희박하다고 보았다. 옷의 몽골어는 '홉챠수'로 우리말 옷과는 거리가 있다. 서정범이 옷이 중국어에서 왔다는 설을 부정한 것은 衣의 한자음이 옷과는 차이가 크기 때문인 것으로 보인다. 그러나 상고음을 들여다 보면 옷은 衣의 상고 중국어에서 왔을 가능성이 크다. 衣는 微운부 글자로 상고음은 *jəd로 재구된다. '옷'과 매우 유사하다. 조선시대 문헌에는 '옫'도 쓰였으나 현대 한국어에서 단음절 명사는 'ㅅ' 받침을 갖는다.

(11) 밖表

밖의 만주어는 '투러' 또는 '투러리'이고, 몽골어는 '가다나' 또는 '가다가'이다. 현대 중국어로는 外頭, 外邊이지만, 한자 表에도 밖의 의미가 있다. 表는 고대 중국의 문헌에서 여러 가지 의미로 쓰였는데, 물론 '바깥'이나 '옷의 겉면', '겉모습' 등을 뜻하는 어휘로도 쓰였다.

> 증자가 위나라에 살 때 솜옷은 겉 천이 없을 정도로 해졌다.
> 曾子居衛, 縕袍無表。『莊子』讓王

> 더울 때는 가늘거나 거친 홑옷의 갈포 옷을 입고, 반드시 겉옷을 입고 외출하였다.
> 當暑袗絺綌, 必表而出之。『論語』鄕黨

> 禹의 자취를 따라서 천하를 두루 다니며 바다의 밖까지 이르니
> 以陟禹之跡, 方行天下, 至於海表。『尙書』立政

둘러싸인 장소나 경계를 벗어난 쪽을 의미하는 어휘 밖은 '表'의

상고 중국어음과 유사하다. 表는 『훈몽자회』에 '밧 표'로 표기되어 있다. 현대 한국어에서는 '겉表'과 '밖外'을 구분하지만, 아래의 용례를 살펴보면 조선시대에는 '밧'으로 두 가지 의미를 모두 표현한 것으로 보인다. 그런데 '밖'은 조선시대 문헌에 '밧' 외에도 '박'과 '받'으로도 표기되어 있다. 리 팡꾸이가 재구한 表의 상고음은 *pjagʷ이다. 재구음 *pjagʷ은 '박'과 유사하다. 그러나 ㅅ과 ㄷ받침의 '밧', '받'과는 종성이 일치하지 않는다. 조선시대 문헌에 쓰인 박, 밧, 받의 용례를 살펴본다.[27]

솟기 박그로 向ㅎ고 『家禮諺解』(6:14)
ᄆᆞᆷ 박긔 부례를 ㅊᄌᆞ며 『普勸文』(9)

받 표 表 『석봉천자문』(10), 『倭語類解』(上11)
지아비 만일 받긔 나가거든 夫若出外 『女四書諺解』(2:22)
사홍이를 받긔 귀향보내시다 竄土洪於外 『續三綱行實圖』(忠3)

밧 표 表 『훈몽자회』(上35), 『신증유합』(下60), 『光州千字文』(10)
城 밧긔 브리 비취여 火照城外 『용비어천가』(69章)
몸 밧쓸 向ㅎ야 求티 마롤디어다 莫向身外求 『龜鑑諺解』(上43)

'밧'과 '받'의 종성은 -g운미와 일치하지 않지만, 밧과 받 뒤, 즉 ㄷ과 ㅅ받침 뒤에 조사가 왔을 때 ㄱ음이 항상 따라왔다. 이 같은 현상은 리 팡꾸이의 재구음 *pjagʷ과 어느 정도 부합하며, 현대 한국어에서 이 세 표기가 왜 '밖' 하나로 통일되었는지를 말해 준다. 우리

---

27) 『普勸文』은 1776년 승려 명연明衍이 염불신앙을 권장하기 위하여 편찬한 책이다. 『倭語類解』는 조선 숙종 때, 홍순명이 지은 일본어 학습서이다.

말에서 자음군은 대체로 된소리로 변화했는데, ㅅ등의 자음군은 ㄲ 으로 변화했다.[28] 예를 들면 '꽃'은 조선시대에는 '곶', '곷' 등으로 표기하였고, '꿈'은 '숨'으로 표기하였으며, '꿀'도 '술', '뿔' 등으로 표기하였다. 따라서 위의 인용문 가운데 '받긔'와 '밧긔'가 각각 '밝의' 와 '밨의'로, '밝의', '밨의'는 다시 '밝의'로 변화했거나 혹은 표기가 바뀌었다고 가정하는 것은 어렵지 않다. 더욱이 전술한 대로 조선시 대에는 받침이 혼용되는 현상이 존재했다. 이러한 이유에서 밝이 表 의 상고 중국어음에서 왔을 가능성이 있다고 본다.

(12) 누비다衲

국어학자인 서정범(2000)은 동사인 '누비다'가 衲의 상고 중국어 음에서 왔을 가능성을 제기했다. 衲은 『광운』 반절이 奴答절로 상 고음이 *nəp이다. 『몽어유해』(상43)와 『동문유해』(상56)에 "衲一 衲"이 '누비다'로 뜻풀이가 되어 있다. 만주어로 '누비다'는 '삽심비', 몽골어로는 '하바뮈'이다. 『역어유해』(상45)에 '衲襖'를 누비옷으로, '衲袴兒'를 '누비바디(누비바지)'로 표기하였다. 서정범의 견해대로 누비다가 衲의 상고음에서 왔을 가능성이 있다.

(13) 독陶

정 런지아(1983:219)는 '독'은 陶와 器 두 글자의 음이 합해진 것으

---

28) 자음군 가운데 여전히 쓰이고 있는 것도 있다. '흙', '닭'에서의 ㄺ, '앉다'에서 의 ㄵ, '않다'에서의 ㄶ, '밟다'에서의 ㄼ, '잃다'에서의 ㅀ이 여기에 해당한 다. 그러나 이 자음군들은 어말에만 쓰이며, 어두자음군으로는 쓰이지 않는 다. 조선시대에 쓰이던 그 많은 어두자음군은 현대 한국어에서는 더 이상 쓰이지 않는다.

로 매우 늦은 시기에 한국어에 차입된 것으로 보았다.[29] 陶가 중고음에서 음성운이었기 때문에 이 같이 추정한 것으로 보인다. 정 런지아는 음성운은 상고 중국어에서도 자음 운미가 없었다고 보았다. 리 팡꾸이의 상고음 체계에 의하면 陶의 상고음은 *dəgʷ, 똥 통허의 상고음 체계에 의하면 *dog으로, 陶의 상고 중국어음은 우리말 '독'과 매우 유사하다. 한반도에서 중고 중국어시기에 이르기까지 질그릇 '독'이 사용되지 않았을 가능성은 없다. 이름도 없이 독을 사용하였거나 다른 이름이 쓰이다가 '독'이라는 단어로 대체되지는 않았을 것이다. 陶의 상고 중국어음은 우리말 '독'과 유사할 뿐 아니라 의미도 같아서 陶의 상고 중국어음에서 '독'이 유래했을 가능성이 있다.

(14) 응달陰地, 양달陽地

조선시대 자료에 '땅'은 '짜'였다. 종성 ㅇ은 나중에 첨가된 것으로 보인다. 서정범(2000:213)은 땅의 조어는 '닫'으로 닫〉달〉다〉짜〉짱의 변화를 거친 것으로 보았다. 地는 以모 글자인 也와 성부가 같은 定모 글자이므로 상고음에서 중고음까지 *liar〉*diar〉di의 변화과정을 가정할 수 있다. 그러므로 *diar는 '짜'로 실현되었을 가능성이 있다.

서정범(2000:213)은 응달, 양달의 '달'이 '닫'에서 변화된 땅이란 뜻을 지닌 어휘로 보았다. 본서에서는 달이 地의 상고 중국어음 *diar에서 유래했을 가능성이 있다고 본다. 응달, 양달도 陰地, 陽地의

························

29) 정 런지아의 논문에 그릇, 독 등이 鬺, 陶의 중국어에서 유래했을 가능성이 언급되어 있지만 제시된 근거가 불충분하고 오류가 있을 뿐 아니라, 이 어휘들은 처음부터 필자가 정 런지아의 논문과 무관하게 고찰했던 어휘들이라 선행연구 부분에 넣지 않았다.

상고 중국어음에서 유래한 것으로 보인다. 응달은 조선시대 문헌에 '음달'로 표기되어 있다. 『동문유해』(상3)에 背陰處의 우리말이 '음달'로, 『역어유해』(補4)에는 背陰地의 우리말이 역시 '음달'로 표기되어 있다.

우리말 표기법이 없던 시대였으므로 陰地, 陽地란 어휘와 함께 당시 중국어음인 음달, 양달로 음이 전해져 내려왔을 가능성이 있다. 음달은 후에 응달이 되어 한자어가 아닌 순수 우리말로 인식될 정도가 되었지만, 1890년에 나온 『한영ᄌᆞ뎐』은 물론 1931년에 간행된 『한영대자전韓英大字典』에도 陰地가 '음달'로 표기되어 있어 우리말에서 응달이 쓰인 것이 최근의 일임을 알려 준다.

(15) 갈대葭

갈대는 중국어로 蘆葦이다. 갈대의 일본어 '아시'는 葦에서 유래한 것으로 보인다. 葦는 云모의 합구 3등자로 상고 시기 微운부에 속했다. 云모 글자들은 일본 오음吳音에서 영성모로 실현되었다. '아시'의 '시'는 *-d운미에서 유래한 것으로 보인다. 蘆葦 외에 蒹과 葭도 갈대의 뜻으로 쓰였다. 蒹葭는 『시경』의 시로도 잘 알려져 있다. 『漢語大詞典』에 의하면 蒹은 이삭이 올라오지 않은 갈대沒有長穗的蘆葦, 葭는 어린 갈대初生的蘆葦를 가리킨다. 『유씨물명고』에 葭는 '갈'이라고 뜻풀이가 되어 있고, 『훈몽자회』등 더 이른 시기의 문헌에도 葭, 蘆에 '굴'로 표기되어 있는 것으로 보아 갈대의 '대'는 나중에 첨가된 음절임을 알 수 있다. 우리말 '갈'은 葭의 상고 중국어음과 관련이 있어 보인다. 葭는 魚운부 개구 2등자로 상고 중국어음은 *krag이다.

(16) 그릇器

정 런지아(1986:219)는 그릇의 첫음절 '그'가 器의 상고 중국어음에서 유래한 것으로 보이는데 두 번째 음절 '릇'은 어디에서 유래했는지 알 수 없다고 언급했다. 器는 몽골어로 '사바', 만주어로 '터툰'이다. 우리말과는 차이가 크다. 꾸오 시리앙郭錫良의『한자고음수책漢字古音手冊』에 器의 상고음과 중고음이 각각 *kʰĭet, kʰĭ로 재구되어 있다. '그릇'과는 다소 차이가 있기 때문에 정 런지아는 '그'가 중국어에서 유래한 것으로 보이는데, '릇'을 설명할 수 없었던 것이다.

器는 溪모, 脂운부 글자로 조선시대 자료에 '긔'로 음이 표기되어 있는 중뉴 3등자이다. 성모체계를 논하면서 중뉴 3등자에는 상고 시기 개음 *-rj-가 있었던 것으로 추정했다. 따라서 器의 상고음은 *kʰrjid으로 재구되는데, 우리말과 음이 비슷하다. 조선시대 자료에 그릇은 '그릇'으로도 표기되어 있다. 따라서 그릇은 器의 상고 중국어음에서 유래한 것으로 보인다.

(17) 구름雲

김민수(1997:150)는 구름의 옛 형태인 '구룸'은 굴다 또는 구르다轉의 중세어 구을다轉의 명사형에서 온 말로 추정했는데, 이는 양주동(1965)의 견해를 받아들인 것이다. 필자는 구름이 雲의 상고 중국어에서 왔을 가능성이 있다고 본다. 雲은 云모 글자이다. 앞의 성모체계에서 云모의 상고음을 *gʷrj-로 재구했다. 雲은 云모 글자로 상고음이 *gʷrjən으로 재구된다. 종성이 일치하지 않지만 그래도 구름과 매우 비슷하다. 구름의 몽골어는 '어구러', 만주어는 '투기'이다. 몽골어와 우리말, 중국어가 음이 유사하여 한 어휘에서 유래했을 가능성이 있다.

(18) 빗篦[30]

서정범(2000:331)은 빗의 재료가 대나무나 나무이므로, 바지랑대의 어근 '받'과 대들보의 '보'가 나무의 본뜻을 지니고 있어 '빗'의 어원과 연관이 있다고 보았다. 빗은 몽골어로 얼레빗은 '삼', 참빗은 '술'이다. 만주어는 얼레빗은 '이지분', 참빗은 '멀허'이다. 우리말과는 차이가 크다.

빗을 의미하는 한자는 정 런지아가 제시한 篦만 있는 것은 아니다. 『훈몽자회』에 櫛은 '얼에빗 즐', 梳는 '얼에빗 소', 篦는 '춤빗 비'로 되어 있다. 또 『물보』 服飾편에는 '참빗 笓'로 笓자가 수록되어 있다.[31] 『광운』에 수록된 枇는 세 개의 반절, 房脂절, 卑履절, 毗至절로 음이 표기되어 있는데, 이 가운데 거성(毗至절)에 수록된 枇 아래에 '細櫛', 즉 '가는(촘촘한) 빗'이라고 설명이 되어 있다. 櫛, 梳, 篦, 笓, 枇 등의 한자 가운데 枇, 篦, 笓의 상고음이 한국어 빗과 유사하다. 이 가운데 枇가 가장 먼저 '빗'의 의미로 쓰였다. 漢나라 묘지에서 출토된 죽간과 『후한서』에 枇가 빗의 의미로 쓰였다.

두 여자가 얼레빗을 들고 나이가 찬 계집종을 단장시켰다.
女子二人持梳枇綉大婢 鳳凰山 167호 漢墓 遺冊 第十簡

머리를 빗지도 씻지도 않아 몸에 종기가 나고 살이 짓물렀다.

---

30) 김태경(2013)에 실린 내용을 요약하였다.
31) 『물보』는 조선시대에, 이가환과 그의 아들 이재위가 사물의 이름을 한자로 적고 한글로 우리말 이름을 기록해 놓은 어휘집이다.

頭不梳沐 體生瘡腫 『後漢書』「濟北惠王壽傳」

　　梳의 반절은 毗至절로 脂운부의 並모 글자이다. 상고음은 *bjid으로 재구되며, 篦는 齊운 幫모의 글자로, 상고음은 *pjid으로 재구된다. 篦는 한국 한자음으로 '비', '필' 두 가지 음을 갖는데, '필'로 읽힐 때는 '버금'의 의미를 갖고 '비'로 읽힐 때 '참빗'의 의미를 갖는다. 『광운』에는 평성 齊운에만 수록되어 있으며 部迷절로 음이 표기되어 있다. 並모자이며, 脂운부에 속하므로 상고음은 *bjid이다. 역시 우리말에서 '빗'으로 실현되었을 가능성이 높다. 다만 『광운』에는 '새우를 잡는 대나무 도구取蝦竹器'라고 주석이 달려 있어 고대에 이 글자가 '빗'의 의미로 쓰인 것으로는 보이지 않는다. 빗은 조선시대 자료에 '빗' 또는 '빈'으로 수록되어 있는데, ㅅ종성은 뒤에 모음이 오지 않으면 ㄷ과 같은 음으로 실현된다. 따라서 한국어 '빗'은 梳와 篦의 상고음 *bjid, *pjid에서 유래한 것으로 보인다.

참고문헌

『東國正韻』 1448. 건국대학교출판부, 1988년.

『同文類解』 1748. 서울: 홍문각. 1995년.

『蒙語類解』 1768. 서울: 홍문각. 1995년.

『飜譯老乞大』(外) 서울: 대제각. 1985년.

『法華經諺解』 서울: 대제각. 1985년.

『四法語・五大眞言』 홍문각. 1900년.

『新增類合』 서울: 단국대학교 동양학연구소 1972년.

『譯語類解』 1690. 서울: 홍문각. 1995년.

『倭語類解』 서울: 태학사. 정광編著, 1988년.

『月印釋譜』 1459. 서울: 홍문각 1995년.

『全韻玉篇』 서울: 세종대왕기념사업회. 2003년.

『中文大辭典』 1993. 臺北: 中國文化大學.

『千字文』 서울: 단국대학교출판부. 1995년.

『漢淸文鑑』 서울: 홍문각, 연세대학교 국학연구원編, 1998년.

『漢語方言詞匯』 1995. 北京: 語文出版社.

『訓民正音・龍飛御天歌・訓蒙字會』 서울: 대제각. 1985년.

강신항 1991. 『鷄林類事 高麗方言 硏究』 성균관대학교출판부.

김민수 1997. 『우리말 어원 사전』 서울: 태학사.

김부식 『三國史記』 신호열譯 2007. 서울: 동서문화사.

김상근 1995. 『中語學基礎』 중앙대학교 출판부.

김수경 1995. 『고구려・백제・신라 언어연구』 한국문화사.

김태경 2005. 『쉽게 배우는 중국어음운학』 서울: 학고방.

김태경 2008. 「일부 章系字의 상고음 설근음설」 『중국어문학논집』 51:
        39-59.

김태경 2009. 「曉匣母字와 日母字의 상고음」『중국어문학논집』 58:97-119.

김태경 2010. 「상고 중국어음을 통한 한국어 어휘의 어원 연구」『중국어문학논집』 64:67-88.

김태경 2011. 「ŋ韻尾 韻攝에 관한 하시모토 만타로의 두 가지 학설 검토」『인문과학』 연세대학교 인문학연구원. 94:215-234.

김태경 2011. 「상고 중국어 陰聲韻 韻尾 고찰」『중국어문학논집』 70:71-88.

김태경 2013. 「效梗攝 二等字의 한국한자음과 二等韻 介音」『중국어문학논집』 82:45-62.

김태경 2014. 「상고 중국어 음운현상에서 본 한국어 어원」『중국어문학논집』 89:71-90.

김태경 2015. 「以母의 上古 중국어음」『중국어문학논집』 91:69-86.

김현정 2001. 「經典釋文 反切 연구」 연세대학교 박사학위논문.

남광우 2008. 『古語辭典』 서울: 교학사.

노　먼 1996. 『중국언어학총론』 전광진譯 서울: 동문선.

류　렬 1983[1995] 『세나라시기의 리두에 대한 연구』 한국문화사.

배대온 2003. 『역대이두사전』 서울: 형설출판사.

백문식 2006. 『우리말의 뿌리를 찾아서』 서울: 삼광출판사.

버나드 칼그렌 1954. 『古代漢語音韻學槪要』 최영애譯 1985. 민음사.

벡위드 2006. 『고구려어』 정광譯 고구려연구재단.

서정범 2000. 『國語語源辭典』 서울: 보고사.

신복룡 2001. 『한국사 새로 보기』 서울: 풀빛출판사.

안옥규 1996. 『어원사전』 서울: 한국문화사.

엄익상 2002. 『중국언어학 한국식으로 하기』 서울: 한국문화사.

엄익상 2008. 『한국한자음 중국식으로 보기』 서울: 한국문화사.

이경철 2006. 『일본한자음의 이해』 서울: 도서출판책사랑.

이상이 2015. 「한국일본베트남한자음의 음운체계 비교연구」 동국대학교 박사학위논문.

일　연 『삼국유사』 김원중譯 2007. 서울: 민음사.

鄭林嘯 · 백종인 2011. 「篆隸萬象名義 重紐韻 중 舌齒音의 분류 문제」『인문학연구』충남대학교 인문과학연구소. 85:331-345.

조영언 2004. 『한국어 어원사전』부산: 다솜출판사.

최남희 2005. 『고구려어연구』박이정.

최영애 2000. 『중국어음운학』통나무.

최영애 2004. 「중국 고대 음운학에서 본 한국어 어원 문제」『중국어학의 주제탐구』서울: 한국문화사. 183-218.

최영애 2011. 『중국어란 무엇인가』통나무.

팜티옥 2010. 「한국 한자어 및 베트남 한자어 비교연구」경희대학교 석사학위논문.

펑위쥔 2013. 『십족을 멸하라』김태경譯. 에쎄.

沼本克明 2008. 『한국인을 위한 일본 한자음의 역사』김정빈역, 서울: 한국학술원출판사.

H. G. Underwood 1890. 『한영ㅈ뎐』서울: 홍문각 2005년.

James Scarth Gale 1931. 『한영대자전』上下 서울: 홍문각 2005년.

陳彭年 1008. 『新校互註宋本廣韻』 2000. 余迺永 校注, 上海辭書出版社.

鄧方貴 · 盤承乾 1998. 「從瑤語論證上古漢語複輔音問題」『古漢語複聲母論文集』北京語言文化大學出版社. 206-220.

董同龢 1968[1981]『漢語音韻學』臺北: 文史哲出版社.

郭錫良 1986. 『漢字古音手冊』北京大學出版社.

何大安 1987. 『聲韻學中的觀念和方法』臺北: 大安出版社.

侯玲文 2006. 「朝鮮語固有詞與上古漢語的對應關系」『民族語文』5:56-61.

黃公紹 · 熊忠(元) 『古今韻會舉要』 2000. 北京: 中華書局.

江　荻 2007. 『漢藏語言演化的歷史音變模型』, 北京: 社會科學文獻出版社,

李方桂 1982. 『上古音研究』北京: 商務印書館.

李　榮 1973. 『切韻音系』臺北: 鼎文書局.

李如龍 1996. 「閩西北方言"來"母字讀s-的研究」『方言與音韻論集』香港中文

　　大學中國文化研究所 吳多泰中國語文研究中心.

李新魁 1999. 『李新魁自選集』 鄭州: 大象出版社.

李珍華 · 周長楫 1999. 『漢字古今音表』 北京: 中華書局.

劉新中 2006. 『海南閩語的語音研究』 北京: 中國社會科學出版社.

陸志韋 1988. 『陸志韋近代漢語音韻論集』 北京: 商務印書館.

羅常培·周祖謨 2007. 『漢魏晉南北朝韻部演變研究』 北京: 中華書局.

潘悟雲 2000. 『漢語歷史音韻學』 上海敎育出版社.

尙玉河 1981. 「上古漢語複輔音聲母的存在」 『語言學論叢』 8:67-84.

邵榮芬 1997 「匣母字上古一分爲二試析」 『邵榮芬音韻學論集』 北京: 首都師
　　範大學出版社. 23-44.

邵榮芬 1997 「古韻幽宵兩部在後漢時期的演變」 『邵榮芬音韻學論集』 北京:
　　首都師範大學出版社. 118-135.

史存直 1997. 『漢語音韻學論文集』 上海: 華東師範大學出版社.

王　力 1980[2007] 『漢語史稿』 上冊, 北京: 中華書局.

王　力 1984. 『中國語言學史』 香港: 中國圖書刊行社.

邢公畹 1998. 「原始漢台語複輔音聲母的演替系列」 『古漢語複聲母論文集』
　　北京語言文化大學出版社.

薛鳳生 1999. 『漢語音韻史十講』 北京: 華語敎學出版社.

嚴學宭 1998. 「原始漢語複聲母類型的痕迹」 『古漢語複聲母論文集』 北京語
　　言文化大學出版社.

楊劍橋 1998. 『漢語現代音韻學』 上海: 復旦大學出版社.

曾運乾 2004. 『音韻學講義』 北京: 中華書局.

張琨 · 張謝蓓蒂 1998. 「漢語*S-鼻音聲母」 『古漢語複聲母論文集』 北京語言
　　文化大學出版社.

鄭仁甲 1983. 「朝鮮語固有詞中的"漢源詞"試探」 『語言學論叢』 10:197-222.

鄭張尙芳 1984. 「上古音構擬小議」 『語言學論叢』 14:36-49.

鄭張尙芳 2012. 「漢語聲調平仄之分與上聲去聲的起源」 『鄭張尙芳語言學論
　　文集』 北京: 中華書局, 463-467.

竺家寧 2008. 『聲韻學』臺北: 五南圖書出版公司.

E. G. Pulleyblank, *Middle Chinese*, University of British Columbia Press. 1984.

Hashimoto, Mantaro J. "Internal Evidence for Ancient Chinese Palatal Endings." *Language*, Volume 46, Number 2, pp.336-365, 1970.

Hashimoto, Mantaro J. "Retroflex Endings in Ancient Chinese." *Journal of Chinese Linguistics*, Volume 1, Number 2. pp.183-207, 1973.

찾아보기

아

차

카

지은이 **김태경**

연세대학교 신문방송학과 졸업

연세대학교 대학원 중어중문학과 졸업

저서

『쉽게 배우는 중국어음운학』

역서

『십족을 멸하라』

『한어음운사십강漢語音韻史十講』(공역)

상고중국어 음운체계와
한국어 어휘의 어원

초판 인쇄　2016년　12월　20일
초판 발행　2016년　12월　30일

저　　　자 | 김 태 경
펴 낸 이 | 하 운 근
펴 낸 곳 | 學古房

주　　　소 | 경기도 고양시 덕양구 통일로 140 삼송테크노밸리 A동 B224
전　　　화 | (02)353-9908　편집부(02)356-9903
팩　　　스 | (02)6959-8234
홈페이지 | http://hakgobang.co.kr/
전자우편 | hakgobang@naver.com, hakgobang@chol.com
등록번호 | 제311-1994-000001호

ISBN　　　978-89-6071-637-7　93720

값 : 17,000원

이 도서의 국립중앙도서관 출판예정도서목록(CIP)은 서지정보유통지원시스템 홈페이지
(http://seoji.nl.go.kr)와 국가자료공동목록시스템(http://www.nl.go.kr/kolisnet)에서
이용하실 수 있습니다. (CIP제어번호 : CIP2017000107)

■ 파본은 교환해 드립니다.